Schutz von Name und Kennzeichen gegen eine Verwendung
als Domain-Name durch Dritte

Europäische Hochschulschriften
Publications Universitaires Européennes
European University Studies

Reihe II
Rechtswissenschaft

Série II Series II
Droit
Law

Bd./Vol. 3334

PETER LANG
Frankfurt am Main · Berlin · Bern · Bruxelles · New York · Oxford · Wien

Sara Stein

Schutz von Name und Kennzeichen gegen eine Verwendung als Domain-Name durch Dritte

PETER LANG
Europäischer Verlag der Wissenschaften

Die Deutsche Bibliothek - CIP-Einheitsaufnahme

Stein, Sara :

Schutz von Name und Kennzeichen gegen eine Verwendung als Domain-Name durch Dritte / Sara Stein. - Frankfurt am Main ; Berlin ; Bern ; Bruxelles ; New York ; Oxford ; Wien : Lang, 2002
(Europäische Hochschulschriften : Reihe 2, Rechtswissenschaft ; Bd. 3334)
Zugl.: Bonn, Univ., Diss., 2001
ISBN 3-631-38972-8

D 5
ISSN 0531-7312
ISBN 3-631-38972-8

www.peterlang.de

Meinen Eltern

Vorwort

Diese Arbeit lag der Rechts- und Staatswissenschaftlichen Fakultät der Rheinischen Friedrich-Wilhelms-Universität Bonn im Sommersemester 2000 zur Annahme als Dissertation vor. Für die Veröffentlichung wurden Rechtsprechung und Literatur bis Juli 2001 berücksichtigt.

Meinem verehrten Doktorvater, Herrn Professor Dr. Peter Reiff, möchte ich an dieser Stelle für die Anregung des Themas der Arbeit, für den Freiraum bei der Bearbeitung sowie für viele wertvolle Hinweise ganz herzlich danken. Mein Dank gilt ferner Herrn Professor Dr. Gerhard Wagner, LL.M., für die Erstellung des Zweitgutachtens und die damit verbundenen hilfreichen Anmerkungen.

Bedanken möchte ich mich außerdem bei Herrn Lars Christian Barnewitz und Herrn Dr. Christian Busse für ihre stete Bereitschaft, die zahlreichen Probleme der Domain-Namen-Konflikte mit mir zu diskutieren.

Nicht zuletzt gebührt an dieser Stelle Dank auch meinen Eltern, die mir in jeder Beziehung die denkbar größte Unterstützung – nicht nur während der Anfertigung dieser Arbeit – zuteil werden ließen.

Düsseldorf, im August 2001 *Sara Stein*

Inhalt

Einleitung

Das Internet boomt. Weltweit ist die Zahl der Internetnutzer bereits auf über 400 Millionen angewachsen[1]. In Deutschland, dem Land mit der nach den USA und Japan dritthöchsten Nutzerzahl, gebrauchen derzeit mehr als 27 Millionen Menschen das Internet[2].

Mit der rasant zunehmenden Verbreitung des Internet nimmt auch seine wirtschaftliche Bedeutung rasch zu[3]. Unternehmen drängen in immer größerer Zahl ins Internet und nutzen das neue Medium für die Unternehmens- und Produktpräsentation, zur Geschäftsanbahnung sowie zum Verkauf von Produkten[4]. Wenn ein Unternehmen das Internet als Geschäftsplattform nutzen möchte, so muß es sicherstellen, daß die eigenen Internet-Seiten von den potentiellen Geschäftspartnern auch gefunden werden können. Um das Auffinden zu erleichtern, ist es für Unternehmen daher von sehr großer Bedeutung, einen leicht einprägsamen Domain-Namen zu wählen. Dazu eignet sich am besten ein Domain-Name, der eine Marke oder eine geschäftliche Bezeichnung des Unter-

---

[1] Vgl. Manager-Magazin (Online-Archiv) vom 12.06.2001, Europa holt auf.

[2] Im Juni 2001 lag die Zahl der Internetnutzer in Deutschland nach einer Untersuchung von Nielsen/NetRatings (http://www.nielsennetratings.com) bei 27.1 Millionen, nach Angaben von NFO Infratest (http://www.nfoeurope.com) bei 27,6 Millionen. In den USA betrug sie im Juni 2001 laut Nielsen/NetRatings 167.1 Millionen. In Japan nutzten im November 2000 bereits 36,64 Menschen das Internet (vgl. NUA Internet Surveys, http://www.nua.com).

[3] In den USA, dem Geburtsland des Internet, erzielte die Internet-Branche im Jahre 1998 einen Gesamtumsatz von rund 300 Milliarden Dollar und erreichte damit eine Wachstumsrate von 174 %, vgl. *Halusa*, Die Welt (Online-Archiv) vom 12.06.1999, Internet-Revolution wird noch unterschätzt. In Deutschland erhöhte sich der Gesamtumsatz der deutschen Wirtschaft im Internet-Bereich von schätzungsweise 360 Millionen DM im Jahre 1997 auf 2,7 Milliarden DM im Jahre 1998, vgl. *Crolly*, Die Welt (Online-Archiv) vom 08.04.1999, Der Boom bricht alle Rekorde. Für das Jahr 2002 wird gar ein Umsatz von fast 100 Milliarden DM im elektronischen Produkthandel vorausgesagt, vgl. FAZ vom 17.02.2000, S. 35.
Laut FAZ vom 21.08.2001 (S. 15) haben in der Zeit von August 2000 bis August 2001 fast zwölf Millionen Deutsche ein Produkt im Internet gekauft. Dabei seien mit weitem Abstand Bücher das beliebteste Produkt.

[4] Mehr als zwei Drittel aller deutschen Großunternehmen sind bereits im Netz vertreten, dazu die gesamte Computerbranche und die Direktbanken sowie sehr viele Reiseunternehmen, Buchhändler und andere Mittelständler, vgl. *Kneip*, Der Spiegel (Online-Archiv) vom 15.03.1999, Ein Dorf namens Babylon.

nehmens enthält. Die meisten Unternehmen sind daher bemüht, ihre Marke oder geschäftliche Bezeichnung als Domain-Name registrieren zu lassen[5].

Zahlreiche Unternehmen mußten jedoch feststellen, daß das eigene Kennzeichen bereits von einem Dritten als Domain-Name registriert und im Internet benutzt wurde. Dies lag teilweise daran, daß sie Opfer des sogenannten Domain-Grabbings geworden sind. Profit erhoffende Namens- und Markenpiraten ließen sich fremde Kennzeichen als Domain-Namen registrieren und waren zu einer Aufhebung dieser Blockade nur gegen hohe Bezahlung bereit. Andere Domain-Namen-Piraten nutzten die Zugkraft der von ihnen registrierten fremden Kennzeichen, um potentielle Kunden auf die eigenen Webseiten zu locken. Aber auch abseits der spektakulären Fälle des Domain-Grabbings ergeben sich häufig Probleme. So können Kennzeichen, die außerhalb des Internet konfliktfrei benutzt werden, im Internet kollidieren. Denn anders als im traditionellen Geschäftsverkehr, wo aufgrund geographischer Entfernungen oder mangels der erforderlichen Branchennähe die Benutzung identischer Kennzeichen problemlos möglich ist, kann ein Domain-Name aufgrund seiner Adressfunktion weltweit nur ein einziges Mal vergeben werden.

In Domain-Namen-Konflikte sind allerdings nicht nur Kennzeicheninhaber verwickelt. Immer mehr Städte, Behörden, Universitäten, Vereine sowie eine steigende Zahl von Privatpersonen strömen ins Netz und möchten den eigenen Namen als Domain-Name registrieren lassen. Ist dieser bereits an einen Dritten vergeben, so ergeben sich auch hier vergleichbare Probleme wie bei Kennzeicheninhabern.

Sowohl für Namens- als auch für Kennzeicheninhaber stellt sich dann die Frage, ob die Verwendung des begehrten Domain-Namens durch den Dritten hingenommen werden muß oder ob und gegebenenfalls auf welcher rechtlichen Grundlage gegen diesen vorgegangen werden kann. Trotz der großen praktischen Bedeutung bestehen hierüber noch erhebliche Unklarheiten und Meinungsverschiedenheiten. In der Rechtsprechung sind bestimmte Konfliktkonstellationen bisher überhaupt noch nicht behandelt worden, andere werden zum Teil uneinheitlich oder unangemessen beurteilt. Im Schrifttum finden sich größtenteils Ausführungen, die entweder nur einzelne Fallgestaltungen vertieft erörtern oder kurze, überblickartige Gesamtdarstellungen bieten. Die einzige bislang erschienene Monographie[6] beschäftigt sich zwar umfassend mit namens- und kennzeichenrechtlichen Problemen bei Domain-Namen-Konflikten, es handelt

---

[5] Vgl. zum Beispiel die Domain-Namen „bmw.de", „lufthansa.de", „siemens.de", „faz.de", „spiegel.de", „kaufhof.de".
[6] *Bücking*, Namens- und Kennzeichenrecht im Internet.

sich bei diesem Werk allerdings um eine insbesondere an die Praxis gerichtete Darstellung ohne profunde systematische Problemlösung.

Es fehlt insofern an einer vertieften, systematischen Untersuchung, die eine widerspruchslose Lösung der offenen Fragen ermöglicht. Ziel dieser Arbeit ist daher, diese Lücke zu schließen und unter Berücksichtigung bestehender gesetzlicher Regelungen sowie der Besonderheiten des Internet den Schutz von Name und Kennzeichen gegen eine Verwendung durch Dritte als Domain-Name systematisch zu untersuchen. Sollte sich herausstellen, daß die vorhandenen gesetzlichen Regelungen nicht ausreichen, um einen adäquaten Namens- und Kennzeichenschutz bei Domain-Namen-Konflikten zu gewährleisten, so wäre weiter zu überlegen, ob neue Regelungen des nationalen bzw. europäischen Gesetzgebers oder internationale Übereinkommen erforderlich sind[7].

[7] Einige Autoren halten die Aufstellung international verbindlicher Internet-Regelungen für unverzichtbar, vgl. *Graefe*, MA 1996, 100 (103); *Kur*, CR 1996, 325 (330); *Kur*, CR 1996, 590 (594); *Stratmann*, BB 1997, 689 (693). *Biermann*, WRP 1999, 997 (1005) plädiert sogar für die Abschaffung des gesamten Domain-Namen-Systems, da gerechte und befriedigende Lösungen der Domain-Namen-Konflikte mittels des geltenden Rechts nicht erzielt werden könnten.

Erster Teil: Entwicklung des Internet sowie technische und organisatorische Grundlagen des Domain-Namen-Systems

A. Die Entwicklung des Internet

I. Vorgeschichte

Die Anfänge der Geschichte des Internet liegen im Bereich militärischer Forschungsprojekte. Am 4. Oktober 1957 schoß die Sowjetunion den ersten künstlichen Satelliten Sputnik in eine Erdumlaufbahn und erschütterte dadurch das politische Selbstbewußtsein und das militärische Weltbild der amerikanischen Nation. Als Reaktion auf den Sputnik-Schock startete die US-Regierung eine Vielzahl von Forschungsprogrammen mit dem Ziel, die Militärtechnologie der USA in eine weltweit führende Position zu bringen[8]. Dazu wurde unter anderem 1958 vom amerikanischen Verteidigungsministerium eine Abteilung unter dem Namen „Advanced Research Projects Agency" (ARPA) gegründet, deren Aufgabe es war, neue innovative Technologien zu entwickeln[9].
Im Oktober 1962 setzte die ARPA mit dem Start eines Computer-Forschungsprogrammes einen neuen Schwerpunkt. Mit der Leitung des neugegründeten Forschungsprogrammes betraute man den Computerpionier J.C.R. Licklider, der einige Jahre zuvor als einer der ersten die Möglichkeit der Nutzung von Computern als Kommunikationsmittel vorausgesehen hatte und dadurch den Anstoß für eine Neuorientierung der Computerforschung gegeben hatte[10]. Um Lickliders Vision einer globalen Vernetzung zu verwirklichen, forschten die ARPA-Techniker nach Methoden zuverlässiger Datenübertragung.

---

[8] *Abbate*, From ARPANET to Internet, S. 3; *Kristula*, The History of the Internet, unter: 1957.
[9] *Kyas*, Internet professionell, S. 36; *Abbate*, From ARPANET to Internet, S. 3f. Die Advanced Research Projects Agency (ARPA) änderte 1972 ihren Namen in Defense Advanced Research Projects Agency (DARPA) und 1993 wurde der Name wieder zurück in ARPA geändert. Seit 1996 nennt sie sich nun wieder DARPA. Um keine Verwirrung zu stiften, werde ich in dieser Arbeit durchgängig den ursprünglichen Namen ARPA verwenden.
[10] *Leiner/Cerf/Clark/Kahn*, A Brief History of the Internet, unter: Origins of the Internet; *Hauben*, The Birth and Development of the ARPANET, unter: Introduction.

Dabei stützten sie sich auf Studien von Paul Baran von der RAND Corporation, einer amerikanischen Denkfabrik, die von der US-Air Force beauftragt war, ein militärisches Befehls- und Kontrollnetz zu entwickeln, das auch nach einem möglichen Atomschlag und der Zerstörung großer Teile seiner Infrastruktur weitgehend funktionsfähig bleiben sollte[11]. Die US-Air Force wollte dadurch sicherstellen, daß sich auch im Falle eines Atomkrieges die Kommunikation aufrechterhalten läßt und somit Kommando und Kontrolle über Raketen und Bombenflugzeuge gewährleistet sind[12].

Um der Sorge der Air Force bezüglich der Überlebensfähigkeit ihrer Kommandostruktur Rechnung zu tragen, schlug Baran 1964 vor, an Stelle eines Netzes mit einer zentralen Leitungsstelle, die sicherlich erstes Ziel eines Raketenangriffs werden würde, ein dezentralisiertes Netzwerk aufzubauen, bei dem spinnwebförmig eine Vielzahl von Verbindungen zwischen den in dem Netzwerk eingebundenen Rechnern vorgesehen war[13]. Das Netz sollte also keine zentrale Leitung haben und so angelegt sein, daß die einzelnen Teile unabhängig voneinander operieren konnten.

Als völlig neue Idee zur Datenübertragungsmethode entwickelte Baran das „packet switching": Anstatt für die Übertragung einer Nachricht eine feste Leitung wie beim Telefonieren einzurichten, wird bei der paketorientierten Datenübertragung die zu versendende Nachricht in kleine Datenpakete aufgespalten, die, jedes für sich, über das Netzwerk versendet werden. Jedes einzelne Paket enthält dabei die gesamte Information, die erforderlich ist, um zum Empfänger übertragen und dort gemeinsam mit den anderen Datenpaketen wieder zur ursprünglichen Nachricht zusammengesetzt zu werden[14]. Die Weiterleitung der Pakete über die verschiedenen Wegstrecken wird von spezialisierten Computern, sogenannten Routern, erledigt. Abhängig von Verfügbarkeit, Verkehrsbelastung und Übertragungszeit der verschiedenen Netzwerkabschnitte wählen die Router für die jeweiligen Pakete die optimalen Übertragungsstrecken aus[15]. Analog dem Versand konventioneller Postpakete durch die Postämter wird also für jedes einzelne Datenpaket individuell bestimmt, welches der gerade jeweils günstigste Weg zum Bestimmungsort ist[16]. Wenn eine Leitung

---

[11] *Kyas*, Internet professionell, S. 35f.; *Klau*, Das Internet, 1.Aufl., S. 25; *Kristula*, The History of the Internet, unter: 1962.
[12] *Baran*, On Distributed Communikations, unter: Preface.
[13] *Baran*, On Distributed Communikations, unter: Introduction; *Musch*, Die Geschichte des Netzes, S. 29f.; *Abbate*, S. 26.
[14] *Kyas*, Internet professionell, S. 36.
[15] *Kyas*, Internet professionell, S. 36.
[16] *Baran*, On Distributed Communications, unter: On a Future System Development – Switching, The Postman Analogy; *Musch*, Die Geschichte des Netzes, S. 30.

gerade verstopft ist oder ausfällt, nimmt das Paket einfach einen anderen Weg. Auch wenn große Teile des Netzes ausfallen, ist dies unproblematisch, da die Pakete dann ihren Weg über die noch verbleibenden Netzteile nehmen. Die Pakete ein und derselben Nachrichtenübertragung können insofern durchaus verschiedene Wege gehen und auch in unterschiedlicher Reihenfolge beim Empfänger ankommen[17].

Aufgrund der in jedem Paket enthaltenen Information kann auf dem Zielrechner nach Eintreffen aller Pakete die ursprüngliche Reihenfolge der Pakete wiederhergestellt und die übertragene Nachricht somit wieder komplett zusammengesetzt werden. Gehen Pakete bei der Übertragung verloren oder werden Pakete durch Störungen während der Übertragung verfälscht, so werden diese Pakete zur nochmaligen Übertragung angefordert und erneut versandt. Durch die paketorientierte Datenübertragungstechnik und durch den Wegfall eines Zentralrechners ist das von Baran vorgeschlagene Netzwerkkonzept außerordentlich zuverlässig und ausfallsicher.

Obwohl die Air Force von Baran`s Idee begeistert war, wurde das geplante Air Force Netz nicht realisiert, weil das Verteidigungsministerium auf einem Gesamtnetz für alle Streitkräfte bestand[18]. Barans neuartiges Konzept eines sicheren, paketübertragenden, dezentralisierten Netzwerkes wurde jedoch Grundlage für die Netzwerkentwicklung bei ARPA. Im Herbst 1969 begann ARPA das erste dezentralisierte, auf Paketübertragung basierende Netzwerk – das ARPANET – aufzubauen.

Für das ARPANET waren spezielle Knotenrechner, sogenannte IMPs (Interface Message Prozessors), vorgesehen, welche, vor die zu vernetzenden Computer geschaltet, als Schnittstelle zwischen den Computern und dem Netzwerk fungierten, sowie mittels eines Kommunikationsprotokolles für die Paketübermittlung im Netzwerk verantwortlich waren[19]. Der erste IMP wurde am 30. August 1969 an die University of California at Los Angeles ausgeliefert[20], und kurz darauf wurden drei weitere IMPs an den Forschungszentren Stanford Research Institute, University of California at Santa Barbara und University of Utah

---

[17] *Kyas*, Internet professionell, S. 36; *Musch*, Die Geschichte des Netzes, S. 30.

[18] *Abbate*, From ARPANET to Internet, S.26.

[19] *Kyas*, Internet professionell, S. 37f.; *Musch*, Die Geschichte des Netzes, S. 32; *Abbate*, From ARPANET to Internet, S. 50f.

[20] *Crocker*, RFC 1000, S. 3f.; *Salus*, Casting the Net, S.51; *Cerf*, How the Internet came to be, unter: The birth of the ARPANET; *Hauben*, The Birth and Development of the ARPANET, unter: The Development of the ARPANET.

installiert[21]. Damit waren die ersten vier Knoten des ARPANET gebildet, und der Netzwerkbetrieb im ARPANET, dem Vorläufer des Internets, konnte aufgenommen werden. Die Zahl der durch das ARPANET verbundenen Computerzentren blieb nicht lange auf vier begrenzt. Schon im Laufe des Jahres 1970 wurden sieben weitere Forschungseinrichtungen vernetzt[22], und im April 1971 umfaßte das ARPANET bereits 15 Knotenpunkte[23]. Während der folgenden Jahre wuchs das Netzwerk weiter.

Die ersten beiden Anwendungsprogramme für das ARPANET waren ein Programm zur Fernbedienung fremder Rechner (Telnet) und ein Programm für den Austausch von Dateien mit anderen Rechnern (FTP)[24]. Im zweiten Betriebsjahr kam eine neue Anwendung auf, an die bei der Errichtung des Netzes nicht gedacht wurde, die sich jedoch überraschenderweise schnell zum meistgenutzten Dienst des ARPANET entwickelte: die elektronische Post (E-Mail)[25]. Der E-Mail-Dienst ermöglichte es den ARPA-Forschern, das Netz für die Zusammenarbeit bei Projekten, zum Austausch von Informationen über ihre Arbeit sowie zur Übertragung persönlicher Mitteilungen zu verwenden[26].

Die Bedeutung des ARPANET lag insbesondere darin, daß es die Kommunikation zwischen Computern verschiedenster Bauart ermöglichte[27]. Über die auf einem Kommunikationsprotokoll basierenden Knotenrechner konnten Computer nämlich unabhängig von ihrem Markennamen, ihrem Betriebssystem oder ihrer Größe in das ARPANET integriert werden.

II. Entstehung des Internet

Während das ARPANET weiter wuchs, begannen die ARPA-Forscher Anfang der 70er Jahre weitere paketorientierte Netzwerke zu entwickeln, die auf ganz

---

[21] *Salus*, Casting the Net, S. 55f.; *Cerf*, How the Internet came to be, unter: The birth of the ARPANET; *Leiner/Cerf/Clark/Kahn*, A Brief History of the Internet, unter: Origins of the Internet; *Zakon*, Timeline, unter: 1969.

[22] *Salus*, Casting the Net, S. 61ff.: BBN, MIT, RAND, SDC, Harvard University, Lincoln Laboratory, Stanford University

[23] *Zakon*, Timeline, unter: 1971; *Hauben*, The Birth and Development of the ARPANET, unter: The Development of the ARPANET: University of Illinois, Case Western Reserve University, Carnegie Mellon University, NASA/AMES.

[24] *Musch*, Die Geschichte des Netzes, S. 33.

[25] *Abbate*, From ARPANET to Internet, S. 82; *Klau*, Das Internet, 1.Aufl. S. 26; *Musch*, Die Geschichte des Netzes, S. 33.

[26] *Klau*, Das Internet, 1.Aufl., S. 26f.

[27] *Lammarsch/Steenweg*, Internet & Co, S. 3; *Musch*, Die Geschichte des Netzes, S. 31, 34.

anderen Kommunikationsmedien basierten, nämlich paketorientierte Radiowellennetzwerke sowie ein paketorientiertes Satellitennetzwerk. Diese Netze waren für die militärische Anwendung insbesondere deshalb von Interesse, weil Radiowellen von mobilen Sendern erzeugt werden können[28] und Satelliten in der Lage sind, ein sehr großes Gebiet zu bestrahlen, so daß sie z.B. amerikanische Militäreinrichtungen in Europa und der pazifischen Region sowie Marinestützpunkte im Meer erreichen können[29].

Wunsch der ARPA war es, trotz der sich aus der Nutzung unterschiedlicher Trägermedien ergebenden Verschiedenartigkeit der Netze eine gemeinsame Kommunikation innerhalb aller paketorientierten Netzwerke zu ermöglichen[30]. Nachdem das ARPANET die Verbindung von Hardware der unterschiedlichsten Typen und Hersteller ermöglicht hatte, sollten nun ganze Netzwerke der unterschiedlichsten Art verbunden werden. Da das vom ARPANET bisher genutzte Kommunikationsprotokoll der neuen Aufgabe nicht gewachsen war, startete die ARPA 1973 unter Leitung von Robert Kahn und Vinton Cerf ein Internet-Projekt mit dem Ziel der Entwicklung eines neuen einheitlichen Kommunikationsprotokolles, das auf allen von der ARPA betriebenen Netzen verwendet werden konnte[31].

Als Resultat wurde das TCP/IP-Kommunikationsprotokoll erstellt, welches es den verschiedenartigen paketorientierten Netzen ermöglichte, miteinander zu kommunizieren. Dabei regelt das TCP/IP-Protokoll die Art der Versendung der Nachrichten wie folgt: TCP (Transmission Control Protocol) wandelt die Nachricht, die übertragen werden soll, in viele kleine Datenpakete um, die am Zielrechner wieder in der richtigen Reihenfolge zusammengesetzt werden. Wenn einige Pakete fehlen, kann dies aufgrund der fortlaufenden Sequenznummern vom TCP rasch erkannt werden, und der Absender wird zur erneuten Übertragung aufgefordert. Falls ein Paket durch Störungen während der Übertragung verfälscht wurde, erkennt TCP diesen Fehler an Hand einer sogenannten Prüfsumme, verwirft das Paket und fordert dessen Neuversendung an[32]. IP (Internet Protocol) regelt die Adressierung und stellt dadurch sicher, daß die Pakete an Hand ihrer Adressen über die vielen Knoten und Netzwerke zum Zielrechner gelangen. IP liefert die erforderlichen Hinweise für die korrekte Zustellung eines

---

[28] *Abbate*, From ARPANET to Internet, S. 95; *Musch*, Die Geschichte des Netzes, S. 35; *Tappendorf*, ARPANET and Beyond, unter: To ARPANET.

[29] *Salus*, Casting the Net, S.78; *Musch*, Die Geschichte des Netzes, S. 35.

[30] *Abbate*, From ARPANET to Internet, S. 104.

[31] *Leiner/Cerf/Clark/Kahn*, A Brief History of the Internet, unter: The Initial Internetting Concepts; *Kahn* [Origins of the Internet]; *Tappendorf*, ARPANET and Beyond, unter: To ARPANET; *Kristula*, The History of the Internet, unter: 1973.

[32] *Krol*, Die Welt des Internet, S. 30.

Datenpaketes und hat somit eine vergleichbare Funktion wie ein beschrifteter Briefumschlag, der die erforderlichen Hinweise für die Zustellung eines Briefes durch die Post gibt[33].

Auf Grund des neuen TCP/IP-Protokolls war es nun möglich, daß ganze Netzwerke der unterschiedlichsten Art zu einem gemeinsamen Netz der Netze, dem Internet, zusammengefügt werden konnten. Nach einer ersten erfolgreichen Demonstration der Funktionsfähigkeit des neuentwickelten Kommunikationsprotokolls im Juli 1977 nahm die Verbreitung von TCP/IP rasch zu, und am 1. Januar 1983 wurden schließlich alle ARPANET-Knoten auf TCP/IP umgestellt[34]. Mit Hilfe des TCP/IP-Protokolls waren nun zunächst drei von der ARPA (mit-) finanzierte, paketorientierte Netzwerke – die beiden Radiowellennetzwerke ALOHANET und PRNET und das Satellitennetzwerk SATNET – sowie verschiedene kleinere, experimentelle Forschungsnetzwerke und Computersysteme mit dem ARPANET zu einem gemeinsamen Netzwerkverbund zusammengeschlossen, mit der Folge, daß die Daten über den gesamten Netzwerkverbund übermittelt werden konnten. Das Internet[35] war entstanden[36]. Während bereits mindestens zwei miteinander verbundene Netzwerke als ein internet (mit kleinem „i") bezeichnet werden können, wird unter dem Begriff „das Internet" (mit großem „I") üblicherweise der Zusammenschluß aller Netzwerke verstanden, die durch das TCP/IP-Protokoll miteinander verbunden sind[37].

Im Oktober 1983 wurde das ARPANET in einen sicheren und vor unbefugten Zugriffen geschützten Teil für den militärischen Datenverkehr (MILNET[38]) und in einen weiterhin für Forschung und Experimente der Militärs und ARPA-Forscher offenstehenden, forschungsorientierten Teil (ARPANET) aufgespalten[39]. Um größtmögliche Sicherheit für das MILNET zu gewährleisten, wurde

---

33 *Krol*, Die Welt des Internet, S. 26ff.

34 *Salus*, Casting the Net, S. 161ff.; *Cerf*, How the Internet came to be, unter: The birth of the Internet; *Kyas*, Internet professionell, S. 39.

35 Internet steht für Interconnected Network, vgl. *Baumbach/Hefermehl*, UWG, Allg. Rn. 248.

36 *Abbate*, From ARPANET to Internet, S. 107; *Musch*, Die Geschichte des Netzes, S. 37; *Kahn*, The Role of Government in the Evolution of the Internet, unter: Origins of the Internet.

37 *Krol*, Die Welt des Internet, S. 583; *Maier/Wildberger*, S. 7; *Abbate*, From ARPANET to Internet, S. 109. Ursprünglich nannte die ARPA die mit TCP/IP verbundenen Netzwerke „the ARPA Internet". Als später dann immer mehr Wissenschafts- und Regierungsorganisationen den TCP/IP-Standard übernahmen und sich dem ARPA Internet anschlossen, wandelte sich der Name über „the Federal Research Internet" zu „the Internet".

38 Military Network.

39 *Lienemann*, TCP/IP, S. 18; *Tappendorf*, ARPANET and Beyond, unter: To ARPANET; *Abbate*, From ARPANET to Internet, S. 88; *Kahn*, The Role of Government in the Evolution of the Internet, unter: Emergence...; *Musch*, Die Geschichte des Netzes, S. 41; *Klau*, Das

dessen Anbindung an das ARPANET auf einige wenige E-Mail-Verbindungen reduziert[40].

III. Weiterentwicklung durch Errichtung des NSFNET

Da das ARPANET weiterhin militärisch ausgerichtet war, und somit vielen Forschungseinrichtungen die Nutzung des ARPANET verwehrt war, entstanden zu Beginn der achtziger Jahre noch verschiedene andere bedeutende Netze. Das wichtigste der neuen Netzwerke war das NSFNET (National Science Foundation Network), welches auf dem TCP/IP-Protokoll basierte und mit dem Internet zusammengeschlossen wurde[41]. Das NSFNET wurde 1986 von der National Science Foundation (NSF), einer amerikanischen Regierungsbehörde, als akademisches Netzwerk zwischen Forschungs- und Wissenschaftszentren gebildet[42]. Ziel der Einrichtung des NSFNET war es, die von der NSF an fünf amerikanischen Forschungseinrichtungen[43] installierten Hochleistungscomputer einem größtmöglichen Kreis von Forschungstreibenden aller Fachrichtungen unabhängig von ihrer institutionellen Zugehörigkeit verfügbar zu machen[44]. Das NSFNET verband daher die mit den besonders leistungsfähigen Supercomputern ausgestatteten Forschungsstandorte durch Hochgeschwindigkeitsleitungen miteinander[45] und schloß jedes dieser verbundenen Supercomputerzentren an ein regionales Hochschulnetz an, das zunächst nur Universitäten, später dann auch Colleges umfaßte. Dadurch konnten alle Forschungstreibenden das Netz nutzen[46].

Internet, 2.Aufl. S. 11; *Kyas*, Internet professionell, S. 39; *Salus*, Casting the Net, S. 194; *Zakon*, Timeline, unter: 1983.

[40] *Kahn*, The Role of Government in the Evolution of the Internet, unter: Emergence...

[41] *Lienemann*, TCP/IP, S. 17; *Tappendorf*, ARPANET and Beyond, unter: ARPANET to NSFNET; *Musch*, Die Geschichte des Netzes, S. 41.

[42] *Lienemann*, TCP/IP, S. 17.

[43] *Salus*, Casting the Net, S. 199; *Zakon*, Timeline, unter: 1986. Die fünf von der NSF gegründeten Supercomputerzentren waren: Das John von Neumann Supercomputer Center at Princeton, das San Diego Supercomputing Center at UCSD, das National Center for Supercomputing Applications at the University of Illinois, das Theory Center at Cornell und das von der Carnegie Mellon University und der University of Pittsburgh gemeinsam betriebene Pittsburgh Supercomputing Center.

[44] *Musch*, Die Geschichte des Netzes, S. 41.

[45] *Krol*, Die Welt des Internet, S.16f; *Kyas*, Internet professionell, S. 44; *Lienemann*, TCP/IP, S.17; *Zakon*, Timeline, unter: 1986: Das NSFNET arbeitete gleich zu Beginn bereits mit Übertragungsraten von 56 kbit/s.

[46] *Krol*, Die Welt des Internet, S. 16f.

Das NSFNET wurde im Laufe der Zeit durch den Einsatz noch leistungsfähiger Computer und noch schnellerer Hochleistungsleitungen[47] auf den neuesten Stand gebracht, und schon bald überstieg die Datenübertragungsmenge des NSFNET die des fast zwei Jahrzehnte älteren ARPANET bei weitem. Die NSF-Netzstruktur übernahm damit die Hauptlast im Internet und erneuerte so die Hauptübertragungswege (sog. Backbones) des Internet[48]. Immer mehr Betrieb wechselte vom ARPANET zum NSFNET, so daß die Infrastruktur des ARPANET letztlich 1990 aufgelöst werden konnte und dessen Funktion vom NSFNET übernommen wurde[49]. Damit wandelte sich das Internet von einem militärischen Netzverbund zu einem riesigen, für alle Fachrichtungen offenstehenden, wissenschaftlichen Netzverbund. Eine kommerzielle Nutzung des Internet war jedoch zunächst noch ausgeschlossen, da die NSF den Zugang zu dem mit öffentlichen Mitteln errichteten NSFNET nur bei nicht-kommerzieller Benutzung zum Zwecke von Forschung und Ausbildung erlaubte[50].

IV. Hinzukommen andersartiger Weitverkehrsnetze

Neben dem NSFNET entwickelten sich in den USA Anfang der achtziger Jahre noch weitere akademische Weitverkehrsnetze, wie z.B. die von verschiedenen Universitäten gegründeten Netze USENET, BITNET, ...[51]. Auch in Europa entstanden Netzwerke, wie z.B. EUnet, ein europäischer Ableger des amerikanischen USENET, und EARN, das europäische Gegenstück zum amerikanischen BITNET[52]. Alle diese Netzwerke arbeiteten nicht auf der Grundlage des TCP/IP-Protokolls und waren somit nicht Teil des Internet. Um jedoch die Ressourcen des Internet auch für ihre Anwender nutzbar zu machen, stellten diese Netzwerke durch sogenannte Gateways Verbindungen mit dem Internet

---

[47] *Kyas*, Internet professionell, S. 46; *Salus*, Casting the Net, S. 199f.; *Zakon*, Timeline, unter: 1988, 1991. 1988 wurde die Übertragungsgeschwindigkeit auf 1,5 Mbit/s gesteigert, und zu Beginn der 90er Jahre erfolgte eine sukzessive Umstellung des NSFNET auf Übertragungsraten von 45 Mbit/s.

[48] *Klau*, Das Internet, 2.Aufl., S. 11; *Kyas*, Internet professionell, S. 44; *Salus*, Casting the Net, S. 194.

[49] *Musch*, Die Geschichte des Netzes, S. 41; Lienemann, TCP/IP, S. 17.

[50] Vgl. *Kilches*, ÖJZ 1999, 329 (329f.).

[51] *Salus*, Casting the Net, S. 132ff., 174ff.; *Kyas*, Internet professionell, S. 41ff.; *Zakon*, Timeline, unter: 1979, 1981. Das USENET (Users Network) wurde 1979 von der University of North California und der Duke University gegründet, das BITNET (Because It`s Time Network) wurde 1981 von der City University of New York und der Yale University errichtet.

[52] EUnet (European UNIX Network 1982), EARN (European Academic and Research Network 1983)

her[53]. Die Gateways fungierten dabei als Übersetzer eines Protokolls in das jeweils andere. Auf diese Weise konnten z.B. BITNET-Teilnehmer Dienste nutzen, die vom Internet angeboten wurden und umgekehrt.

V. Öffnung des Internet für kommerzielle und private Nutzer

Mitte der 80er Jahre führte die allgemeine Verfügbarkeit technischer Neuerungen zu einer neuen Nachfrage nach Zugang zum Internet. So ermöglichte es die von Xerox (PARC) entwickelte Ethernet-Technologie, Computersysteme in Büroumgebung mittels Ethernet-Kabeln zu einem zuverlässigen lokalen Netzwerk (LAN – Local Area Network) zu verbinden, und in der Folge wurden plötzlich überall bürointerne lokale Netzwerke gebildet[54]. Dabei verwendete man zur Bildung der LANs meist die neu entstandenen Desktop-Workstations, die überwiegend mit der neuentwickelten Variante des Betriebssystems Unix liefen, bei welcher das Kommunikationsprotokoll TCP/IP integraler Bestandteil war[55]. Dadurch waren in der Regel alle Computer eines LAN internetfähig, und immer mehr Betreiber der von Firmen oder sonstigen Einrichtungen errichteten LANs wollten das gesamte LAN an das Internet anschließen[56]. Daneben begannen auch zunehmend Privatleute Interesse an dem Anschluß eines einzelnen Rechners zu entwickeln.

Die ständig größer werdende Nachfrage kommerzieller und privater Nutzer nach Zugang zum Internet führte dazu, daß private Internet Provider entstanden, die kommerziellen und privaten Kunden Internetzugang gewährten und den Datenverkehr über spezielle Hochgeschwindigkeitsverbindungen für kommerziellen Verkehr leiteten, die vom Commercial Internet Exchange (CIX), einem Zusammenschluß privater Internet Provider, finanziert wurden[57]. Ende der 80er Jahre begann dann die NSF, sich allmählich aus der Förderung des ursprünglich nur für akademische Nutzer errichteten NSFNET-Backbones sowie der daran angeschlossenen regionalen Hochschulnetze zurückzuziehen[58]. Mit der zunehmenden Verringerung der öffentlichen Förderung wurde dementsprechend

---

[53] *Krol*, Die Welt des Internet, S. 18; *Maier/Wildberger*, In 8 Sekunden um die Welt, S. 14; *Klau*, Das Internet, 1.Aufl., S. 27.

[54] *Musch*, Die Geschichte des Netzes, S. 40; *Stolpmann*, Internet & WWW für Studenten, S. 12; *Krol*, S. 16; *Kyas*, Internet professionell, S. 41.

[55] *Krol*, Die Welt des Internet, S. 16; *Zakon*, Timeline, unter: 1983.

[56] *Krol*, Die Welt des Internet, S. 16.

[57] *Burk*, Trademarks along the Infobahn, unter: Virtual Commerce.

[58] *Kahn*, The Role of Government in the Evolution of the Internet, unter: Emergence...; *Burk*, Trademarks along the Infobahn, unter: Virtual Commerce.

zunehmend eine kommerzielle Nutzung dieser Netzwerke zulässig. Seitdem können kommerzielle und private Nutzer Einzug ins Internet halten.

VI. Einführung des Domain-Namen-Systems

Wenn zwei Computer miteinander kommunizieren wollen, so müssen sie den jeweils anderen auch eindeutig identifizieren können. Jedem an das Internet angeschlossenen Computer (sog. host) wird daher eine, im weltweiten Internet einmalige, mittlerweile 32 Bits (4 Bytes) lange Binärnummer als Identifikation zugewiesen[59], zum Beispiel: 11000000010010110100011101001111. Die Schreibweise einer solchen numerischen Internetadresse (IP-Adresse) erfolgt in der Regel so, daß jedes Byte als Dezimalzahl dargestellt wird und durch einen Punkt vom Nachbar-Byte getrennt wird[60], zum Beispiel: 192.75.71.79. Da es recht umständlich ist, sich numerische Internetadressen zu merken, besteht zum Zwecke der leichteren Handhabung für jeden Internetteilnehmer die Möglichkeit, sich zusätzlich unter einem selbstgewählten Namen registrieren zu lassen. Jeder Internetadresse kann also ein Name zugeordnet werden, wobei dieser Name ebenfalls weltweit eindeutig sein muß[61].

Solange das Internet noch aus einer überschaubaren Anzahl von Nutzern bestand, erfolgte die Zuordnung von Internetadressen und Namen über eine zentrale Registraturstelle. Dort wurden die Adressen und die jeweils zugehörigen Namen in eine Gesamtliste eingetragen, und diese Liste wurde regelmäßig an jeden host im Netz verteilt[62]. Die Namen waren einfach und einteilig, und jeder einzelne war eindeutig. Da Computer jedoch nur mit Binärnummern arbeiten, müssen angegebene Namen in IP-Adressen umgewandelt werden. Wenn man einen Namen verwendete, wurde dieser vom Computer automatisch an Hand der Zuordnungsliste von Internetadressen und Namen durch die zugeordnete numerische Adresse ersetzt[63].

Dieses Verfahren funktionierte zunächst sehr gut. Anfang der achtziger Jahre wurde jedoch ersichtlich, daß die Adressenverwaltung aller an das Internet angeschlossenen Computer mittels einer zentralen Liste mit unstrukturierten

---

[59] *Lienemann*, TCP/IP, S. 202; *Kyas*, Internet professionell, S. 88f.
[60] *Kyas*, Internet professionell, S. 89.
[61] *Krol*, Die Welt des Internet, S. 33; *Kyas*, Internet professionell, S. 45.
[62] *Hein*, S. 438; *Krol*, Die Welt des Internet, S. 33; *Krol*, RFC 1118, S. 15; *Kyas*, Internet professionell, S. 45; *Recke*, Identität zu verkaufen, unter: DNS: Ursprung... – Die Anfänge des DNS; Mockapetris, RFC 1034, S. 1.
[63] *Krol*, Die Welt des Internet, S. 33.

Namen aufgrund der ständig wachsenden Anzahl von Netzteilnehmern an ihre Grenze gelangt war. Es wurde immer schwieriger, neue, noch unbesetzte Namen zu finden, und außerdem nahm es zu viel Netzwerkkapazität in Anspruch, die gesamte Zuordnungsliste von Internetadressen und Namen an jeden einzelnen host zu verteilen[64]. Daher wurde 1985 ein systematisches, hierarchisches und dezentral organisiertes Namensystem eingeführt: Das Domain-Namen-System (Domain Name System, DNS)[65].

Beim DNS besteht eine hierarchische Namensstruktur: Ein Domain-Name gliedert sich in verschiedene Teile, die Domains (oder auch Zonen) genannt werden und die durch Punkte voneinander getrennt sind[66]. Die einer anderen Domain hierarchisch übergeordnete Domain steht jeweils rechts von der untergeordneten Domain. An der Spitze der Hierarchie steht demnach die am rechten Ende des Namens befindliche sogenannte Top-Level-Domain (TLD). Links daneben befindet sich die Second-Level-Domain, eine Untergliederung der Top-Level-Domain. Die Second-Level-Domain kann ihrerseits in mehrere weitere Untergliederungen auf niederen Hierarchieebenen, sogenannten Sub-Domains, aufgespalten werden. Eine Untergliederung in mehrere Sub-Domains muß jedoch nicht erfolgen, und in der Praxis gibt es sehr häufig Domain-Namen mit gar keiner oder lediglich einer Sub-Domain. Zum Beispiel:

jura	. uni-bonn	. de
/	|	\
Sub-Domain (sub domain)	Second-Level-Domain (second level domain)	Top-Level-Domain (top level domain)

Diese mehrteilige Struktur der Domain-Namen ermöglicht es, die Verantwortung der Namensgebung zu dezentralisieren: Bei den Top-Level-Domains sind die Namen vorgegeben und die Vergabe erfolgt durch zentrale Stellen.

---

64 *Hein*, S. 438; *Krol*, Die Welt des Internet, S. 34; *Kyas*, Internet professionell, S. 45, 92; *Recke*, Identität zu verkaufen, unter: DNS: Ursprung... – Die Anfänge des DNS.

65 *Recke*, Identität zu verkaufen, unter: DNS: Ursprung... – Die Anfänge des DNS.

66 *Krol*, Die Welt des Internet, S. 34; *Kyas*, Internet professionell, S. 93. Obwohl bei Domain-Namen die einzelnen Domains durch einen Punkt getrennt sind, korrespondieren diese Teile keinesfalls mit den ebenfalls durch Punkte getrennten Bytes einer numerischen Internetadresse.

Zunächst gab es fünf organisatorische Top-Level-Domains[67], die vom InterNIC in den USA vergeben und verwaltet wurden:

.gov = government (für Regierungsbehörden)
.edu = education (für Bildungseinrichtungen)
.com = commercial (für gewerbliche Unternehmen)
.mil = military (für Militär)
.org = organization (für sonstige Organisationen)

Später kamen noch zwei weitere organisatorische Top-Level-Domains hinzu[68]:

.net = network providers (für Internet Service Providers)
.int = international treaty organisations and international databases (für internationale Organisationen und Datenbanken)

Die ursprünglichen fünf Organisationsbezeichnungen wurden als Top-Level-Domains festgelegt, als das DNS entwickelt wurde, also in einer Zeit, als das Internet noch hauptsächlich auf Nordamerika begrenzt war. Mit der zunehmenden Internationalisierung des Internet mußte jedoch ein Weg gefunden werden, auch anderen Ländern die Verantwortung für ihre Namen zu geben. Daher wurden für alle an das Internet angeschlossenen Länder geographische Zwei-Buchstaben-Kürzel als Top-Level-Domains eingeführt, die bei den jeweiligen nationalen NIC-Zentren beantragt und registriert werden[69], zum Beispiel:

.de = Deutschland
.us = USA
.cl = Chile
.fr = Frankreich
.mx = Mexiko

Der Name der Second-Level-Domain ist vom Internetteilnehmer frei wählbar und wird bei derjenigen NIC-Einrichtung beantragt, deren Top-Level-Domain der gewählte Name untergeordnet werden soll. Alle Sub-Domains werden frei durch die jeweils höhere Domainebene verwaltet. Der Inhaber einer Second-Level-Domain kann daher nach Belieben untergeordnete Sub-Domains einrich-

---

[67] Im Oktober 1984 in RFC 920 festgelegt und definiert, *Postel/Reynolds*, RFC 920, S. 2.

[68] Festgelegt und definiert in RFC 1591, *Postel*, RFC 1591, S. 1, und ebenfalls vom InterNIC verwaltet. Des weiteren werden in RFC 1591 alle organisatorischen Top-Level-Domains als „generic top level domains“ und „.gov“ und „.mil“ als „United States only generic domains“ bezeichnet, die nur noch für US-Bundesbehörden bzw. für US-Streitkräfte offenstehen.

[69] *Krol*, S. 36. Bereits in RFC 920, *Postel/Reynolds*, RFC 920, S. 2, wurde festgelegt, daß die von der International Organization for Standardization (ISO) im ISO 3166 Standard definierten zweibuchstabigen Ländercodes als Top-Level-Domains für die einzelnen Länder Verwendung finden sollen. Die tatsächliche Vergabe der geographischen Top-Level-Domains erfolgte jedoch erst später, als das Internet zu einem weltweiten Netz wurde.

ten und die Namen hierzu eigenständig vergeben oder ändern. Die Verwaltung einer von ihm eingerichteten Sub-Domain kann er an eine weitere Stelle delegieren, die dann ihrerseits weitere Sub-Domains auf niederer Hierarchieebene einrichten, benennen, sowie deren Verwaltung weiter delegieren kann usw. Die Namen für untergeordnete Domains müssen nur immer so gewählt werden, daß sie jeweils eindeutig sind. Wenn sich alle Administratoren an diese Regel halten und sicherstellen, daß die von ihnen vergebenen Namen innerhalb der übergeordneten Domain eindeutig sind, dann werden keine zwei Rechner im Internet denselben Namen haben[70].

Die bei der Verwendung eines Domain-Namens erforderliche Umwandlung in eine numerische Internetadresse erfolgt bei dem DNS mit Hilfe des DNS-Protokolls und der dezentral verteilten, überall im Internet zu findenden Namen-Server (name server)[71]. Diese Namen-Server werden jeweils für eine bestimmte Domain eingerichtet, und sie halten sämtliche Informationen bereit, die für die Verwaltung des Namensraumes der ihnen zugeordneten Domain erforderlich sind. Um eine Internetadresse herauszufinden, wendet sich der Computer des Endnutzers an einen lokalen Namen-Server, der die Arbeit des Ermittelns der gesuchten IP-Adresse übernimmt[72]. Der lokale Namen-Server beginnt nun bei anderen Namen-Servern um Auskunft zu bitten. Da die verschiedenen Namen-Server analog zur Struktur der Domain-Namen selbst hierarchisch organisiert sind, kontaktiert der lokale Namen-Server zunächst einen sogenannten Root-Server an der Spitze des Namensraumes. Der Root-Server kennt die Adressen der Namen-Server für die Top-Level-Domains und wählt einen für die angegebene Top-Level-Domain zuständigen Namen-Server aus. Dieser wiederum kennt die Adressen der Namen-Server für die Second-Level-Domains und wählt für die spezielle Second-Level-Domain einen dafür zuständigen Namen-Server aus[73] usw. Auf diese Weise wird schließlich die IP-Adresse, die Gegenstand der Suche war, vollständig ausfindig gemacht.

Dieses aufwendige Verfahren wird allerdings nur dann durchgeführt, wenn die gesuchte IP-Adresse dem lokalen Server nicht ohnehin bekannt ist, weil er erst kürzlich danach gefragt wurde. Denn um nicht bei jedem Verbindungsaufbau, bei dem die Zieladresse als Domain-Name angegeben wurde, auf die verschie-

---

[70] *Krol*, Die Welt des Internet, S. 34.

[71] *Kyas*, Internet professionell, S. 96.

[72] *Recke*, Identität zu verkaufen, unter: DNS: Ursprung... – Die Technik und das Delegationsschema des DNS. Genauer gesagt übernimmt die Aufgabe der Adressenermittlung ein Resolver (resolver). Der Bequemlichkeit halber ist das jedoch meist ein lokaler Namen-Server, der gleichzeitig als Resolver agiert.

[73] *Recke*, Identität zu verkaufen, unter: DNS: Ursprung... – Die Technik und das Delegationsschema des DNS; *Krol*, Die Welt des Internet, S. 37.

denen Namen-Server im Internet zugreifen zu müssen und den Datenverkehr durch eine Vielzahl von DNS-Abfragen zu beeinträchtigen, legt jeder Namen-Server einen Zwischenspeicher (Cache) an, in dem Domain-Namen und zugeordnete Internetadressen, die bereits vor einiger Zeit einmal von lokalen Internetnutzern nachgefragt worden sind, abgespeichert werden[74]. So können nach einiger Zeit viele DNS-Zugriffe vom Zwischenspeicher des lokalen Namen-Server aus beantwortet werden[75].

Das DNS basiert somit auf dem System einer verteilten Datenbank[76]. Die einzelnen Elemente sind über Tausende von Namen-Servern verteilt, die jeweils Informationen über einen bestimmten Teil des Netzes bereithalten.

VII. Das World Wide Web

Einen weiteren Meilenstein in der Geschichte des Internet stellt die Einführung des World Wide Web (WWW) dar. Beim World Wide Web handelt es sich um einen Informationsdienst des Internet, der im März 1989 von Tim Berners-Lee am Kernforschungszentrum CERN in Genf entwickelt wurde[77]. Basis des World Wide Web ist ein Hypertextsystem, eine Methode der Informationspräsentation, bei der Textdateien über besonders hervorgehobene Schlüsselwörter (Hyperlinks) mit einem oder mehreren anderen Textdokumenten vernetzt sind[78]. Wird ein solches Schlüsselwort aktiviert, verzweigt sich das Programm automatisch zum betreffenden anderen Dokument und stellt dieses dar. Ist das neue Dokument ebenfalls ein Hypertextdokument, so können von dessen Schlüsselwörtern erneut Verzweigungen erfolgen. Im World Wide Web des Internet verbinden die Schlüsselwörter Hypertextdokumente, die sich an unterschiedlichen Stellen des Internet befinden. Auf diese Weise durchziehen vernetzte Hypertextdokumente wie ein virtuelles Spinnengewebe das gesamte Internet[79].

---

[74] *Krol*, Die Welt des Internet, S. 36f.; *Kyas*, Internet professionell, S. 97; *Recke*, Identität zu verkaufen, unter: DNS: Ursprung... – Die Technik und das Delegationsschema des DNS.
[75] *Kyas*, Internet professionell, S. 97.
[76] *Salus*, Casting the Net, S. 171; *Recke*, Identität zu verkaufen, unter: DNS: Ursprung... – Die Technik und das Delegationsschema des DNS.
[77] *Cailliau*, Timeline, unter: 1989; *Kyas*, Internet professionell, S. 257; *Hoeren*, NJW 1995, 3295 (3297). Im März 1989 schlug Tim Berners-Lee die Anwendung von Hypertext-Technologie im Internet vor, um die Kommunikation zwischen den weltweit verstreuten CERN-Forschern zu erleichtern. Im Oktober 1990 stellte er dann gemeinsam mit seinem Kollegen Robert Cailliau ein detailliertes Realisierungskonzept vor und gab dem Projekt den Namen World Wide Web.
[78] *Krol*, Die Welt des Internet, S. 333f.; *Kyas*, Internet professionell, S. 255.
[79] *Kyas*, Internet professionell, S. 255.

Im Mai 1991 wurden die ersten Dokumente im WWW-Format auf Serversystemen des CERN geladen, und ein halbes Jahr später war der erste WWW-Browser, ein Anwendungsprogramm, um Hypertextdokumente lesen zu können, verfügbar[80]. Als dann 1993 mit NCSA Mosaic[81] erstmals ein WWW-Browser mit Multimediaunterstützung und einer schönen graphischen Benutzeroberfläche entwickelt wurde, kam es zu einer explosionsartigen Steigerung der Nutzung des World Wide Web. Mit Mosaic zog die Multimediawelt ins Internet ein. Nun konnten Dokumente mit integrierten Bildern unmittelbar betrachtet werden, und Hyperlinks konnten nicht nur zu anderen Textdokumenten, sondern auch zu Bild-, Ton-, und Videodateien erfolgen[82]. Die Hypertextdokumente wurden so zu Hypermediadokumenten erweitert. Weiterhin hatte Mosaic eine äußerst einfach zu bedienende graphische Benutzungsoberfläche, die es erlaubte, Hyperlinks durch Drücken der Maustaste zu aktivieren und so per Mausklick durch das Web zu surfen[83]. Aufgrund dieses geradezu revolutionären Bedienungskomforts des WWW-Browsers Mosaic wurden technische Vorkenntnisse bei der Erkundung des Netzes entbehrlich.

Die Möglichkeit der kinderleichten Nutzung sowie die Multimediafähigkeit des WWW führten zu einem enormen Boom des Internet. Während bisher hauptsächlich militärische Forscher, Universitätswissenschaftler und Collegeangehörige das Internet nutzten, und die Zahl der nichtakademischen Internetteilnehmer noch relativ gering war, wurden nun plötzlich massenweise neue private und kommerzielle Nutzer von der attraktiven Nutzungsmöglichkeit des Internet angezogen[84]. Vor allem bei Unternehmen setzte, angelockt von der Hoffnung auf neue Werbe-, Kommunikations- und Gewinnmöglichkeiten, ein goldrauschähnlicher Run auf das Internet und insbesondere auf das World Wide Web ein[85].

---

[80] *Cailliau*, Timeline, unter: 1991; *Kyas*, Internet professionell, S. 257.

[81] *Cailliau*, Timeline, unter: 1993; *Kyas*, Internet professionell, S. 259. Entwickelt von Marc Andreessen am National Center for Supercomputing Applications (NCSA) an der University of Illinois.

[82] *Krol*, Die Welt des Internet, S. 342ff., 337; *Salus*, Casting the Net, S. 231; *Tanenbaum*, Computer Networks, S. 54; *Kyas*, Internet professionell, S. 259; *Stolpmann*, Internet & WWW für Studenten, S. 13.

[83] *Salus*, Casting the Net, S. 231; *Stolpmann*, Internet & WWW für Studenten, S. 45.

[84] *Tanenbaum*, Computer Networks, S. 54.

[85] *Stolpmann*, Internet & WWW für Studenten, S. 13; *Musch*, Die Geschichte des Netzes, S. 45.

Innerhalb kürzester Zeit erfuhr das World Wide Web eine enorme Verbreitung und entwickelte sich zum meistgenutzten Internetdienst[86]. 1995/96 verlor Mosaic seine überragende Bedeutung als WWW-Browser und wurde von Netscape Navigator und Microsoft Internet Explorer abgelöst, die es ermöglichten, neben dem WWW auch auf die klassischen Internetdienste E-Mail, FTP, Telnet, Gopher ... unter einer einheitlichen graphischen Oberfläche zurückzugreifen[87]. Heute werden fast alle neu im Internet hinzukommenden Daten in WWW-konformer Darstellung aufbereitet, und oftmals wird das World Wide Web sogar als Synonym für das gesamte Internet benutzt, da die Mehrheit der heutigen Internetnutzer erst nach der WWW-Revolution von 1993 erste Interneterfahrungen sammelte und dieses insofern hauptsächlich als WWW-basierendes Informationsmedium kennenlernte[88].

VIII. Gegenwärtige Internetstruktur

Am 30.04.1995 zog sich die NSF endgültig aus dem Betrieb des NSFNET zurück. Das NSFNET-Backbone hörte damit auf, in seiner bisherigen Form zu existieren, und die Infrastruktur der nordamerikanischen Internet-Hauptverkehrsstrecken wird seitdem durch über das ganze Land verteilte Netzzugangspunkte, sogenannte NAPs (National Access Points) gebildet, die von großen kommerziellen Serviceprovidern betrieben werden und untereinander mit den ehemaligen NSF-Hochgeschwindigkeitsleitungen verbunden sind.[89] In jedem NAP laufen unterschiedliche, im Ballungsgebiet des NAP befindliche regionale Netze zusammen und werden durch Hochgeschwindigkeitsverbindungen miteinander zusammengeschlossen[90]. Die großen Serviceprovider kümmern sich auf kommerzieller Basis um die Aufrechterhaltung der Netze und lassen alle Arten des Netzverkehrs zu[91]. Sie verkaufen Netzkapazität an regionale Provider, die dann ihrerseits Netzkapazität an Internet-Zugangsprovider liefern. Mit letzteren schließt dann der normale Benutzer seine Verträge.

---

86 *Klau*, Das Internet, 2.Aufl., S. 13; *Kyas*, Internet professionell, S. 261; *Cailliau*, Timeline, unter: 1993. Der Anteil des WWW am gesamten Datenverkehr des Internet erhöhte sich von 0,1% im März 1993 auf über 30% Anfang 1996.

87 *Stolpmann*, Internet & WWW für Studenten, S. 14; *Kyas*, Internet professionell, S. 281. Da diese neuen Browser nicht mehr nur den Internetdienst WWW, sondern praktisch alle im Internet angebotenen Dienste unterstützen, müßten sie eigentlich Internet-Browser heißen, jedoch werden sie meist als WWW-Browser bezeichnet.

88 *Kyas*, Internet professionell, S. 255.

89 *Tanenbaum*, Computer Networks, S. 52; *Kyas*, Internet professionell, S. 72f.

90 *Kyas*, Internet professionell, S. 73.

91 *Klau*, Das Internet, 2.Aufl., S. 12; *Tanenbaum*, Computer Networks, S. 52.

Die bis dahin vom NSF für den Internetbetrieb zur Verfügung gestellten Finanzmittel fließen seitdem in das 1995 in Betrieb genommene vBNS-Netzwerk (very high performance Backbone Network Service), welches Teil der von Vizepräsident Al Gore initiierten Initiative zur Realisierung einer neuen, nationalen Informationsstruktur (NII National Information Infrastructure) ist[92]. Beim vBNS handelt es sich um ein auf der Basis von Glasfaserleitungen arbeitendes, amerikanisches Hochgeschwindigkeitsnetz für Wissenschaftler und Forscher, welches einige Zentren für Supercomputerforschung sowie viele Universitäten verbindet[93].

Auch außerhalb der USA sind in vielen Ländern große TCP/IP-Netzwerke entstanden, die Teil des Internet sind. Im europäischen Internetteil werden die Hauptverbindungswege aus den beiden von der Europäischen Union unterstützten, auf nichtprofitorientierter Basis betriebenen, paneuropäischen Netzwerken EBONE und TEN-155 gebildet.

Durch das 1992 errichtete EBONE[94] wurden erstmals zentrale europäische Internet-Hauptverkehrswege geschaffen und somit der Betrieb eines gemeinsamen europaweiten Internet ermöglicht. Beim EBONE bestehen keine Nutzungsbeschränkungen, so daß sich sowohl kommerzielle als auch wissenschaftliche nationale Netzwerke anschließen können. Die Netzwerke des EBONE werden über zehn Hauptvermittlungsknoten innereuropäisch sowie mittels Transatlantikstrecken mit dem nordamerikanischen Internet verbunden.

Das im Dezember 1998 in Betrieb genommene TEN-155[95] wird von DANTE[96], der Vereinigung der nationalen europäischen Wissenschaftsorganisationen, verwaltet und verbindet die nationalen Forschungsnetze in Europa. Deutschland ist über das Deutsche Forschungsnetz (DFN), welches Universitäten, Forschungseinrichtungen und forschungsorientierten Unternehmen offensteht, vertreten.

---

92 *Kyas*, Internet professionell, S. 46, 50.

93 *MCI*, vBNS from MCI and Nsf, unter: What is the vBNS ?, Who can use the vBNS ?; *Kyas*, Internet professionell, S. 51, 73.

94 EBONE steht für European Backbone.

95 TEN-155 steht für Transeuropean Research Network at 155 Mbps. Das TEN-155 löst das TEN-34 (Trans-European Network Interconnect at 34 Mbps), welches von Februar 1997 bis Dezember 1998 operierte, ab. Das TEN-34 wiederum ersetzte das 1993 entstandene Europa-NET.

96 DANTE steht für Delivery of Advanced Network Technology to Europe. Vgl. http://www.dante.net.

Die großen europäischen Internetprovider sind an EBONE angebunden, unterhalten aber auch eigene Transatlantikleitungen zum nordamerikanischen Internetteil und schließen sich außerdem auch über Kooperationen zum Betrieb kommerzieller innereuropäischer Übertragungswege zusammen. In Deutschland haben die großen Internetprovider über das gesamte Bundesgebiet verteilte Einwahlpunkte, über die Internetkunden, wie etwa Unternehmen und Privatpersonen, entweder permanent mittels Standleitung oder temporär mittels Telefonverbindung angeschlossen werden können.

IX. Wachstum des Internet

Die Zahl der an das Internet angeschlossenen Rechner wächst, insbesondere seit der Einführung des WWW-Browsers Mosaic, explosionsartig an[97]: Im Jahre 1984 gab es ungefähr eintausend Internet hosts, 1989 waren es einhunderttausend, 1992 eine Millionen und 1996 zehn Millionen. Heute, Mitte 2001, liegt die Zahl der hosts sogar bei über einhundert Millionen[98]. Aufgrund dieses gigantischen Wachstums entwickelt sich das Internet mehr und mehr zum Massenmedium. Da das Internet entsprechend dem Konzept der Militärs ein Kommunikationsmedium ohne zentrale Leitung ist, findet das rasante Wachstum ohne zentrale Steuerung und Planung und an unzähligen Stellen gleichzeitig statt.

In Europa befinden sich von den augenblicklich weltweit gezählten über einhundert Millionen hosts etwas mehr als fünfzehn Millionen[99]. Davon wiederum entfallen etwa zweieinhalb Millionen auf Deutschland[100]. Die vor allem in den letzten Jahren sprunghaft ansteigende Zahl der Internethosts ist hauptsächlich durch die in extrem großer Zahl ins Internet strömenden Unternehmen sowie durch die immer zahlreicher hinzukommenden Privatleute bedingt. Obwohl die akademischen Nutzer nach wie vor einen wichtigen Teil der gesamten Internet-Gemeinde ausmachen, stellen mittlerweile die kommerziellen und privaten Internetnutzer die dominante Kraft beim Wachstum und bei der Entwicklung des Internet dar.

---

[97] Die ermittelten host-Zahlen umfassen sowohl fest angeschlossene als auch über temporäre dial-up Anschlüsse verbundene Rechner.

[98] Quelle: Network Wizards (http://www.nw.com). Im Januar 2001 wurden bereits 109.574.429 hosts gezählt.

[99] Quelle: RIPE NCC (http://www.ripe.net/ripencc/pub-services/stats/hostcount). Stand: Juni 2001.

[100] Quelle: RIPE NCC (http://www.ripe.net/ripencc/pub-services/stats/hostcount). Stand: Juni 2001.

B. Das Domain-Namen-System

I. Funktion und Bedeutung von Domain-Namen

Allein die Angabe des lediglich die Adresse eines Rechners kennzeichnenden Domain-Namens genügt nicht zum Abrufen bestimmter, den Internetnutzer interessierender Dateien. Vielmehr muß jede Datei eindeutig lokalisiert und abgerufen werden. Im World Wide Web, das sich inzwischen zu einem Quasi-Standard zur Präsentation von Informationen im Internet entwickelt hat, erfolgt die genaue Bezeichnung einer Internetdatei an Hand eines Adressierungsschemas mit dem Namen Uniform Resource Locator (URL)[101].

Ein URL gibt exakt an, welches Protokoll benutzt werden muß, um auf die gewünschte Datei zugreifen zu können, und wo, also auf welchem Rechner und in welchem Verzeichnis, die gewünschte Datei zu finden ist[102]. Als Beispiel für einen URL sei genannt:

http: // www. jura. uni-bonn. de / aktuelles / tagesmeld.html

```
|    |          \            |                  |          |
|  Begrenzer     \      Domain-Name             |      Dateiname

Übertragungs-   Name des                      Datei-
 protokoll       Servers                   verzeichnis
```

Die Abkürzung „http:“ (Hypertext Transfer Protocol) bezeichnet das für den Zugriff auf die Datei notwendige Übertragungsprotokoll. Beim HTTP handelt es sich um das Protokoll, welches der Übertragung von HTML-Hypertextdateien, also Dateien des World Wide Web, dient[103]. Das Kürzel „www.“ ist der Name des Servers, also des Rechners, auf dem die Webdateien zum Abruf bereitgehalten werden. Bei dem Teil „jura.uni-bonn.de“ handelt es sich um den Domain-

---

[101] *Bettinger*, GRUR Int. 1997, 402 (404).

[102] *Kyas*, Internet professionell, S. 266; *Bettinger*, GRUR Int. 1997, 402 (404).

[103] *Kyas*, Internet professionell, S. 266. Da URLs nicht nur HTML-Dateien spezifizieren können, sondern jedes beliebige Dateiformat, können in einer URL anstatt „http:“ auch Kürzel für andere Protokolle, z.B. „ftp:“ (File Transfer Protocol), „gopher:“ (The Gopher Protocol), „news:“ (USENET News)... angegeben werden.

Namen, der die Adresse des Rechners darstellt. Durch Schrägstriche (/ = slash) abgetrennte Zusätze rechts neben dem Domain-Namen bezeichnen Verzeichnisse oder einzelne Dateien. Der oben wiedergegebene URL verweist somit auf eine Datei im HTML-Hypertextformat des World Wide Web mit dem Namen „tagesmeld.html" im Verzeichnis „aktuelles", die sich auf dem WWW-Server der juristischen Fakultät der Universität Bonn befindet.

Werden vom Internetnutzer lediglich Übertragungsprotokoll, Servername, Second- und Top-Level-Domain in das URL-Eingabefeld des WWW-Browsers eingegeben, so erscheint die Homepage des betreffenden Rechners[104]. Dabei handelt es sich um eine Seite im World Wide Web, die als Ausgangspunkt für einen WWW-Informationsdienst fungiert[105]. Durch Eingabe des URL „http://www.uni-bonn.de" gelangt man insofern auf die Homepage der Universität Bonn. Von dieser Homepage aus können dann sämtliche Internetdateien der Bonner Universität durch Verfolgung von Hyperlinks, hinter denen die entsprechenden URLs verborgen sind, erreicht werden[106].

Der größte Teil aller URLs beginnt mit den Kürzeln „http://www.", so daß es in der Regel allein mit Kenntnis der Second- und Top-Level-Domain möglich ist, eine gesuchte Homepage aufzufinden[107]. Da die Top-Level-Domain in Deutschland üblicherweise „.de", im Falle international operierender Unternehmen „.com" lautet, und da als Second-Level-Domain von Unternehmen meist die Unternehmensbezeichnung oder eine eigene Marke und von Universitäten, Gerichten, Behörden, Privatpersonen etc. meist der eigene Name oder eine Abkürzung davon gewählt werden, kann der Domain-Name einer Einrichtung oder Privatperson oft leicht erraten werden[108]. Diejenigen, die es geschafft haben, eine eigene Marke, den eigenen Namen etc. als Domain-Namen registrieren zu lassen, haben dadurch den großen Vorteil, daß ihr Internetangebot von Internetnutzern ganz einfach durch Erraten des URL erreicht werden kann und wegen der einfachen Merkfähigkeit der URL auch jederzeit wiedergefunden wird. Domain-Namen machen somit zwar nur einen Teil der URL aus, jedoch ist dies der in der Internetpraxis entscheidende Teil, um gesuchte Internetdateien aufzufinden. Ein Internetnutzer, der eine bestimmte Homepage oder sonstige

---

[104] *Bettinger*, GRUR Int. 1997, 402 (404); *Jaeger-Lenz*, K&R 1998, 9 (10). Es wird dann die Homepage (= Standarddatei bzw. Leitseite) geladen, die sich im Wurzelverzeichnis (root-directory) des angesprochenen Rechners befindet.

[105] *Kuner*, Internet für Juristen, S. 182.

[106] So kann man zum Beispiel auch durch Aktivierung verschiedener Hyperlinks von der Homepage der Universität Bonn zu der Webseite, auf der sich die aktuellen Tagesmeldungen der juristischen Fakultät befinden, gelangen.

[107] *Jaeger-Lenz*, K&R 1998, 9 (10).

[108] Ähnlich *Biermann*, WRP 1999, 997 (997).

Internetdateien sucht, deren URL er nicht kennt, kann zwar auch versuchen, die URLs mittels der im Internet kostenlos zur Verfügung stehenden Suchmaschinen[109] oder Themenkataloge[110] ausfindig zu machen. Diese Methode der URL-Suche kann jedoch mitunter recht zeitaufwendig sein und führt zudem nicht immer zum erhofften Ergebnis, da Suchmaschinen und Themenkataloge lediglich einen – wenn auch teilweise recht großen – Ausschnitt aller Internet-Seiten präsentieren[111].

Domain-Namen sind nicht nur als Bestandteil eines URL, sondern auch als Bestandteil einer E-Mail-Adresse von großer Bedeutung. Der Domain-Name, der die Adresse eines Rechners darstellt, dient nämlich nicht nur zum Auffinden des Rechners zwecks Abrufung von Internetangeboten, sondern auch zwecks Zusendung von elekronischer Post. Eine E-Mail-Adresse wird gebildet, indem man vor den Domain-Namen eine Benutzeridentifikation (auch login name genannt) setzt und die beiden Bezeichnungen durch das @-Zeichen („Klammer-

---

[109] Zum Beispiel: AltaVista (http://www.altavista.de), Lycos (http://www.lycos.de). Suchmaschinen speichern einen Großteil aller Internetdateien in großen Datenbanken. Die Suche erfolgt dann an Hand der vom Benutzer vorgegebenen Wörter oder Wortkombinationen im gesamten Text aller in den Datenbanken gespeicherten Dateien. Als Ergebnis erlangt man die URLs sowie die Hyperlinks zu sämtlichen Dateien, welche die angegebenen Stichworte enthalten. Die Ergebnisliste kann zum Teil sehr umfangreich sein und auch viele unbrauchbare URLs enthalten.

[110] Zum Beispiel: Yahoo! (http://www.yahoo.com), DINO (http://www.dino-online.de). Themenkataloge bieten nach Themen sortierte, hierarchisch strukturierte Internetressourcen an. Ausgehend von allgemeinen Oberkategorien gelangt man über speziellere Unterkategorien zu einer Liste mit Hyperlinks, die auf Dateien zum gesuchten Thema verweisen. Mittels der Hyperlinks gelangt man zur Datei und erhält auch den entsprechenden URL. Da Themenkataloge nur einen geringen Teil aller Internetdateien katalogisieren, ist der gewünschte URL oftmals nicht ausfindig zu machen.

[111] Abweichender Ansicht allerdings *Hoeren*, NJW 1998, 2849 (2850), der annimmt, daß Suchmaschinen zunehmend eine effiziente Informationsbeschaffung gewährleisten. Künftig würden „Intelligent Robots" dem Nutzer jedwede Mühe bei der Suche abnehmen. Der Nutzer müsse dann nur noch allgemein angeben, zu welchen Themenbereichen er Informationen haben wolle und bekäme diese dann periodisch mundgerecht vom „www-Roboter" serviert.
Dieser Ansicht ist jedoch entgegenzuhalten, dass die Informationsfülle im Internet mit dem zunehmenden Wachstum des Internet ebenfalls noch weiter ansteigen wird. Dies wird zur Folge haben, daß bei Angabe allgemeiner Themenbereiche, zu denen man Informationen erwünscht, zunehmend mehr Informationen durch die Suchmaschine aufgelistet werden, und die Suche somit immer unübersichtlicher werden wird. So erhält man schon jetzt, im Jahre 2001, wenn man über eine deutsche Suchmaschine z.B. die Webseiten der Deutschen Lufthansa AG durch Eingabe des Stichwortes „Fluggesellschaft" zu ermitteln versucht, als Ergebnis der Abfrage 200 (bei Altavista) b.z.w. 27.564 (bei Lycos) Eintragungen angezeigt. Dabei sind die offiziellen Lufthansa-Webseiten jedenfalls nicht unter den jeweils ersten 50 Eintragungen zu finden.

affe") verbindet. Die E-Mail-Adresse von Prof. Dr. M. Herdegen an der Universität in Bonn lautet zum Beispiel:

herdegen @ uni-bonn.de

/ | \

Benutzeridentifikation Domain-Name

|

Klammeraffe

Bill und Hillary Clinton sind unter „president@whitehouse.gov" bzw. „first.lady@whitehouse.gov" per E-Mail zu erreichen. Einen elektronischen Leserbrief an die Bild-Zeitung sendet man an „brief@bild.de".

Weiterhin erlangen gut gewählte Domain-Namen auch in anderer Hinsicht Bedeutung. So hat z.B. ein Domain-Name, der eine eigene Unternehmensbezeichnung oder Marke widerspiegelt, eine starke Prestigewirkung. Denn während verschiedene Kennzeichen außerhalb des Internet koexistieren können, kann es im Internet einen bestimmten Domain-Namen (z.B. müller.com) nur einmal geben, so daß dadurch, daß jemand es erreichte, seine Kennzeichen unter einer der beliebtesten Top-Level-Domains (dem Code seines Heimatlandes oder der .com-Domain) registrieren zu lassen, ersichtlich wird, daß er frühzeitig im Internet aktiv wurde und das landes- bzw. weltweite Wettrennen mit Inhabern identischer Kennzeichen um die Registrierung gewonnen hat.

Außerdem schließen Internetteilnehmer bei Domain-Namen, die aus Unternehmensbezeichnungen oder Marken gebildet werden, in der Regel vom Domain-Namen auf die Identität des Anbieters der Informationen und haben eine entsprechende Erwartung bezüglich Inhalt und Qualität der Webseite[112]. Insofern kann der Domain-Name entscheidend sein dafür, ob einem Internetteilnehmer das Abrufen der unter diesem Domain-Namen angebotenen Informationen als lohnenswert erscheint oder nicht.

---

[112] Dementsprechend können Kunden, wenn eine Marke unrechtmäßig als Domain-Name benutzt wird, irregeführt werden über die Quelle des Internetangebotes.

II. Zuständigkeit für die Vergabe von Domain-Namen und IP-Adressen

Obwohl das Internet keine übergreifende organisatorische oder operative Verwaltung hat, müssen bestimmte administrative Aufgaben zentral wahrgenommen werden. So bedarf auch die Verwaltung von numerischen IP-Adressen und Domain-Namen einer internetweiten, einheitlichen Koordination.

Zuständig für die Vergabe der eindeutigen IP-Adressen sowie für die Organisation des Domain-Namen-Systems war bis November 1998 die Internet Assigned Numbers Authority (IANA)[113], die von der Internet Society (ISOC)[114] und von dem US-Regierungsgremium Federal Networking Council (FNC)[115] mit diesen Aufgaben betraut wurde. IANA sowie deren neue Nachfolgeorganisation[116] haben die Durchführung dieser Aufgaben an mehrere Vergabestellen delegiert. So erfolgt die Vergabe von IP-Adressen durch die drei, jeweils für einen großen Erdteil zuständigen, regionalen Zentralstellen American Registry for Internet Numbers (ARIN), Asia Pacific Network Information Center (APNIC) sowie Reseaux IP Europeens Network Coordination Center (RIPE NCC)[117]. ARIN,

---

[113] Bei IANA handelte es sich um ein unter Leitung des am 16.10.1998 verstorbenen Jon Postel stehendes Projekt des Information Sciences Institutes (ISI) der University of Southern California (http://www.isi.edu/iana).

[114] Die 1992 gegründete ISOC (http://www.isoc.org) steht als Dachverband über allen anderen Internetorganisationen und ist für die organisatorischen und administrativen Aufgaben zuständig. Ziel der ISOC ist es, die internationale Weiterentwicklung des Internet zu koordinieren sowie bestehende Dienste zu verbessern und zu erweitern. Mitglied der ISOC kann jeder werden, der sich für die weitere Internetentwicklung interessiert. Neben mehreren Internet-Access-Providern (z.B. MCI, Deutsches Forschungsnetz, Ebone), Software-Unternehmen (z.B. Microsoft, Netscape) und sonstigen Unternehmen (z.B. IBM, Siemens, Hitachi) zählen auch einige Universitäten (z.B. New York University), Internationale Organisationen (z.B. Weltbank) sowie eine große Anzahl einzelner Privatpersonen zu den weltweit über 7.000 (davon mehr als 150 Unternehmen und Organisationen) Mitgliedern.

[115] Beim FNC (http://www.fnc.gov) handelt es sich um ein von der amerikanischen Regierung eingerichtetes Gremium, dessen Aufgabe es ist, als Forum für die Zusammenarbeit der US Regierungsstellen auf dem Gebiet der Netzwerkforschung zu dienen sowie die Weiterentwicklung des Internet zu betreiben und finanziell zu unterstützen.

[116] Genauer zur Nachfolgeorganisation mit Namen ICANN siehe bei Fn. 171.

[117] ARIN (http://www.arin.net) teilt IP-Adressen insbesondere für Nord- und Südamerika, die Karibik und die südlichen Teile Afrikas zu, APNIC (http://www.apnic.net) vergibt IP-Adressen im asiatisch-pazifischen Raum, und das in Amsterdam ansässige RIPE NCC (http://www.ripe.net) ist für die IP-Adressen-Verteilung in Europa und Umgebung zuständig. Bei allen drei regionalen Zentralstellen handelt es sich um Zusammenschlüsse von großen Internet-Service-Providern der jeweiligen Regionen, die auf nicht-profitorientierter Basis arbeiten und die sich durch Mitgliederbeiträge und Registrierungsgebühren finanziell selbst tragen.

APNIC und RIPE NCC erhalten blockweise IP-Adressen und vergeben diese ihrerseits an große Internet-Service-Provider, welche die IP-Adressen dann an ihre Kunden weitergeben.

Die Erteilung der Domain-Namen richtet sich nach der Art des Domain-Namens. Domain-Namen unterhalb der länderübergreifenden, organisatorischen Top-Level-Domains „.com", „.net", „.org" und „.edu"[118] werden weltweit vor allem durch das amerikanische Unternehmen Network Solutions Inc. (NSI)[119] vergeben, welches bis 1999 ein Monopol auf die Vergabe der genannten Top-Level-Domains hatte[120]. Domain-Namen unterhalb der nationalen, länderspezifischen Top-Level-Domains werden von den jeweiligen nationalen Regierungen oder durch von diesen geduldete private Vergabestellen vergeben. In Deutschland wird die einheitliche Vergabe von Domain-Namen unterhalb der Top-Level-Domain „.de" durch die DENIC Genossenschaft (DENIC eG)[121] sichergestellt, deren Mitgliederschaft sich derzeit aus 59 bundesdeutschen Internet-Service-Providern sowie der Deutschen Interessen-Gemeinschaft Internet e.V.

Ursprünglich vergab NSI die IP-Adressen für die Gebiete, für welche nun ARIN verantwortlich ist. Um jedoch die Verwaltung der IP-Adressen von der Verwaltung der Domain-Namen abzuspalten und um die IP-Adressenvergabe in die Hände der Internetnutzer zu legen, wurde aufgrund einverständlicher Einigung der NSF, der IANA und verschiedener weiterer Internetorganisationen die in Chantilly, Virginia, USA ansässige ARIN gegründet, welche im Dezember 1997 den Betrieb aufnahm.

[118] Die restlichen organisatorischen Top-Level-Domains werden von anderen Stellen vergeben: Die Vergabe der Domain „.gov", welche allein US Bundesbehörden offensteht, erfolgt durch den Governmentwide Registration Service (http://www.registration.fed.gov). Die ausschließlich US Militärbehörden zugängliche Domain „.mil" wird vom Departement of Defense Network Information Center (DoD NIC, URL: http://www.mil.net) zugeteilt. Zur Beantragung der nur für Organisationen, die durch internationale Regierungsverträge errichtet wurden, und für Internetdatenbanken in Betracht kommende Domain „.int" muß sich der Antragsteller an die INT Domain Registry der IANA (http://www.isi.edu/div7/int) wenden. Ebenso wie die gerade genannten speziellen organisatorischen Top-Level-Domains wird auch die für alle in den USA plazierten Rechner in Frage kommende Top-Level-Domain „.us" nicht durch NSI vergeben. Zuständig für Vergabe der Länderkennung „.us" ist vielmehr die US Domain Registry der IANA (http://www.isi.edu/in-notes/usdnr).

[119] Das 1979 gegründete Unternehmen NSI (http://www.netsol.com) mit Sitz in Herndon, Virginia, USA, ist 1997 erfolgreich in eine Aktiengesellschaft umgewandelt worden.

[120] Grundlage hierfür war ein 1993 geschlossener Vertrag zwischen der amerikanischen Regierungsbehörde National Science Foundation (NSF) und den Unternehmen AT&T, General Atomics und NSI. Dieser Vertrag war auf fünf Jahre begrenzt und lief am 30.09.1998 aus. Inzwischen gibt es eine große Zahl weiterer Vergabestellen für die organisatorischen Top-Level-Domains, siehe unter http://www.icann.org/registrars/accredited-list.html.

[121] Die DENIC eG (http://www.denic.de) wurde 1996 gegründet und hat ihren Sitz in Frankfurt am Main. Vor Gründung der DENIC eG wurden deren Aufgaben vom 1993 gegründeten Interessenverbund Deutsches Network Information Center (IV-DENIC), einer BGB-Gesellschaft, wahrgenommen.

(DIGI e.V.)[122] als beratendem Mitglied zusammensetzt. Die technische Abwicklung der Registrierung der Domain-Namen erfolgt dabei im Auftrag der DENIC eG durch das von der Universität Karlsruhe als Drittmittelprojekt betriebene Deutsche Network Information Center (DE-NIC)[123]. Die Registrierung eines Domain-Namen kann sowohl direkt beim DE-NIC beantragt werden als auch bei den Mitgliedern der DENIC eG, welche den Antrag dann an das DE-NIC weiterleiten.

III. Verfahren der Vergabe von Domain-Namen durch Network Solutions Inc. (NSI) und durch das Deutsche Network Information Center (DE-NIC)

Unternehmen, Organisationen, Privatpersonen etc., die sich einen Domain-Namen registrieren lassen möchten, müssen zunächst entscheiden, ob der Domain-Name mit einer geographischen Top-Level-Domain oder mit einer organisatorischen Top-Level-Domain registriert werden soll. Von der Wahl der Top-Level-Domain hängt es dann ab, welche Vergabestelle zuständig und welches Vergabeverfahren einschlägig ist.

In Deutschland ansässige Unternehmen, Organisationen, Privatpersonen etc. wählen in der Regel die deutsche Länderkennung „.de", die vom DE-NIC vergeben wird[124]. International operierende Unternehmen bevorzugen, auch wenn sie ihren Sitz in Deutschland haben, jedoch oft die länderübergreifende organisatorische Top-Level-Domain „.com", die insbesondere von NSI verteilt wird[125]. Für deutsche Unternehmen, Organisationen, Privatpersonen etc., die

---

[122] Der 1992 gegründete Verein bezweckt die Förderung des Informationsaustausches zwischen den Betreibern und den Benutzern des Internet. Seit 1995 bildet DIGI e.V. als ISOC.DE die deutsche Sektion der Internet Society. URL: http://www.digi.de oder http://www.isoc.de

[123] http://www.nic.de

[124] Im Mai 1999 belief sich die Zahl der Domain-Namen unter der Top-Level-Domain „.de" auf 354.718. Unter http://www.nic.de/Netcount/netStatOverview.html werden die jeweils aktuellen Zahlen veröffentlicht.
Obwohl sich Organisationen und Netzwerkeinrichtungen für die von NSI vergebenen Top-Level-Domains „.org" und „.net" entscheiden können, wählen auch deutsche Organisationen und Netzwerkeinrichtungen größtenteils einen Domain-Namen unter der Top-Level-Domain „.de" aus.

[125] Die Zahl sämtlicher, von NSI vorgenommenen Domain-Namen-Registrierungen betrug im Juli 1999 über 5 Millionen. Davon entfallen etwa 88% auf Registrierungen unter der Top-Level-Domain „.com". Siehe http://www.netsol.com/nsi/facts.html .

einen Domain-Namen registrieren lassen, sind daher meistens entweder das Vergabeverfahren der NSI oder dasjenige des DE-NIC einschlägig[126].

1. Vergabeverfahren der NSI

NSI vergibt die Domain-Namen nach dem Prioritätsprinzip (first come, first served). Eine Überprüfung beantragter Domain-Namen auf Konflikte mit Rechten Dritter findet bei der Registrierung nicht statt. Geprüft wird lediglich, ob der beantragte Domain-Name bereits vergeben wurde. Ist er bereits vergeben, so wird der Antrag abgelehnt, ansonsten wird der Domain-Name wunschgemäß registriert.

Zunächst erfolgte die Domain-Namen-Vergabe gebührenfrei, und es waren keinerlei Regelungen vorgesehen für den Fall, daß Dritte aufgrund eigener Rechte gegen die Registrierung eines Domain-Namen vorgingen. Anmelder konnten sich insofern beliebig viele, noch nicht registrierte Bezeichnungen als Domain-Namen registrieren lassen, solange die Bezeichnungen nicht mehr als 22 Zeichen[127] umfaßten und keine anderen Zeichen als Buchstaben, Zahlen oder einen Bindestrich enthielten. Dies führte häufig dazu, daß Kennzeicheninhaber neben den eigenen Kennzeichen auch alle möglichen Abwandlungen der eigenen Kennzeichen als Domain-Namen registrieren ließen und daß Domain-Grabber massenweise weltbekannte Marken oder Namen großer (Konkurrenz-) Unternehmen registrieren ließen[128].

Um den mißbräuchlichen Registrierungen entgegenzuwirken, insbesondere aber auch als Reaktion auf die inzwischen sehr stark angestiegene Zahl an Registrierungen[129] führte NSI mit Einverständnis der NSF im September 1995 eine einmalige Registrierungsgebühr von 100 US-Dollar sowie eine jährliche Ver-

---

Bis 1999 war NSI allein zuständig für die Vergabe der Top-Level-Domain „.com", inzwischen ist NSI nur noch eine von vielen Registrierstellen.

[126] Um bereits vor Antragstellung zu ermitteln, ob eine als Domain-Name gewünschte Bezeichnung noch verfügbar oder bereits vergeben ist, kann man sich auf den Webseiten der Vergabestellen informieren. InterNIC/NSI: http://rs.internic.net/cgi-bin/whois; DE-NIC: http://www.nic.de/Domains/Domains.html oder http://www.nic.de/whois.html

[127] Ein Domain-Name kann bis zu 26 Zeichen umfassen, inklusive der vier Zeichen, die zur Identifikation der Top-Level-Domain erforderlich sind (.com, .net, .org oder .edu). Die Second-Level-Bezeichnung kann demnach bis zu 22 Zeichen lang sein.

[128] *Bettinger*, GRUR Int. 1997, 402 (406).

[129] *Kochinke/Bäumer*, CR 1996, 499 (500): Wurden 1993 täglich im Durchschnitt etwa 10 Anträge auf Eintragung eines Domain-Namens gestellt, so stieg die Zahl 1995 auf 600 Anträge pro Tag. 1998 betrug die Anzahl der täglichen Neuregistrierungen durch NSI 5.000, vgl. *Surkan*, PCWeek vom 23.02.1998.

längerungsgebühr von 50 US-Dollar zur Aufrechterhaltung der Registrierung ein[130]. Am 01.04.1998 wurden diese Gebühren etwas reduziert, und sie belaufen sich seitdem auf 70 bzw. 35 US-Dollar[131].

Nachdem zahlreiche Unternehmen den wirtschaftlichen Wert der Domain-Namen erkannt hatten und feststellen mußten, daß ihre Unternehmensbezeichnungen oder Marken bereits von Dritten als Domain-Namen registriert worden waren, kam es, zunächst ausschließlich in den USA, mehrfach zu kennzeichenrechtlichen Streitigkeiten, von denen die meisten durch außergerichtliche Einigung beigelegt wurden[132]. Als im Rechtsstreit KnowledgeNet Inc. ./. David L. Boone[133] ein Kläger erstmals nicht nur gegen den Domain-Anmelder vorging, sondern zusätzlich NSI wegen Beihilfe zur Markenverletzung verklagte, entschied sich NSI für eine Änderung seiner Registrierungsmodalitäten[134].

Mit Wirkung zum 23. November 1995 stellte NSI eine sogenannte „Domain Name Dispute Policy" auf[135]. In der Domain Policy, welche in der jeweils aktuellen Version für alle Antragsteller bindend war, wurde zunächst ausdrücklich darauf hingewiesen, daß NSI bei der Registrierung neuer Domain-Namen nicht überprüft, ob hierdurch Rechte Dritter verletzt werden. Für die Wahl des Domain-Namen sei vielmehr allein der Antragsteller verantwortlich, der gemäß Ziffer 2 der Domain Policy die Erklärung abgeben mußte, durch die Registrie-

---

130 *Kur*, Festschrift für Beier, 265 (269f); InterNIC, Fee for Registration of Domain Names unter: Introduction (abrufbar unter: http://rs.internic.net/domain-info/fee-policy.html). Die wegen des sprunghaften Internetwachstums enorm vermehrte Anzahl an Registrierungen ließ die Verwaltungskosten der NSI über das NSF-Förderungsbudget hinaus steigen. Zudem hielt man es für angemessen, daß die Internetnutzer, nicht aber die US-Regierung die Kosten des Registrierungsservices übernehmen sollten.

131 Aufgrund der Entscheidung der NSF, daß die zuvor von NSI vorgenommenen Zahlungen in Höhe von 30% aller Gebühreneinnahmen auf ein Sonderkonto zur Unterstützung der „intellektuellen Infrastruktur" des Internet zum 01.04.1998 entfallen, verringerten sich die Gebühren der NSI auf 70 US-Dollar für eine neue Registrierung und 35 US-Dollar für die jährliche Verlängerung.

132 Siehe: *Kur*, Festschrift für Beier, 265 (270f.); *Stratmann*, BB 1997, 689 (689-691); *Agmon/Halpern/Pauker*, What's in a name?, unter: Domain Name Disputes.

133 Eine gerichtliche Entscheidung erging auch in diesem Rechtsstreit nicht, da sich die Parteien vorher einigten.

134 *Stratmann*, BB 1997, 689 (691); *Bettinger*, GRUR Int. 1997, 402 (406); *Maher*, Trademarks on the Internet, unter: Present Situation.

135 Die Domain Policy vom 23.11.1995 wurde erstmals mit Wirkung zum 09.09.1996 und danach nochmals mit Wirkung zum 25.02.1998 modifiziert. Die dritte Version der Dispute Policy vom 25.02.1998 ist abrufbar unter http://rs.internic.net/domain-info/internic-domain-6.html. Eine Zusammenfassung der Änderungen zwischen der dritten und der zweiten Version ist abrufbar unter http://rs.internic.net/domain-info/policy-changes.html. Zu der ursprünglichen Fassung der Dispute Policy siehe *Kochinke/Bäumer*, CR 1996, 499 (500).

rung des Domain-Namen nicht wissentlich Rechte Dritter zu verletzen und keine sonstigen gesetzwidrigen Zwecke zu verfolgen. Für den Fall von Rechtsstreitigkeiten im Zusammenhang mit der Domain-Registrierung verpflichtete sich der Antragsteller, NSI und NSF von jeglicher Haftung freizustellen (Ziff. 6).

Mit der Dispute Policy wurde auch erstmals eine Art Widerspruchsverfahren eingeführt (Ziff. 8f.). Danach bestand für den Inhaber einer eingetragenen US-bundesstaatlichen oder ausländischen Marke die Möglichkeit, sich gegenüber NSI auf die Verletzung seiner Marke zu berufen, wenn der registrierte Domain-Name mit der Marke identisch ist. Erforderlich war jedoch zunächst eine Benachrichtigung des Domain-Inhabers sowie der Nachweis des eigenen Markenrechts durch Einreichung einer beglaubigten Abschrift des Markeneintrages an NSF. Sofern das Datum der Wirksamkeit der eingetragenen Marke, d.h. das Datum der Markeneintragung oder das Datum einer der Eintragung vorausgehenden, Markenschutz bewirkenden ersten Benutzung der Marke[136] nach dem Datum der Entstehung des Domain-Namens des Antragstellers lag, schritt NSI nicht ein und der Domain-Inhaber konnte seinen Domain-Namen weiter nutzen, bis eine gegenteilige Entscheidung eines zuständigen staatlichen Gerichts bzw. Schiedsgerichts bei NSI einging. Erlangte die eingetragene Marke jedoch Wirksamkeit, bevor der Domain-Namen des Antragstellers entstand, so forderte NSI den Domain-Inhaber auf, innerhalb einer Frist von 30 Tagen nachzuweisen, daß auch er Inhaber einer US-bundesstaatlichen oder ausländischen Marke ist, die mit dem Domain-Namen identisch ist und deren Eintragung erfolgte, bevor irgend jemand von der drohenden Auseinandersetzung Kenntnis erlangte[137].

---

[136] Der Ausdruck Wirksamkeitsdatum (effective date), der den in der vorherigen Domain Policy verwendeten Ausdruck Datum der ersten Benutzung (date of first use) ersetzt, wurde von NSI nicht näher definiert. Ein NSI-Sprecher erklärte jedoch, daß unter Wirksamkeitsdatum das Datum der Markeneintragung oder, falls vorhergehend, das Datum der ersten Benutzung der Marke zu verstehen ist (siehe *Oppendahl & Larson*, NSI flawed Domain Name Policy information page). Um die Bedeutung, die eine erste Benutzung einer Marke in den USA hat, zu verstehen, bedarf es eines Blickes auf das US-Makenrecht:
Während in Deutschland der Formalakt der Eintragung eines Zeichens zur Entstehung von Markenschutz führt (§ 4 Nr.1 MarkenG), begründet in den USA die erste Benutzung im Verkehr wie ein als formal anzusehender Akt das Recht an der Marke. Das Recht an der Marke erwächst somit in den USA aus der Benutzung als solcher, und die Markeneintragung, die insbesondere Beweisvorteile und den Schutz vor einem Erwerb neuer, tangierender Markenrechte durch Dritte mit sich bringt, setzt grundsätzlich die Benutzung der Marke voraus. Für eine Eintragung nach dem bundesstaatlichen Markengesetz (sog. Lanham Act), muß es sich um eine Benutzung der Marke im grenzüberschreitenden Verkehr zwischen den US-Einzelstaaten oder mit dem Ausland handeln. Siehe *Heimbach*, Patente und Warenzeichen in den USA, 171 (187f.); *Alces/See*, The commercial law of intellectual property, S. 198f.

[137] Die Einschränkung, daß die Markeneintragung erfolgt sein muß, bevor irgend jemand über den drohenden Kennzeichenkonflikt erste Informationen erlangte, war in der ursprünglichen Fassung der Domain Policy vom 23.11.1995 nicht enthalten. Das führte dazu, daß Domain-

Erbrachte der Domain-Inhaber binnen 30 Tagen diesen Beweis, so gestattete NSI ihm die weitere Benutzung des beanstandeten Domain-Namen bis zu einer gegenteiligen (schieds-)gerichtlichen Klärung. Konnte sich der Antragsteller jedoch nicht selbst auf eine eingetragene Marke berufen, so hatte er die Möglichkeit, einen anderen Domain-Namen zu beantragen. Machte er von dieser Möglichkeit Gebrauch, so durfte er zum Zwecke der Gewährleistung eines ordnungsgemäßen Überganges auf den neuen Domain-Namen für die Dauer von 90 Tagen den alten und den neuen Domain-Namen gleichzeitig benutzen. Nach Ablauf der Übergangsfrist wurde der umstrittene Domain-Name von NSI auf einen sogenannten „Hold"-Status gesetzt und konnte von niemandem mehr benutzt werden, bis eine (schieds-) gerichtliche Klärung der Streitigkeit oder eine außergerichtliche Parteieinigung herbeigeführt wurde. Für den Fall, daß sich der Antragsteller weigerte, eine neue Domain zu akzeptieren, wurde die Domain ohne Übergangsfrist sofort auf den „Hold"-Status gesetzt.

Die Domain Policy ist wegen des Widerspruchsverfahrens sehr heftig kritisiert worden[138]. Beanstandet wurde insbesondere, daß die Domain Policy die klassischen Regeln des Kennzeichen- und Wettbewerbsrechts nicht berücksichtigt. NSI prüfe lediglich die Existenz einer Markeneintragung und den Zeitpunkt des ersten Benutzungsbeginns und verzichte vollständig darauf zu prüfen, ob der Domain-Name für identische oder ähnliche Waren oder Dienstleistungen verwendet wird, für welche die Marke eingetragen wurde, ob die Benutzung des Domain-Namens die Gefahr einer Verwechslung begründet, ob ein Schaden entstanden ist etc. Das führe dazu, daß der Inhaber einer eingetragenen Marke die Benutzung eines Domain-Namens bis zu einer gerichtlichen Klärung auch dann verhindern kann, wenn ihm aufgrund kennzeichenrechtlicher oder wettbewerbsrechtlicher Vorschriften kein Recht zum Einschreiten zusteht. Außerdem werde ein Domain-Inhaber, der sich nicht auf eine eigene eingetragene Marke berufen kann, aufgrund der Domain Policy, auch wenn die Benutzung des Domain-Namen keine Rechte Dritter verletzt, dazu gezwungen, selbst einstwei-

---

Inhaber, nachdem sie von dem drohenden Konflikt erfahren hatten, versuchten, innerhalb der 30-Tages-Frist ihren Domain-Namen als Marke eintragen zu lassen. Da dies in den USA nicht möglich war, wählten die Domain-Inhaber Länder mit kürzeren Eintragungsverfahren aus. So ließ sich z.B. das Unternehmen Roadrunner Computer Systems Inc. in Tunesien, wo Markeneintragungen in 48 Stunden möglich sind, auf die Schnelle die Marke Roadrunner eintragen, nachdem ihm bekannt wurde, daß sein Domain-Name „roadrunner.com" von der Filmgesellschaft Warner Brothers angefochten wurde. Siehe *Shaw*, Internet Domain Names, unter: Domain Names and Trademarks; *Bettinger*, GRUR Int. 1997, 402 (407).

138 *Barry*, Is the InterNIC's Dispute Policy unconstitutional?; *Oppendahl & Larson*, NSI flawed Domain Name Policy information page; *Maher*, Trademarks on the Internet, unter: Present Situation; *Agmon/Halpern/Pauker*, What's in a name?, unter: The Problem and Criteria for a Solution; *Shaw*, Internet Domain Names, unter: Domain Names and Trademarks.

ligen Rechtsschutz vor einem Gericht gegenüber der Entscheidung von NSI in Anspruch zu nehmen, wenn er verhindern möchte, daß sein Domain-Name von NSI blockiert wird[139].

Weiterhin wurde kritisiert, daß die Domain Policy nur eine unvollständige Regelung darstelle, die für viele Konflikte keine Lösung bereitstelle. So schütze die Domain Policy nur Inhaber von eingetragenen Marken, während Beschwerdeführer, die sich auf andere Kennzeichenrechte (zum Beispiel geschäftliche Bezeichnungen oder Marken mit Verkehrsgeltung) oder auf wettbewerbsrechtliche Ansprüche stützten, nicht berücksichtigt würden[140]. Auch für den Fall, daß zwei oder mehr Parteien identische Marken in verschiedenen Kategorien oder verschiedenen Ländern haben eintragen lassen, biete die Domain Policy keinen Schutz[141]. Ebenso helfe die Domain Policy nicht weiter, wenn der Domain-Name mit einer eingetragenen Marke nicht identisch, sondern nur ähnlich ist[142]. In all diesen Fällen müsse die Benutzung des Domain-Namens solange hingenommen werden, bis eine diese Benutzung verbietende Gerichtsentscheidung ergeht[143].

Die Domain Policy hat jedoch nicht nur weitverbreitete Kritik erfahren, sondern auch eine Reihe von Gerichtsverfahren gegen NSI hervorgerufen[144], so daß sie

---

[139] *Bettinger*, GRUR Int. 1997, 402 (407); *Ubber*, WRP 1997, 497 (499); *Zadeik*, Internet Domain Names, unter: The evolution of disputes and their Resolution; *Oppendahl & Larson*, NSI flawed Domain Name Policy information page.

[140] *Ubber*, WRP 1997, 497 (499); *Agmon/Halpern/Pauker*, What`s in a name?, unter: The Relationship between Domain Names and Trademarks; *Shaw*, Internet Domain Names, unter: Domain Names and Trademarks.

[141] *Barry*, Is the InterNIC`s Dispute Policy unconstitutional?, unter: The InterNIC`s Dispute Policy; *Agmon/Halpern/Pauker*, What`s in a name?, unter: The Relationship between Domain Names and Trademarks.

[142] *Maher*, Trademarks on the Internet, unter: Present Situation; *Stratmann*, BB 1997, 689 (690); *Agmon/Halpern/Pauker*, What`s in a name?, unter: The Relationship between Domain Names and Trademarks; *Shaw*, Internet Domain Names, unter: Domain Names and Trademarks.

[143] *Ubber*, WRP 1997, 497 (499); *Bettinger*, GRUR Int. 1997, 402 (407).

[144] *Zadeik*, Internet Domain Names, unter: The evolution of disputes and their resolution, Fn. 11: Der erste Domain-Inhaber, der nach Einführung der Domain Policy gegen NSI vorging, war das Unternehmen Roadrunner Computer Systems, dessen Nachweis einer tunesischen Markeneintragung von NSI ohne Rücksicht auf die zwischen den um den Domain-Namen streitenden Parteien getroffenen Abrede, daß die NSI-Fristen während der zunächst vorgenommenen Schlichtungsgespräche der Parteien nicht laufen sollen, als verspätet (da nicht innerhalb der 30-Tages-Frist) zurückgewiesen wurde. Roadrunner verklagte NSI im März 1996 und beantragte, NSI zu verbieten, ihm aufgrund des Widerspruchs des Unternehmens Warner Brothers den Domain-Namen „roadrunner.com“ zu entziehen und diesen auf den „Hold“-Status zu setzen. Da Warner Brothers nicht bereit war, vor Gericht darzulegen, daß

ihr Ziel, nämlich die Vermeidung einer gerichtlichen Inanspruchnahme von NSI, nicht erreicht hat. Am 31.12.1999 wurde sie außer Kraft gesetzt[145].

2. Vergabeverfahren des DE-NIC

Genauso wie NSI vergibt auch DE-NIC die Domain-Namen nach dem Prinzip „first come, first served", ohne bei der Registrierung den beantragten Domain-Namen auf Konflikte mit Rechten Dritter zu überprüfen. Eine Art Widerspruchsverfahren, wie es die Domain Policy von NSI vorsah, besteht beim DE-NIC jedoch nicht.

Zunächst erfolgte die Registrierung von Domain-Namen durch DE-NIC ohne die Verpflichtung, den registrierten Domain-Namen zu benutzen. Dies wurde jedoch von zahlreichen Domain-Grabbern dazu genutzt, große Mengen bekannter Marken und Unternehmensbezeichnungen für sich reservieren zu lassen und durch die Blockade der reservierten Domain-Namen die berechtigten Kennzeicheninhaber zu erpressen. Um gegen diesen Mißbrauch vorzugehen, nimmt das DE-NIC seit dem 01.02.1997 keine Reservierungen mehr vor[146].

Nach den Vergabebestimmungen des DE-NIC vom 15.05.1997[147] ist als Domain-Name unter der Top-Level-Domain „.de" eine Zeichenfolge zwischen drei und 63 Zeichen zulässig, wobei als Zeichen Buchstaben, Zahlen und der Bindestrich in Frage kommen. Antragsteller und Inhaber des Domain-Namen kann nur eine natürliche oder juristische Person sein, die ihren allgemeinen Gerichtsstand in Deutschland hat. Die Kosten einer direkt beim DE-NIC beantragten Registrierung eines Domain-Namens belaufen sich auf 232,00 DM für das erste und 116,00 DM für jedes Verlängerungsjahr[148]. Bei Beantragung einer Domain-

---

die Verwendung des streitigen Domain-Namen durch Roadrunner in seine Rechte eingreife, wies NSI den erhobenen Widerspruch schließlich zurück. Damit erledigte sich die Klage und Roadrunner konnte seinen Domain-Namen weiterverwenden. Seit dem Rechtsstreit Roadrunner Computer Systems ./. NSI gab es bereits mehrere ähnliche Prozesse zwischen Domain-Inhabern und NSI, die im Ergebnis dazu führten, daß der Domain-Inhaber den Domain-Namen, den NSI entziehen wollte, weiterverwenden konnte: Clue Computing Inc. ./. NSI (clue.com); Data Concepts Inc. ./. NSI (dci.com); Philip L. Giacalone ./.NSI (ty.com); Dynamic Information Systems Corp. ./.NSI (disc.com) etc., siehe *Oppendahl & Larson*, NSI flawed Domain Name Policy information page; *Barry*, Is the InterNIC's Dispute Policy unconstitutional?, unter: Conclusions.

145 Vgl. *Strömer*, K&R 2000, 587 (587).

146 Siehe die Fragen- und Antworten-Seiten des DE-NIC, http://www.nic.de/fragen.html.

147 Die Vergabebestimmungen (Richtlinie zur Vergabe von deutschen Internet-Domains) sind abrufbar unter: http://www.denic.de/denicneu.html.

148 Siehe unter http://www.nic.de/DENICdirect/LstDomain.htm.

Namen-Registrierung durch eines der Mitglieder der DENIC eG variieren die Preise von Mitglied zu Mitglied.

Die Vergabebedingungen des DE-NIC sehen vor, daß der Antragsteller verpflichtet ist, die Vereinbarkeit des Domain-Namens mit Rechten Dritter zu überprüfen, und versichern muß, mit dem gewählten Domain-Namen nicht wissentlich Rechte Dritter zu verletzen. DE-NIC zeichnet sich von jeglicher Haftung für leichte Fahrlässigkeit frei und beschränkt im übrigen seine Haftung auf Schäden, die für DE-NIC voraussehbar waren. Weiterhin wird in den Vergabebedingungen bestimmt, daß der Inhaber des Domain-Namens für den Fall, daß DE-NIC im Zusammenhang mit der Domain-Registrierung von Dritten in Anspruch genommen wird, DE-NIC von jeglicher Haftung freistellen muß[149].

---

[149] Um zu bestimmen, ob die AGB-Klauseln von DE-NIC zulässig sind, ist zunächst zu klären, inwieweit DE-NIC für die Verletzung von Namens- und Kennzeichenrechten durch die Verwendung von Domain-Namen überhaupt verantwortlich ist.
In der Literatur wird teilweise (*Völker/Weidert*, WRP 1997, 652 (661f.); *Ingerl/Rohnke*, Markengesetz, Vor § 14 Rn. 10) eine uneingeschränkte Verantwortlichkeit des DE-NIC angenommen. Zur Begründung wird darauf verwiesen, daß erst die Zuteilung eines Domain-Namens dessen Benutzung und die daraus resultierende Verletzung von Rechten Dritter ermögliche.
Dagegen hält *Freitag*, MA 1996, 495 (497), eine Begrenzung der Haftung des DE-NIC ähnlich den Einschränkungen bei der Verbreiterhaftung in Presseerzeugnissen „zumindest für die Übergangszeit" für angemessen. Zwar käme dem DE-NIC ein Presseprivileg nicht zu, eine völlige Überprüfung aller Anmeldungen auf Rechtsverstöße sei zur Zeit aber organisatorisch und personell nicht durchführbar.
Wagner, ZHR 162 (1998), 701 (720f.) vertritt die Ansicht, daß die von der Rechtsprechung bereits in anderen Fällen angenommenen Einschränkungen der an den Herausgeber eines Mediums zu stellenden Sorgfaltsanforderungen nicht nur für den Inhalt von Presseerzeugnissen, sondern ganz allgemein für den Herausgeber oder Initiator eines Mediums gelten. Normative Grundlage dieser Judikatur sei daher auch nicht die Gewährleistung der Pressefreiheit in Art. 5 I GG, sondern das ökonomische Kalkül, dem Herausgeber oder Verleger eines Informationsträgers Prüfungspflichten zu ersparen, denen er nur mit einem unverhältnismäßigen Aufwand genügen kann. Auch für die Verantwortlichkeit des DE-NIC käme es daher darauf an, ob es die Verletzung von Zeichenrechten mit vertretbarem Aufwand vermeiden kann. Dies sei etwa der Fall, wenn berühmte Kennzeichen von Personen als Domain-Name beansprucht werden, die ganz offensichtlich nicht dazu berechtigt sind. Ganz anders sei es dagegen, wenn die um einen Domain-Namen streitenden Parteien beide zeichenrechtlich legitimiert seien. Die Prüfungspflicht des DE-NIC sei daher auf Fälle offensichtlicher Kennzeichenverletzungen zu begrenzen.
Weitergehend lehnt *Nordemann*, NJW 1997, 1891 (1896f.) eine Verantwortlichkeit des DE-NIC völlig ab, da diesem in Anbetracht der Flut der Registrierungsanträge überhaupt keine eigene Prüfungspflicht auferlegt werden könne.
Vergleichbar der Ansicht von *Wagner* (s.o.) hat sich nunmehr auch das OLG Frankfurt a.M. geäußert (OLG Frankfurt a.M., CR 1999, 707ff. – Kein Anspruch auf Domainregistrierung). Nach Ansicht des Gericht sind die grundsätzlich gegen das DE-NIC in Betracht kommenden Ansprüche gemäß §§ 14, 15 MarkenG, 20 I, 33 GWB, 1 UWG, 823 I BGB entsprechend den

Schließlich wird festgelegt, daß ein erteilter Domain-Name nur mit Zustimmung des DE-NIC auf einen neuen Inhaber übertragen werden darf.

C. Aktuelle Bestrebungen zur Neuordnung des Domain-Namen-Systems

Die mit dem Wachstum des Internet einhergehende Verringerung der Anzahl der noch verfügbaren Domain-Namen bewirkte, daß insbesondere für neu hinzukommende Internetteilnehmer immer eingeschränktere Möglichkeiten bestanden, eine eigene Marke, Unternehmensbezeichnung etc. als Domain-Name registrieren zu lassen. Außerdem existierten eine große Unzufriedenheit über die mangelhafte Domain Policy von NSI sowie weitverbreitete Kritik an der Monopolstellung des Unternehmens NSI, welches mit der exklusiven Registrierung der Top-Level-Domains „.com", „.org", „.net" und „.edu" Umsätze in zweistelliger Millionenhöhe machte[150]. So kam es, daß seit 1996 intensive Anstrengungen zur Reform des Domain-Namen-Systems unternommen wurden. Unter diesen Reformbestrebungen sind insbesondere das vom International Ad Hoc

---

Grundsätzen zur Haftungseinschränkung im Presserecht nur dann gegeben, wenn es für die Vergabestelle offensichtlich ist, daß Zeichenrechte Dritter durch die Registrierung des Domain-Namens verletzt werden.. Nur gegen solche Fälle offensichtlichen Rechtsverstoßes könne das DE-NIC mit zumutbarem Aufwand vorgehen. In der Annahme eines solchen offensichtlichen Rechtsverstoßes zeigte sich das OLG zurückhaltend. Eine Abmahnung an die Vergabestelle begründe noch keine Offensichtlichkeit des Rechtsverstoßes. Ebenso sei eine Kennzeichenverletzung für DE-NIC nicht bereits deshalb offensichtlich, weil der Domain-Namen-Inhaber gegenüber dem Kennzeichenberechtigten eine Unterlassungserklärung abgegeben habe. Dagegen sei ein offensichtlicher Rechtsverstoß, der DE-NIC zur Aufhebung der Registrierung verpflichtet, dann anzunehmen, wenn DE-NIC ein rechtskräftiges und vollstreckbares Urteil vorgelegt wird, das dem Domain-Namen-Inhaber die Benutzung des streitigen Domain-Namens untersagt, oder wenn es sich um ein berühmtes Kennzeichen handelt.

Da das DE-NIC somit nur für offensichtliche Rechtsverstöße selbst verantwortlich ist, ist eine Haftungsfreizeichnung für leichte Fahrlässigkeit zwar zulässig (insbesondere liegt kein Verstoß gegen § 9 I, II Nr. 2 AGBG vor), aber überflüssig. Eine unabhängig vom Verschuldensgrad festgelegte Haftungsbeschränkung auf voraussehbare Schäden ist dagegen gemäß § 11 Nr. 7 AGBG unzulässig, vgl. *Palandt-Heinrichs*, BGB, § 11 AGBG Rn. 37.

[150] *Ludwig Siegele*, Die Zeit (Online-Archiv) vom 12.02.1998, Die Amerikaner wollen die Vergabe von Namen nicht aus der Hand geben; *Gröndahl*, NZZ (Online-Archiv) vom 06.02.1998, Strenge Worte aus Washington. NSI erzielte im Jahre 1998 mit den Registrierungsgebühren einen Gewinn von 11,2 Millionen Dollar, vgl. *Gillies*, Die Welt (Online-Archiv) vom 22.06.1999, Ein Fall für die Justiz: Das Gerangel um die Domains.

Committee vorgeschlagene Reformprojekt gTLD-MoU sowie das in Form eines Grün- und eines Weißbuches veröffentlichte Reformkonzept der US-Regierung von Bedeutung.

I. Reformprojekt gTLD-MoU des International Ad Hoc Committees

Im Oktober 1996 bildeten die ISOC und die IANA ein Gremium mit der Bezeichnung International Ad Hoc Committee (IAHC)[151], dessen Aufgabe es war, Lösungsvorschläge zur Änderung des bestehenden Domain-Namen-Systems zu erarbeiten. Zu den Mitgliedern des IAHC zählten neben Vertretern der Internet Organisationen ISOC, IANA, Internet Architecture Board (IAB)[152] und Federal Networking Council (FNC) auch jeweils ein Vertreter der International Trademark Association (INTA) sowie der UN-Organisationen[153] International Telecommunication Union (ITU)[154] und World Intellectual Property Organization (WIPO).

Nach ausführlichen Diskussionen[155] legte das IAHC am 04.02.1997 seinen Abschlußbericht vor[156]. Danach sollen zusätzlich zu den bereits bestehenden generischen und geographischen Top-Level-Domains sieben neue generische Top-Level-Domains (gTLDs) eingeführt werden:

.firm	für Unternehmen oder Firmen
.store[157]	für Unternehmen, die Waren vertreiben
.web	für juristische Personen mit Tätigkeitsschwerpunkt im Bereich des WWW
.arts	für juristische Personen, die auf dem Gebiet der Kultur oder Unterhaltung tätig sind

---

151 Das IAHC, welches vorrangig aus Vertretern des Internet-Establishments bestand, wurde am 01.05.1997 wieder aufgelöst. Informationen über das IAHC sind unter http://www.iahc.org abrufbar.

152 http://www.isi.edu/iab.

153 Die beteiligten UN-Organisationen handelten jedoch ohne offizielles Mandat.

154 http://www.itu.int.

155 Die Diskussionen fanden entsprechend den üblichen Internet-Geflogenheiten zum Teil virtuell über eine vom IAHC moderierte Mailing-List, an der sich alle interessierten Internetteilnehmer beteiligen konnten, statt. Diese Mailing-List ist unter http://156.106.192.221/iahc-discuss archiviert.

156 Der Bericht namens „Final report of the International Ad Hoc Committee: Recommendations for administration and management of gTLDs" ist zu finden unter http://www.ihac.org/draft-iahc-recommend-00.html.

157 Die gTLD „.store" wurde später ersetzt durch „.shop".

.rec für juristische Personen, die Freizeit- oder Unterhaltungsaktivitäten betreiben

.info für juristische Personen, die Informationsdienste anbieten

.nom für diejenigen, die unter ihrem eigenen Namen oder einem Pseudonym im Netz auftreten möchten

Diese neuen generischen Top-Level-Domains sollen, anders als die bisherigen Top-Level-Domains, nicht durch jeweils eine monopolistische Registrierungsstelle verwaltet werden, sondern durch eine Vielzahl neuer Registrierungsstellen[158], die von konkurrierenden Unternehmen betrieben werden und die Domain-Namen unter sämtlichen neuen Top-Level-Domains vergeben können[159].

Zur Koordination und Kontrolle der einzelnen neuen Registrierungsstellen ist der Council of Registrars (CORE)[160], ein Zusammenschluß der Registrierungsstellen, vorgesehen. Der CORE soll seinerseits überwacht werden durch einen Ausschuß namens Policy Oversight Committee (POC)[161], dessen Mitglieder von den im IAHC vertretenen Institutionen sowie vom CORE ernannt werden. Die Oberaufsicht soll vom Policy Advisory Body (PAB)[162] wahrgenommen werden, einem Gremium, dem die Unterzeichner des gTLD Memorandum of Understanding (gTLD-MoU), welches die vom IAHC vorgeschlagenen neuen Domain-Namen-Regelungen für die Unterzeichner als verbindlich erklärt, angehören. Dieses gTLD-MoU wurde am 1. Mai 1997 in Genf von 57 privaten und öffentlichen Organisationen, darunter der ISOC, der IANA und weiteren Internetorganisationen sowie verschiedenen mit dem Internet befaßten Unternehmen und Behörden unterzeichnet[163].

---

[158] Der Abschlußbericht des IAHC sieht vor, daß für die Auswahl als neue Registrierungsstelle nur private Unternehmen in Betracht kommen, deren Kapital- und Personalausstattung gewisse Mindestbedingungen erfüllen.

[159] Der Vorschläge des IAHC betreffen zwar nicht die Vergabe der bisherigen generischen und geographischen Top-Level-Domains. Jedoch wird es im IAHC-Bericht als erstrebenswertes langfristiges Ziel formuliert, die bereits existierenden generischen Top-Level-Domains in das vorgeschlagene neue Vergabesystem zu integrieren, und die Vergaberegelungen in den einzelnen Ländern den für die neuen generischen Top-Level-Domains vorgeschlagenen Regelungen anzupassen.

[160] Der CORE wurde am 03.09.1997 als nicht-profitorientierte Organisation mit Sitz in Genf errichtet. Informationen unter: http://www.gtld-mou.org/docs/core.html.

[161] In die Verantwortlichkeit des POC soll auch die Entscheidung über die Einführung zukünftiger neuer gTLDs fallen. Das erste POC bestand aus den Mitgliedern des IAHC.

[162] http://www.pab.gtld-mou.org.

[163] Bis zum 26.03.1998 hatte sich die Zahl der Unterzeichner bereits auf 219 erhöht.

Das gTLD-MoU-Reformprojekt des IAHC[164] enthält auch Vorschläge zur Lösung von Domain-Namen-Konflikten: So sind drei spezielle Streitbeilegungsverfahren vorgesehen, welche von Dritten, die sich durch die Registrierung oder Nutzung eines der neuen generischen Domain-Namen in ihren Rechten verletzt sehen, eingeleitet werden können und denen sich der Domain-Anmelder mit seiner Antragstellung unterwirft[165]: ein Schlichtungsverfahren, ein beschleunigtes Schiedsgerichtsverfahren sowie ein Schiedsgerichtsverfahren vor einem Administrative Domain Name Challenge Panel (ACP). Die Regelung dieser Verfahren sowie deren gewünschte online-Durchführung soll durch das WIPO Arbitration and Mediation Center[166] erfolgen, und als Schlichter bzw. Schiedsrichter sollen externe Experten auf dem Gebiet des gewerblichen Rechtsschutzes eingesetzt werden. Vorgesehen ist, daß die Schiedsgerichte in kurzer Zeit entscheiden[167] und die Befugnis haben, die angefochtene Second-Level-Domain für eine oder für alle neuen Top-Level-Domains auszuschließen. Diese Entscheidungen sollen für die Registraturstellen bindend sein, jedoch nicht zwischen den Parteien wirken. Insbesondere sollen die Entscheidungen nicht an die Stelle von Entscheidungen der zuständigen staatlichen Gerichte treten. Jede Partei hat daher die Möglichkeit, wegen der Streitigkeit ein zuständiges staatliches Gericht anzurufen[168]. Der Sinn und Zweck der vorgesehenen Streitbeilegungsregeln liegt insofern vor allem darin, schnelle und kostengünstige Verfahren anzubieten, aufgrund derer die Zahl der Verfahren an staatlichen Gerichten verringert werden kann, und es zu ermöglichen, Domain-Namen-Konflikte zu lösen, bevor größere Investitionen bezüglich des Domain-Namens

---

164 Das gesamte gTLD-MoU-Reformprojekt umfaßt neben dem Abschlußbericht des IAHC und dem gTLD-MoU, welches die rechtliche Basis für die im Abschlußbericht formulierten Vorschläge des IAHC darstellt, auch noch das „Memorandum of Understanding für den Council of Registrars" vom 19.10.1997 (CORE-MoU, http://www.gtld-mou.org/docs/core-mou.htm), welches in Ergänzung des gTLD-MoU insbesondere die rechtliche Basis für die im CORE zusammengeschlossenen Registrierstellen bildet.

165 Vgl. IAHC-Abschlußbericht unter 7.1.1.
Nach der Formulierung der Unterwerfungsklausel im CORE-MoU (Artikel 7 b sowie Anhang C Nr. 16) unterwirft sich der Anmelder mit der Antragstellung den vorgesehenen Streitbeilegungsverfahren, er kann jedoch eine Unterwerfung unter das beschleunigte Online-Schiedsgerichtsverfahren ablehnen.

166 Schiedsgerichts- und Schlichtungszentrum der WIPO in Genf, URL: http://arbiter.wipo.int.

167 Das beschleunigte Schiedsgerichtsverfahren soll sich gerade dadurch auszeichnen, daß die Entscheidung sehr schnell ergeht, und auch das Verfahren vor einem ACP soll sehr zügig zu einer Entscheidung führen. Insbesondere wurde festgelegt, daß bei Erhebung von Einwendungen vor einem ACP innerhalb von 60 Tagen nach Registrierung eines Domain-Namen die Entscheidung des ACP innerhalb von 30 Tagen ergeht, vgl. IAHC-Abschlußbericht unter 7.1.2.

168 Vgl. IAHC-Abschlußbericht unter 7.1.2.

getätigt werden[169]. Weiterhin soll die für alle neuen Registrierungsstellen einheitliche Konfliktlösung durch neutrale Rechtsexperten bewirken, daß die einzelnen Registrierungsstellen aus den Streitigkeiten weitgehend herausgehalten werden.

Im März 1998 wollte man das vom IAHC entwickelte gTLD-MoU Reformprojekt starten und mit der Vergabe der sieben neuen generischen Top-Level-Domains beginnen. Die Vorbereitungen für den Start liefen auf Hochtouren[170]. Je weiter die Vorbereitungen voranschritten, desto intensiver wurde jedoch auch der Widerstand gegen gTLD-MoU. Kritisiert wurde insbesondere, daß die Festlegung einer neuen administrativen Internet-Struktur nicht durch das informelle Einverständnis einer Gruppe von Internetorganisationen mit fraglicher Legitimation und UN-Organisationen ohne offizielles Mandat erfolgen könne. Vor allem lehnte auch die US-Regierung das IAHC-Reformprojekt ab, da ihr das gesamte Projekt wegen der Beteiligung von UN-Organisationen bedenklich erschien, und sie außerdem die Verschiebung der Machtverhältnisse nach Europa, wo die IAHC-Vorschläge ausgearbeitet wurden und die geplanten entscheidenden Gremien ansässig sein sollten, rückgängig machen wollte.

II. Grünbuch und Weißbuch der US-Regierung

Die US-Regierung entwickelte daher eigene Vorschläge zur Reform des Domain-Namen-Systems, welche sie am 30.01.1998 in Form eines „Grünbuches“[171] mit dem Titel „Proposal to improve technical management of Internet

[169] Um Domain-Namen-Konflikte bereits vor Benutzung des Domain-Namens bereinigen zu können sowie um Publizität zu schaffen, sollen alle Domain-Anmeldungen unverzüglich auf einer Webseite bekanntgemacht werden. Der Anmelder kann wählen, ob er den Domain-Namen sofort nach Erteilung oder erst nach einer 60tägigen Bekanntmachungsphase benutzen möchte. Entscheidet er sich für die Wartefrist, so kann dies gewisse Vorteile in einem nachfolgenden Streitbeilegungsverfahren mit sich bringen.

[170] Die erforderlichen Gremien wurden gegründet, und achtundachtzig Unternehmen, darunter zwölf deutsche (so z.B. die Unternehmen DENIC eG, Deutsche Telekom AG, Topnet AG), hatten sich bereits als Registrierungsstellen qualifiziert und zum Teil schon Voranmeldungen entgegengenommen. Die Liste der 88 ausgewählten Registrierungsstellen kann unter http://www.gtld-mou.org/docs/reg-results.html abgerufen werden.

[171] Die Vorschläge der US-Regierung wurden verbreitet als sogenannte Diskussionsvorlage mit dem Aufruf zur Stellungnahme bis spätestens zum 23.03.1998. Während der fast zweimonatigen Frist sind über 650 Stellungnahmen, unter anderem auch von der Europäischen Kommission, der australischen Regierung, von vielen Organisationen wie ISOC, INTA, RIPE, CORE, POC, PAB, etc. sowie von vielen interessierten Privatpersonen eingegangen. Sämtliche Stellungnahmen können nachgelesen werden unter http://www.ntia.doc.gov/ntiahome/domainname/130dftmail/index.html.

names and addresses“ der Öffentlichkeit vorstellte[172]. Dieses Grünbuch, das maßgeblich von Bill Clintons Internetberater Ira Magaziner entworfen wurde, erwähnt gTLD-MoU mit keinem Wort, enthält aber deutliche Spitzen gegen das Reformprojekt, die das an Autonomie gewohnte Internet-Establishment hart getroffen haben[173]. So heißt es etwa: Die Entscheidung, neue Top-Level-Domains einzuführen, könne nicht weiter auf einer ad-hoc-Basis getroffen werden von Gremien oder Individuen, die der Internetgemeinde nicht formal rechenschaftspflichtig sind. Obwohl die Vorschläge des Grünbuches im Grunde in eine ähnliche Richtung weisen wie diejenigen des gTLD-MoU, weichen sie doch in einigen wichtigen Punkten deutlich von diesem Modell ab, so daß der Plan, mit den neuen sieben Top-Level-Domains im März online zu gehen, gestoppt wurde.

Das Grünbuch sieht vor, daß sich die US-Regierung aus der Vergabe von IP-Adressen und Domain-Namen zurückzieht. Das Domain-Namen-System soll privatisiert und weitestgehend dem freien Wettbewerb geöffnet werden. Zur Realisierung dieser Ziele plant die US-Regierung, ebenso wie gTLD-MoU, neue generische Top-Level-Domains einzuführen und deren untergeordnete Second-Level-Domains durch eine Vielzahl von Registrierungsstellen, die von konkurrierenden Unternehmen betrieben werden, vergeben zu lassen. Jedoch sollen nur fünf neue Top-Level-Domains eingeführt werden, und es wird nicht festgelegt, daß diese fünf aus den sieben von gTLD-MoU auszuwählen sind.

Außerdem sollen nach dem Willen der US-Regierung die Funktionen, die am besten koordiniert wahrgenommen werden, wie die Zuteilung der IP-Adressen, die Verantwortlichkeit für den Betrieb der Root-Server sowie die Entscheidung über weitere Top-Level-Domains und über technische Spezifikationen – also Funktionen, für die bisher größtenteils die von der US-Regierung finanziell unterstützte IANA zuständig war – von einer neu zu gründenden, nicht-kommerziellen Organisation mit Sitz in den USA übernommen werden[174]. Der neuen Organisation soll ein Aufsichtsrat vorstehen, in dem internationale Interessengruppen Sitz und Stimme haben[175]. Bis längstens September 2000 soll die Organisation von der US-Regierung überwacht werden.

---

[172] Das Grünbuch wurde vom US-Handelsministerium veröffentlicht und ist unter http://www.ntia.doc.gov/ntiahome/domainname/dnsdrft.htm abrufbar.

[173] Vgl. *Gröndahl*, NZZ (Online-Archiv) vom 06.02.1998, Strenge Worte aus Washington.

[174] Die Mitarbeiter der IANA sollten in die neu zu gründende Organisation überwechseln, damit Kontinuität und Sachverstand gewährleistet sind.

[175] Mit der Übertragung der Funktionen auf die neue Organisation sollte so bald wie möglich begonnen werden, und der Betriebsbeginn der neuen Organisation sollte vor dem 30.09.1998 liegen.

Bezüglich des Vorgehens bei Konflikten zwischen Kennzeicheninhabern und Inhabern von Domain-Namen bietet das Grünbuch, anders als das gTLD-MoU, keine konkrete Lösung. Zwar wird festgelegt, daß Antragsteller ihren Namen und Kontaktierungsmöglichkeiten angeben sowie die Erklärung abgeben müssen, daß sie mit der Registrierung nicht wissentlich Rechte Dritter verletzen. Außerdem soll von den Datenbankverwaltern verlangt werden, daß sie wenigstens gewisse Minimalregelungen zum Verfahren in Fällen von Domain-Streitigkeiten aufstellen. Offengelassen und zur weiteren Diskussion gestellt wird jedoch, ob online Streitbeilegungsverfahren als kosten- und zeitsparende Alternativen zu Verfahren vor staatlichen Gerichten, und ob Gerichtsstandswahlen bei Antragstellung eingeführt werden sollen.

Unter Berücksichtigung der zahlreichen zum Grünbuch eingegangenen Stellungnahmen[176], unter anderem von der Europäischen Kommission[177], der australischen Regierung sowie von verschiedenen Internetorganisationen und Interessengruppen, veröffentlichte die US-Regierung am 05.06.1998 ein „Weißbuch" zur Reform des Domain-Namen-Systems[178]. Darin werden zahlreiche Aspekte des vorangegangenen Dokumentes erläutert und konkretisiert beziehungsweise revidiert, viele entscheidende Fragen werden allerdings offengelassen[179].

An der Schaffung einer „neuen IANA", also einer neuen, privaten, internationalen und nichtkommerziellen Organisation, welche die Aufgaben erfüllt, die bislang von der IANA wahrgenommen wurden, wird auch im Weißbuch festgehalten. Der Sitz der neuen IANA soll, wie bereits im Grünbuch vorgeschlagen, in den USA liegen, jedoch wird im Weißbuch ausdrücklich bemerkt, daß dies nicht bedeuten solle, daß sie ausschließlich amerikanischem Recht unterliege. Hatte das Grünbuch noch konkrete Vorstellungen beinhaltet, wieviele neue

---

[176] Unter http://www.ntia.doc.gov/ntiahome/domainname/130dftmail/index.html können alle der über 650 Stellungnahmen abgerufen werden.

[177] Angesichts des internationalen Charakters des Internet forderte die Europäische Kommission in ihrer Stellungnahme eine internationale Regelung der künftigen Organisation des Domain-Namen-Systems und kritisierte daher vor allem, daß das US-Grünbuch nicht die Notwendigkeit eines internationalen Konzeptes anerkennt. Außerdem bemängelt die Europäische Kommission, daß die US-Vorschläge sich nicht mit dem vom IAHC vorgeschlagenen und bereits gut vorangeschrittenen Reformprojekt gTLD-MoU auseinandersetzen und insbesondere auf die intensiven Bemühungen für die Vorbereitung der neuen Streitbeilegungsverfahren im Rahmen der WIPO keinen Bezug nehmen. Weiterhin befürchtete die Europäische Kommission, daß die Vorschläge der US-Regierung dazu führen könnten, daß über alle rechtlichen Fragen des Internet, einschließlich der Fragen im Zusammenhang mit Streitbeilegungsverfahren und Markenrechten, auf Dauer in den USA entschieden wird.

[178] Unter: http://www.ntia.doc.gov/ntiahome/domainname/6_5_98dns.htm ist dieses Weißbuch (Document concerning the management of the Internet Domain-Name System) abrufbar

[179] Vgl. *N.N.*, Spiegel (Online-Archiv) vom 09.06.1999, Vorhang zu und alle Fragen offen.

Top-Level-Domains zunächst eröffnet werden sollten, so überläßt das Weißbuch die Entscheidung über die mögliche Schaffung neuer Top-Level-Domains sowie über die an die neuen Registrierstellen anzulegenden Kriterien der neuen IANA.

Bezüglich der Regelung von Domain-Namen-Streitigkeiten schlägt die US-Regierung im Weißbuch vor, daß die neue IANA mit der WIPO, der UN-Organisation für geistiges Eigentum, zusammenarbeiten solle[180]. Zu diesem Zweck forderte die US-Regierung die WIPO auf, für die neue IANA ein Konzept zur Vermeidung von Mißbräuchen bei der Registrierung von Domain-Namen und zur Beilegung von diesbezüglichen Rechtsstreitigkeiten auszuarbeiten.

III. Aktuelle Entwicklung

Entsprechend dem Vorschlag der US-Regierung zur Schaffung einer neuen IANA wurde die Internet Corporation for Assigned Names and Numbers (ICANN)[181] mit Sitz in Kalifornien gegründet, die Anfang November 1998 ihre Arbeit aufgenommen hat. Diese private, internationale und nichtkommerzielle Organisation, die sich aus über einem Dutzend Vertreter der Wirtschaft, des Internet sowie verschiedener Staaten und internationaler Organisationen zusammensetzt, wurde beauftragt, die Verantwortung für das Domain-Namen-System zu übernehmen und insoweit insbesondere an die Stelle der IANA zu treten.

Als eine ihrer ersten Amtshandlungen hat die ICANN das Monopol von NSI bei der Vergabe der organisatorischen Top-Level-Domains aufgehoben. ICANN wählte fünf Unternehmen aus[182], welche seit dem 26.04.1999 neben NSI die bisher allein von NSI vergebenen organisatorischen Top-Level-Domains „.com“, „.org“ und „.net“ vergeben konnten. Mittlerweile existiert eine große Anzahl an Unternehmen, welche diese organisatorischen Top-Level-Domains vergeben[183].

---

180 Damit hat sich die US-Regierung auf die insbesondere von der Europäischen Kommission – aus Furcht vor einer weltweiten Beherrschung des Internet durch das amerikanische Recht – geforderte Einbeziehung der WIPO zur Entwicklung eines Verfahrens zur Regelung von Domain-Namen-Konflikten eingelassen.

181 Vgl. http://www.icann.org.

182 Diese fünf Unternehmen sind: America Online (AOL), CORE, das Tochterunternehmen Oléane der France Télécom, Melbourne IT und Register.com.

183 Eine Auflistung dieser Unternehmen ist abrufbar unter http://www.icann.org/registrars/accredited-list.html.

Weiterhin beschloß die ICANN die Einführung sieben neuer Top-Level-Domains. Diese lauten: „.aero“, „.biz“, „.coop“, „.info“, „.museum“, „.name“ und „.pro“. Bisher können allerdings nur Registrierungen für die Top-Level-Domains „.biz“ und „.info“ vorgenommen werden[184].

Des weiteren führte die ICANN Regeln für ein außergerichtliches Streibeilegungsverfahren für Domain-Namen-Streitigkeiten ein[185]. Bei diesen Regeln handelt es sich zum einen um die Uniform Domain Name Dispute Resolution Policy[186] und zum anderen um die Rules for Uniform Domain Name Dispute Resolution Policy[187]. Das Streitbeilegungsverfahren kann bei den von der ICANN anerkannten Schlichtungsstellen – zu denen unter anderen auch die WIPO-Schiedsstelle gehört – durchgeführt werden. Die Schlichtungsstellen haben wiederum ihre eigenen ergänzenden Verfahrensregeln erlassen.

Allerdings soll das Schiedsgerichtsverfahren die Möglichkeit zur Durchführung eines Verfahrens vor einem ordentlichen nationalen Gericht nicht ausschließen. Es steht den Beteiligten frei, vor, während, nach oder statt dem Schiedsgerichtsverfahren staatliche Gerichte anzurufen.

---

[184] Siehe dazu unter http://www.denic.de/doc/gtld/index.html.

[185] Genauer zu dem außergerichtlichen Streitbeilegungsverfahren siehe insbesondere *Bettinger*, WRP 2000, 1109 (1109ff.); *Strömer*, K&R 2000, 587 (587ff.); *Pfeiffer*, GRUR 2001, 92 (93ff.); *Renck*, MMR 2000, 586 (586ff.).

[186] Vgl. http://www.icann.org/udrp/udrp-policy-24oct99.htm.

[187] Vgl. http://www.icann.org/udrp/udrp-rules-24oct99.htm.

Zweiter Teil: Rechtliche Problematik

Die nun folgenden Ausführungen gehen der Frage nach, inwieweit die sich durch Verwendung eines Namens oder Kennzeichens als Domain-Name ergebenden Rechtsfragen aufgrund der geltenden Regelungen des deutschen Rechts gelöst werden können. Hierbei sind die in Teil 1 dargelegten Eigenarten des neuen Mediums Internet und die besonderen Modalitäten der Domain-Namen-Vergabe zu berücksichtigen.

Insgesamt umfaßt die Untersuchung fünf Abschnitte. In den ersten beiden Abschnitten wird die Frage des Schutzes von Marke und geschäftlicher Bezeichnung gegen die Benutzung eines identischen (Abschnitt A) oder ähnlichen (Abschnitt B) Domain-Namens durch Dritte erörtert. Abschnitt C behandelt den Schutz der bekannten Marke oder bekannten geschäftlichen Bezeichnung, Abschnitt D den Schutz des Namens gegen eine Benutzung als Domain-Name durch Dritte. Anschließend erfolgt in Abschnitt E ein kurzer Ausblick auf die Lösung internationaler Konflikte.

Die Abschnitte A bis D beziehen sich auf Konflikte bei Verwendung eines Domain-Namens mit der Top-Level-Domain „.de“, da diese Domain-Namen in Deutschland vergeben und von deutschen Unternehmen, Behörden, Privatpersonen etc. üblicherweise verwendet werden. In Abschnitt E wird auf die sich insbesondere bei Verwendung von Domain-Namen mit anderen Top-Level-Domains (etwa „.com“) ergebenden internationalen Probleme hingewiesen.

A. Schutz der Marke und der geschäftlichen Bezeichnung gegen die Benutzung eines identischen Domain-Namens durch Dritte

Die bekanntesten Domain-Namen-Konflikte betreffen Fallgestaltungen, in denen ein mit einer Marke oder einer geschäftlichen Bezeichnung identischer Domain-Name von einem Dritten verwendet wird. Unter einem mit einer Marke oder geschäftlichen Bezeichnung identischen Domain-Namen ist dabei ein

Domain-Name zu verstehen, dessen Second-Level-Domain das entsprechende Kennzeichen in identischer Weise wiedergibt.

Konsequenz der Identität ist, daß es dem Kennzeicheninhaber verwehrt ist, sein Kennzeichen unterhalb derselben Top-Level-Domain als Second-Level-Domain registrieren zu lassen, da ein spezieller Domain-Name innerhalb des gesamten Internet nur einmal vergeben werden kann[188].

Bei der Beurteilung, inwieweit der Kennzeicheninhaber bei diesen Identitäts-Konstellationen Schutz erlangen kann, bietet es sich an, zwischen drei verschieden gelagerten und damit auch rechtlich unterschiedlich zu beurteilenden Konfliktfällen zu differenzieren: Benutzung des mit einer fremden Marke oder geschäftlichen Bezeichnung identischen Domain-Names durch ein Konkurrenzunternehmen (I), durch ein branchenfremdes Unternehmen (II) oder durch eine Privatperson (III).

I. Benutzung des Domain-Namens durch ein Konkurrenzunternehmen

Zunächst ist zu prüfen, inwieweit der Inhaber einer Marke oder einer geschäftlichen Bezeichnung gegen eine identische Verwendung seiner Marke oder geschäftlichen Bezeichnung als Domain-Name durch ein Konkurrenzunternehmen vorgehen kann.

Als Beispiel für einen solchen Konfliktfall sei der amerikanische Rechtsstreit Stanley H. Kaplan Educational Center ./. Princeton Review genannt[189]. Das amerikanische Unternehmen Princeton Review, das Materialien zur Vorbereitung auf studentische Eignungstests vertreibt, ließ sich (neben dem Domain-Namen „review.com“) Anfang 1994 den auf seinen größten Konkurrenten Stanley H. Kaplan Educational Center hinweisenden Domain-Namen „kaplan.com“ registrieren. Unter dem Domain-Namen „kaplan.com“ unterhielt Princeton Review Webseiten, auf denen es unter anderem Vergleiche zwischen seinen eigenen Produkten und denjenigen seines Rivalen Kaplan veröffentlichte. Bei diesen Vergleichen schnitt Kaplan äußerst schlecht ab. Die von Kaplan vor dem Southern District Court of New York erhobene Klage wurde auf Antrag

[188] Siehe S. 13.
[189] Stanley H. Kaplan Educational Center ./. Princeton Review, 94 CV 1604 (SDNY 1994). Vgl. dazu *Burk*, Trademarks Along the Infobahn, unter: Kaplan v. Princeton Review; *Kur*, Festschrift für Beier, 265 (270); *Stratmann*, BB 1997, 689 (690); *Ubber*, WRP 1997, 497 (500); *Kilches*, ÖJZ 1999, 329 (331).

beider Parteien an ein Schiedsgericht verwiesen, welches dem Unterlassungsbegehren von Kaplan stattgab[190].

Ein Beispiel für einen deutschen Konfliktfall, in dem ein fremdes Kennzeichen von einem Konkurrenzunternehmen als Domain-Name verwendet wurde, stellt der Rechtsstreit „hepp.de“[191] dar. In diesem Rechtsstreit ging das mit Herstellung und Vertrieb von Eßbestecken befaßte Unternehmen Gebrüder Hepp GmbH, welches Inhaber verschiedener Marken mit dem Wortbestandteil „hepp“ ist, gegen ein Konkurrenzunternehmen vor, das im Internet unter dem Domain-Namen „hepp.de“ Eßbestecke angeboten hatte. Im Wege der einstweiligen Verfügung untersagte das Landgericht Stuttgart der Antragsgegnerin unter Berufung auf § 1 UWG, den Domain-Namen „hepp.de“ weiter zu verwenden.

1. Markengesetzlicher Schutz gemäß §§ 14, 15 MarkenG

Die Rechte des Inhabers einer Marke oder einer geschäftlichen Bezeichnung[192] im Falle der Benutzung durch Dritte richten sich im Markengesetz nach §§ 14 und 15. In diesen Vorschriften sind die Verletzungstatbestände der Identität (§§ 14 II Nr. 1, 15 II MarkenG), der Verwechslungsgefahr (§§ 14 II Nr. 2, 15 II MarkenG) und des erweiterten Schutzes bekannter Kennzeichen (§§ 14 II Nr. 3, 15 III MarkenG) sowie die zugehörigen Anspruchsgrundlagen für Unterlassung (§§ 14 V, 15 IV MarkenG) und Schadensersatz (§§ 14 VI, 15 V MarkenG) geregelt[193].

---

[190] Die Zuerkennung von Schadensersatz und die Erstattung der Anwaltskosten wurde vom Schiedsgericht allerdings abgelehnt, vgl. *Kur*, Festschrift für Beier, 265 (270); *Stratmann*, BB 1997, 689 (690).
Um einen ähnlichen Fall handelt es sich auch bei dem Rechtsstreit Comp Examiner Agency Inc. ./. Juris Inc. (U.S. District Court, C.D. California, 26.04.1996, abrufbar unter: http://www.jmls.edu/cyber/cases/juris1.html). Das Unternehmen Comp Examiner Agency, das juristische Software für rechtsberatende Berufe vertreibt, hatte sich den Domain-Namen „juris.com“ registrieren lassen und bot unter diesem Domain-Namen seine Produkte im Internet an. Daraufhin wurde es von dem Konkurrenzunternehmen Juris Inc., welches Inhaber der eingetragenen Marke „JURIS“ ist, auf Unterlassung in Anspruch genommen. Durch einstweilige Verfügung untersagte das angerufene Gericht es Comp Examiner Agency Inc., „juris.com“ weiterhin als Domain-Namen zu verwenden.

[191] LG Stuttgart, Beschluß vom 09.06.1997, Az. 11 KfH O 82/97 – hepp.de.

[192] Als geschäftliche Bezeichnungen werden gemäß § 5 I MarkenG Unternehmenskennzeichen und Werktitel geschützt.

[193] Daneben sind in §§ 14, 15 MarkenG auch die Rechtsnatur der Marken und geschäftlichen Bezeichnungen als subjektive Ausschließlichkeitsrechte (§§ 14 I, 15 I MarkenG) sowie die Haftung für Angestellte und Beauftragte (§§ 14 VII, 15 VI MarkenG) kodifiziert.

a) Allgemeine Voraussetzungen für Ansprüche wegen Verletzung von Marken oder geschäftlichen Bezeichnungen

aa) Bestehender Kennzeichenschutz

Grundvoraussetzung für Ansprüche wegen Verletzung von Marken oder geschäftlichen Bezeichnungen sind der Bestand von Markenschutz gem. § 4 MarkenG bzw. der Bestand von Schutz der geschäftlichen Bezeichnung gem. § 5 MarkenG. Das Unternehmen, welches sich gegen die Verwendung eines mit seinem Kennzeichen identischen Domain-Namens durch ein Konkurrenzunternehmen wehren möchte, muß also über einen entsprechenden Kennzeichenschutz verfügen.

bb) Begehung durch einen Dritten ohne Zustimmung des Kennzeicheninhabers

§ 14 II MarkenG fordert als Voraussetzung der Rechtsverletzung eine Zeichenbenutzung durch einen Dritten „ohne Zustimmung des Markeninhabers". Nach § 15 II MarkenG kommen dagegen nur „unbefugte" Zeichenbenutzungen durch einen Dritten als Verletzung in Frage. Unter den Begriff der befugten Benutzung werden teilweise[194] neben der Gestattung der Benutzung durch den Zeicheninhaber auch die Fälle des Bestehens eines prioritätsälteren Gegenrechts auf Seiten des Dritten gefaßt. Die Einbeziehung letzterer Fälle ist jedoch abzulehnen, da die Bedeutung prioritätsälterer Gegenrechte im MarkenG bereits aus dem Prioritätsprinzip[195] folgt und auch im Rahmen des § 14 MarkenG gilt, wo von „unbefugt" keine Rede ist. Im Interesse einer möglichst gleichlaufenden Struktur der Verletzungstatbestände ist das Tatbestandsmerkmal „unbefugt" vielmehr entsprechend einer neueren Ansicht[196] parallel zu der Voraussetzung „ohne Zustimmung des Inhabers" im Sinne des § 14 II MarkenG zu verstehen. Markenrechtliche Ansprüche nach §§ 14, 15 MarkenG setzen somit voraus, daß das Unternehmen, welches das Kennzeichen innehat, der Benutzung seines Kennzeichens durch das Konkurrenzunternehmen nicht zugestimmt hat, so daß die Verwendung des Kennzeichens als Domain-Name durch einen Dritten ohne Zustimmung des Kennzeicheninhabers erfolgt.

---

[194] *Fezer*, Markenrecht, § 15 Rn. 82f.
[195] Vgl. § 6 MarkenG.
[196] *Ingerl/Rohnke*, Markengesetz, § 15 Rn. 16f. und § 23 Rn. 18.

cc) Räumlicher Schutzbereich des Kennzeichens

Ansprüche nach §§ 14, 15 MarkenG kommen nur in Betracht, wenn eine Verletzungshandlung im territorialen Schutzbereich der Marke beziehungsweise der geschäftlichen Bezeichnung begangen worden ist oder droht[197]. Die kraft Eintragung geschützten Marken genießen Schutz im gesamten Bundesgebiet, während der territoriale Schutzbereich der nicht eingetragenen, nur kraft Verkehrsgeltung geschützten Marken von der geographischen Ausdehnung der Verkehrsgeltung abhängt und daher örtlich oder regional beschränkt sein kann[198]. Bei geschäftlichen Bezeichnungen besteht der territoriale Schutzbereich, sofern es sich um eine originär unterscheidungskräftige Bezeichnung handelt, im Territorium der tatsächlichen Benutzung, falls es der Bezeichnung an originärer Kennzeichnungskraft fehlt, nur dort, wo Verkehrsgeltung erlangt ist[199]. Für die territoriale Zuordnung ist der Ort maßgeblich, an dem die kennzeichenverletzende Benutzungshandlung vorgenommen worden ist oder – im Falle des vorbeugenden Unterlassungsanspruchs – an dem ihre Begehung droht[200]. Zur Bestimmung kann auf Grundsätze des allgemeinen Deliktsrechts zurückgegriffen werden. Die Kennzeichenverletzung wird danach an allen Orten begangen, an denen ein zur tatbestandsmäßigen Handlung gehörender Teilakt vorgenommen wird oder der Verletzungserfolg eintritt, nicht aber am Ort bloßer Vorbereitungshandlungen, die noch nicht zum Verletzungstatbestand gehören, und nicht am Ort des bloßen Schadenseintritts[201].

Bei der Verwendung eines Kennzeichens als Domain-Name wird die den kennzeichenrechtlichen Verletzungstatbestand darstellende Handlung der Zeichenbenutzung einerseits an dem Ort vorgenommen, an dem der Schädiger die Anweisung, unter dem Domain-Namen eine Webseite ins Internet einzuspeisen, an den Betreiber des Servers absendet[202].

Entsprechend den zu grenzüberschreitenden Presseerzeugnissen entwickelten Grundsätzen, wonach unerlaubte Handlungen in Presseerzeugnissen nicht nur dort begangen werden, wo das Presseerzeugnis erscheint, sondern auch wo es bestimmungsgemäß und nicht bloß zufällig verbreitet wird[203], gilt als Ort der kennzeichenverletzenden Zeichenbenutzung nicht nur der Ort der Absendung

---

[197] *Ingerl/Rohnke*, Markengesetz, § 14 Rn. 28, § 15 Rn. 19; *Fezer*, Markenrecht, § 14 Rn. 19.
[198] *Ingerl/Rohnke*, Markengesetz, § 14 Rn. 28; *Fezer*, Markenrecht, § 14 Rn. 17f.
[199] *Ingerl/Rohnke*, Markengesetz, § 15 Rn. 19 i.V.m. § 5 Rn. 12f., 21, 30, 48; *Berlit*, Das neue Markenrecht, Rn. 38, 43.
[200] *Ingerl/Rohnke*, Markengesetz, § 14 Rn. 29, § 15 Rn. 19.
[201] *Ingerl/Rohnke*, Markengesetz, § 14 Rn. 29, § 15 Rn. 19.
[202] Genauer dazu siehe S. 179ff.
[203] Vgl. BGH, GRUR 1971, 153 (154) – Tampax; BGH, GRUR 1978, 194 (195f.) – profil.

der Anweisung an den Serverbetreiber, sondern auch jeder Ort, an dem der Domain-Name bestimmungsgemäß in Erscheinung tritt[204]. Bei Domain-Namen mit der Top-Level-Domain „.de“ kann, wie in Rechtsprechung und Literatur vertreten[205], eine Bestimmung (auch) für den deutschen Markt grundsätzlich vermutet werden, da die Auswahl der geographischen Top-Level-Domain „.de“ für den Domain-Namen schon nahelegt, daß der Internetanbieter mit seinem Internetangebot gerade den deutschen Markt erreichen möchte.

Somit liegt auch im Falle eines ausländischen Servers bei Verwendung eines Kennzeichens als Domain-Name mit der Top-Level-Domain „.de“ regelmäßig eine Zeichenbenutzung auf dem gesamten Gebiet der Bundesrepublik Deutschland vor. Die Benutzungshandlung findet damit – auch im Falle von räumlich nur begrenzt geschützten Kennzeichen[206] – im räumlichen Schutzbereich der Marke oder der geschäftlichen Bezeichnung statt. Ansprüche nach §§ 14, 15 MarkenG kommen daher in Betracht[207].

dd) Geschäftlicher Verkehr

Die Inanspruchnahme von Kennzeichenschutz nach §§ 14, 15 MarkenG setzt, wie generell der Kennzeichenschutz nach dem Markengesetz[208], voraus, daß die Handlung im geschäftlichen Verkehr begangen wurde[209]. Dies ist der Fall, wenn die Handlung einem beliebigen eigenen oder fremden Geschäftszweck dient,

---

[204] Genauer dazu siehe S. 182ff.

[205] Ohne jede Begründung: KG Berlin NJW 1997, 3321 (3321) – concert-concept.de/com; LG Düsseldorf, GRUR 1998, 159 (160) – epson.de. Mit Begründung: *Ubber*, WRP 1997, 497 (503); *Ingerl/Rohnke*, § 14 Rn 31. *Wegner*, CR 1998, 676 (679) weist darauf hin, daß der Homepagebetreiber bei Domain-Namen mit der Top-Level-Domain „.de“ zumindest ernsthaft mit einer Kontaktierung seines Domain-Namens aus Deutschland rechnen müsse.

[206] Zu beachten ist: Bei regional oder örtlich beschränkten Kennzeichenrechten steht nach Literatur (*Fezer*, Markenrecht, § 15 Rn. 128) und Rechtsprechung (BGH, GRUR 1991, 155 (156) – Rialto; OLG München, WRP 1994, 326 (330) – Biermarke) das Recht des Kennzeicheninhabers, eine bundesweit benutzte Bezeichnung zu untersagen, unter dem Vorbehalt, daß die räumlich beschränkte Untersagung gegenüber dem bundesweit tätigen Unternehmen aufgrund einer Interessenabwägung gerechtfertigt ist, bei welcher vor allem auf die Bedeutung des Verbots für den regionalen Kennzeicheninhaber und die Auswirkungen auf den Geschäftsbetrieb des bundesweit tätigen Unternehmens abzustellen ist. Anderer Ansicht sind dagegen *Ingerl/Rohnke*, Markengesetz, § 15 Rn. 20, § 14 Rn. 28, die eine derartige Privilegierung des bundesweiten Vertriebs gegenüber geographisch beschränkter Geschäftstätigkeit grundsätzlich für ungerechtfertigt halten und Einschränkungen des Untersagungsrechts des Kennzeicheninhabers allenfalls gegenüber überregionaler Werbung, wenn diese zumutbarerweise räumlich nicht beschränkt werden kann, für billigenswert halten.

[207] Zu den Problemen bei Verwendung der Top-Level-Domain „.com“ siehe S. 174ff.

[208] Einzige Ausnahme: § 16 MarkenG.

[209] Vgl. § 14 II, IV MarkenG und § 15 II, III MarkenG.

wobei Gewinnabsicht, Entgeltlichkeit oder ein Wettbewerbsverhältnis nicht begriffsnotwendig sind[210].

Handelt es sich bei dem Domain-Inhaber um ein Unternehmen, das die Marke oder geschäftliche Bezeichnung eines Konkurrenten als Domain-Namen benutzt, um unter diesem Domain-Namen Produkte anzubieten oder dafür zu werben, um den Domain-Namen zu blockieren, so daß dem Konkurrenten ein Auftreten im Internet unter der entsprechenden Bezeichnung verwehrt ist, oder um den Domain-Namen dem Konkurrenten zum Verkauf anzubieten, so liegt unzweifelhaft eine Benutzung des Domain-Namens im geschäftlichen Verkehr vor. Bei einem Unternehmen, welches gerade das Kennzeichen eines Konkurrenten als Domain-Name benutzt, wird die Benutzung praktisch immer im Zusammenhang mit dem Geschäft stehen und dem eigenen Geschäftszweck (auf Kosten des Konkurrenten) dienen, mit der Folge, daß stets ein Handeln im geschäftlichen Verkehr gegeben ist.

ee) Kennzeichenmäßige Benutzung

Die Verwendung des mit einer Marke oder geschäftlichen Bezeichnung identischen Domain-Namen durch einen Dritten müßte eine kennzeichenmäßige Benutzung darstellen, falls die kennzeichenmäßige Benutzung der verletzenden Bezeichnung als Voraussetzung für den Schutz gemäß §§ 14, 15 MarkenG zu fordern ist.

aaa) Erfordernis einer kennzeichenmäßigen Benutzung?

Im gesamten Markengesetz findet sich kein ausdrücklicher Hinweis darauf, ob der kennzeichenrechtliche Schutz allein gegen kennzeichenmäßige Benutzungshandlungen gewährt wird. Zwar ist in den Kollisionstatbeständen der §§ 14, 15 MarkenG allgemein von der Benutzung eines mit dem geschützten Kennzeichen übereinstimmenden oder ihm ähnlichen Zeichens die Rede; dies ist jedoch in einem sehr weiten Sinne zu verstehen und erlaubt nicht den Schluß auf die Notwendigkeit einer bestimmten Art der Verwendung[211]. Ob trotz des Schweigens des Gesetzgebers bezüglich des Erfordernisses einer kennzeichenmäßigen Benutzung des kollidierenden Zeichens eine solche kennzeichenmäßige Benutzung als rechtliche Voraussetzung für den Kennzeichenschutz gemäß §§ 14, 15 MarkenG gegeben sein muß, ist umstritten.

---

[210] *Ingerl/Rohnke*, Markengesetz, § 14 Rn. 35; *Fezer*, Markenrecht, § 14 Rn. 41.

[211] *Sack*, GRUR 1995, 81 (94); *Kur*, CR 1996, 590 (591f.); *Hoeren*, Rechtsfragen des Internet, S. 25; anderer Ansicht KG, WRP 1997, 85 (86) – Alles wird Teurer.

(1) Rechtslage nach dem früheren Warenzeichengesetz und § 16 UWG a.F.

Der Schutz der Marke durch das frühere Warenzeichengesetz war nach ständiger Rechtsprechung[212] und herrschender Ansicht im Schrifttum[213] auf einen Schutz gegen kennzeichenmäßige Benutzung, genauer: (waren-)zeichenmäßigen Gebrauch einer Bezeichnung durch Dritte beschränkt. Begründet wurde das Erfordernis des zeichenmäßigen Gebrauchs vor allem damit, daß die in § 1 WZG festgelegte Herkunftsfunktion die einzige durch das Warenzeichengesetz unmittelbar rechtlich geschützte Funktion des Warenzeichens sei[214]. Allein der zeichenmäßige Gebrauch durch einen Dritten könne die Herkunftsfunktion der Marke beeinträchtigen. Ferner folge aus § 16 WZG[215], wonach bestimmte Benutzungsarten bei nicht zeichenmäßigem Gebrauch freigestellt sind, daß der zeichenmäßige Gebrauch rechtliche Voraussetzung des Markenschutzes sei[216].

Der erforderliche zeichenmäßige Gebrauch lag nach ständiger Rechtsprechung[217] dann vor, wenn im geschäftlichen Verkehr eine Bezeichnung zur

---

[212] BGH, GRUR 1971, 251 (251) – Oldtimer; BGH, GRUR 1974, 84 (86) – Trumpf; BGH, GRUR 1977, 789 (790) – Tina-Spezialversand; BGH, GRUR 1981, 362 (364) – Aus der Kurfürst-Quelle.

[213] *Baumbach/Hefermehl*, WZG, 12. Aufl., § 15 Rn. 22; *Busse/Stark*, WZG, 6. Aufl., § 15 Rn. 15; *Althammer*, WZG, § 16 Rn. 7; *v. Gamm*, GRUR 1974, 539 (540f.). Anderer Ansicht: *Heydt*, Anmerkung zum Oldtimer-Urteil GRUR 1971, 253 (253ff.); *Heydt*, GRUR 1976, 7 (9ff.); *Fezer*, GRUR 1977, 616 (618). Nach dieser Gegenmeinung war der zeichenmäßige Gebrauch keine Bedingung zeichenrechtlicher Ansprüche.

[214] BGH, GRUR 1957, 433 (434) – Hubertus; *v. Gamm*, GRUR 1974, 539 (540); *Baumbach/Hefermehl*, WZG, 12. Aufl., § 15 Rn. 22, Einl Rn. 15; *Busse/Stark*, WZG, § 15 Rn. 21; *Althammer*, WZG, § 16 Rn. 7.

[215] § 16 WZG lautete: „Durch die Eintragung eines Warenzeichens wird niemand gehindert, seinen Namen, seine Firma, seine Wohnung sowie Angaben über Art, Zeit und Ort der Herstellung... im Geschäftsverkehr zu gebrauchen, sofern der Gebrauch nicht warenzeichenmäßig erfolgt". Das gesamte WZG ist durch das am 1.1.1995 in Kraft getretene Markengesetz abgelöst worden.

[216] Gegen dieses Argument brachte *Heydt* (Anmerkung zum Oldtimer-Urteil, GRUR 1971, 253 (235f.) sowie GRUR 1976, 7 (9)) vor, daß § 16 WZG die Grenzen des Markenschutzes abstecke und eine solche Schutzbegrenzung für bestimmte Fälle des nicht zeichenmäßigen Gebrauchs wenig einleuchtend sei und leerlaufe, wenn der Markenschutz schon seinen allgemeinen Voraussetzungen nach sich allein gegen den zeichenmäßigen Gebrauch richten würde.
Als weiteres Argument wurde von der herrschenden Meinung angeführt, daß sich das Erfordernis des zeichenmäßigen Gebrauchs auch aus § 15 I WZG ergebe, nach dem allein dem Warenzeicheninhaber das Recht zusteht, die Ware „mit dem Warenzeichen zu versehen".

[217] RGZ 149, 335 (342) – Kaffeekanne; BGH, GRUR 1968, 365 (365) – praliné; BGH, GRUR 1974, 84 (86) – Trumpf; BGH, GRUR 1981, 362 (364) – Aus der Kurfürst-Quelle;

Kennzeichnung einer Ware oder Dienstleistung derart verwendet wurde, daß der unbefangene und flüchtige Durchschnittsabnehmer annehmen konnte, die Bezeichnung diene zur Unterscheidung der mit ihr gekennzeichneten Ware oder Dienstleistung von gleichen oder gleichartigen Waren oder Dienstleistungen anderer Herkunft, weise also auf den Ursprung der Ware oder Dienstleistung aus einem bestimmten Geschäftsbetrieb hin. Dabei wurde im Interesse eines umfassenden Kennzeichenschutzes der Begriff des zeichenmäßigen Gebrauchs weit gefaßt. Schon wenn die objektiv nicht völlig fernliegende Möglichkeit bestand, daß ein nicht unerheblicher Teil der maßgebenden Verkehrskreise in der Bezeichnung einen Hinweis auf die betriebliche Herkunft der gekennzeichneten Waren oder Dienstleistungen erblickte, war von einem zeichenmäßigen Gebrauch auszugehen[218].

Auch für den Schutz der geschäftlichen Bezeichnungen gemäß § 16 UWG a.F.[219] wurde gefordert, daß die geschäftliche Bezeichnung kennzeichenmäßig – genauer: namens-, firmen- bzw. titelmäßig – verwendet wird[220]. Die für § 16 UWG a.F. erforderliche Verwechslungsgefahr setze nämlich eine kennzeichenmäßige Benutzung der geschäftlichen Bezeichnung voraus. Denn wenn der Verkehr nicht an einen Herkunftshinweis auf ein Unternehmen denke, könne er auch keiner Verwechslung unterliegen[221].

BGH, GRUR 1982, 229 (230) – Klix/Klick; BGH, GRUR 1985, 970 (972) – Shamrock I; LG Köln, GRUR 1989, 515 (515).

[218] *Baumbach/Hefermehl*, WZG, 12. Aufl., § 15 Rn. 24; *Busse/Stark*, WZG, § 16 Rn.14; BGH, GRUR 1959, 130 (133) – Vorrasur-Nachrasur; BGH, GRUR 1961, 280 (281) – Tosca; BGH, GRUR 1962, 647 (648) – Strumpf-Zentrale; BGH, GRUR 1981, 592 (593) – Championne du Monde; BGH, GRUR 1991, 609 (610) – SL.
Weiterhin wurde es für die Annahme eines zeichenmäßigen Gebrauchs auch als ausreichend erachtet, wenn sich die Zeichenverwendung einem nicht ganz unbeachtlichen Teil des Verkehrs als Werbemaßnahme des Kennzeicheninhabers darstellen konnte (vgl. BGH, GRUR 1994, 808 (812) – Markenverunglimpfung I MARS; BGH, GRUR 1995, 57 (60) – Markenverunglimpfung II NIVEA) oder wenn durch die Zeichenverwendung im Verkehr der Eindruck entstehen konnte, daß irgendwelche wirtschaftlichen oder organisatorischen Verbindungen zwischen Zeicheninhaber und Produkthersteller bestehen (vgl. BGH, GRUR 1983, 247 (248) – Rolls-Royce).

[219] Die Vorschrift des § 16 UWG a.F., nach der im früheren Recht geschäftliche Bezeichnungen geschützt wurden, ist mit Inkrafttreten des Markengesetzes aufgehoben und durch die §§ 5, 15 MarkenG ersetzt worden.

[220] BGH, GRUR 1979, 564 (565) – Metall-Zeitung; BGH, GRUR 1973, 265 (266) – Charme & Chic

[221] *Baumbach/Hefermehl*, Wettbewerbsrecht, 17. Aufl., § 16 Rn. 3; *Großkommentar UWG-Teplitzky*, § 16 Rn. 283; *Gloy-Schultz-Süchting*, Hdb. des Wettbewerbsrechts, § 58 Rn. 120; *v. Gamm*, Wettbewerbsrecht, 5. Aufl., S. 1113.

(2) Rechtslage nach dem neuen Markengesetz

Das am 1.1.1995 in Kraft getretene neue Markengesetz[222] setzt die europäische Markenrechtsrichtlinie[223] in das deutsche Recht um[224]. Es geht jedoch über eine bloße Umsetzung der Richtlinie weit hinaus, indem es vor allem durch zusätzliche Änderungen im materiellen Markenrecht sowie durch Einbeziehung des Rechts der geschäftlichen Bezeichnungen und der geographischen Herkunftsbezeichnungen eine Gesamtreform des überalterten und zersplitterten deutschen Kennzeichenrechts unternimmt. Im Markengesetz sind insbesondere auch Umfang und Grenzen des Schutzes von Marken und geschäftlichen Bezeichnungen neu geregelt worden. So wird der vor Inkrafttreten des Markengesetzes im Warenzeichengesetz normierte Schutz des Inhabers einer Marke gegen eine Benutzung durch Dritte nun durch § 14 MarkenG festgelegt, und der früher nach § 16 UWG a.F. gewährte Schutz des Inhabers einer geschäftlichen Bezeichnung gegen eine Benutzung durch Dritte ist jetzt in § 15 MarkenG geregelt.

Ob §§ 14, 15 MarkenG trotz Fehlens eines entsprechenden ausdrücklichen Hinweises nur gegen kennzeichenmäßige Benutzungshandlungen Schutz bieten, muß durch Auslegung entschieden werden. Dabei ist zu beachten, daß § 14 I-III MarkenG auf einer fast wortgetreuen Umsetzung des Art. 5 I-III MarkenRL beruht[225], der aufgrund bindender Vorgaben dazu zwingt, den Schutzinhalt der Marke nach § 14 MarkenG richtlinienkonform zu bestimmen[226]. Anders als §

---

[222] Durch Art. 1 des Gesetzes zur Reform des Markenrechts und zur Umsetzung der Ersten Richtlinie 89/104/EWG des Rates vom 21. Dezember 1988 zur Angleichung der Rechtsvorschriften der Mitgliedstaaten über die Marken (Markenrechtsreformgesetz) vom 25. Oktober 1994 wurde das Gesetz über den Schutz von Marken und sonstigen Kennzeichen (Markengesetz – MarkenG) erlassen, BGBl. 1994 I S. 3082ff.

[223] Erste Richtlinie 89/104/EWG des Rates zur Angleichung der Rechtsvorschriften der Mitgliedstaaten über die Marken vom 21. Dezember 1988, ABl. EG 1989 Nr. L 40 S. 1ff., im folgenden als Markenrechtsrichtlinie oder MarkenRL zitiert.

[224] Zur Umsetzung der Markenrechtsrichtlinie wurden im Markenrechtsreformgesetz neben dem Markengesetz noch weitere Vorschriften beschlossen. Das Markengesetz stellt aber das Herzstück der Richtlinienumsetzung dar.

[225] Abgesehen von der geänderten Gliederung beruhen die Formulierungsunterschiede allein darauf, daß § 14 I-III MarkenG im Gegensatz zur Markenrechtsrichtlinie nicht nur eingetragene Marken, sondern auch die kraft Verkehrsgeltung oder Notorietät geschützten Marken (§ 4 Nr. 2, 3 MarkenG) erfaßt.

[226] Die Markenrechtsrichtlinie hat nicht nur Auswirkungen auf die vom zwingenden Umsetzungsgebot betroffenen Regelungen in § 14 I, II Nr. 1, 2 MarkenG, sondern auch für die auf Kann-Bestimmungen der Markenrechtsrichtlinie beruhenden Regelungen in § 14 II Nr. 3, III MarkenG (*Keller*, GRUR 1996, 607 (608)). Außerdem schlagen die unmittelbar nur eingetragene Marken betreffenden Harmonisierungsvorgaben auch auf die kraft Verkehrsgeltung oder Notorietät geschützten Marken durch, da § 14 MarkenG einheitlich für alle Markenarten gilt (vgl. *Ingerl/Rohnke*, Markengesetz, § 14 Rn. 53).

14 MarkenG beruht der im Zuge der Gesamtreform in das Markengesetz integrierte Schutz geschäftlicher Bezeichnungen gemäß § 15 MarkenG nicht auf Vorgaben der Markenrechtsrichtlinie, da diese nach ihrem Art. 1 auf den Markenschutz kraft Eintragung beschränkt ist. Eine zweispurige Begriffsbildung innerhalb des Markengesetzes wird jedoch im Interesse einer Einheitlichkeit des Kennzeichenschutzes abgelehnt[227], so daß die Markenrechtsrichtlinie mittelbar auch auf die Auslegung des Benutzungsbegriffs im Recht der geschäftlichen Bezeichnungen ausstrahlt[228].

In Anbetracht der erforderlichen richtlinienkonformen Auslegung verbietet sich ein unbesehener Rückgriff auf die früheren deutschen Grundsätze über den zeichenmäßigen Gebrauch. Ob nach neuem Recht die §§ 14, 15 MarkenG nur gegen kennzeichenmäßige Benutzungshandlungen Schutz bieten, ist – bei bisherigem Fehlen einer Entscheidung des Bundesgerichtshofs – heftig umstritten.

(a) Kennzeichenmäßige Benutzung erfordernde Ansicht

Die instanzgerichtliche Rechtsprechung[229] sowie ein Teil der Literatur[230] verlangen weiterhin eine kennzeichenmäßige Benutzung als Schutzvoraussetzung und verweisen darauf, daß der 10. Erwägungsgrund der Markenrechtsrichtlinie ausdrücklich hervorhebt, daß es Zweck des Markenschutzes ist, „insbesondere

---

[227] *Fezer*, Anm. zu BGH GRUR 1995, 825 (827); *Fezer*, Markenrecht, § 15 Rn. 3; *Keller*, GRUR 1996, 607 (608); *Kur*, CR 1996, 590 (592, Fn. 16).

[228] *Keller*, GRUR 1996, 607 (608).

[229] KG, WRP 1997, 85 (85f.) – Alles wird Teurer; OLG Hamburg WRP 1996, 572 (576) – Les Paul Gitarren (ohne Begründung); OLG Hamburg WRP 1997, 106 (108) – Gucci (aus der Verwechslungsgefahr abgeleitet). Teilweise wurde die Streitfrage nach der Notwendigkeit einer kennzeichenmäßigen Benutzung auch wegen Vorliegens einer solchen Benutzung offengelassen, vgl. LG Braunschweig, CR 1998, 364 (365) – deta.com. Der Bundesgerichtshof hat zwar über diese Grundsatzfrage zum Markengesetz bisher noch nicht entschieden, ist jedoch in zwei obiter dicta ohne Begründung von der Erforderlichkeit einer kennzeichenmäßigen Benutzung als Schutzvoraussetzung ausgegangen: BGH, GRUR 1995, 354 (358) – Rügenwalder Teewurst II; BGH, GRUR 1996, 68 (70) – COTTON LINE.

[230] *Keller*, GRUR 1996, 607 (608ff.); *Keller*, Rufausbeutung S. 12f.; *Sack*, GRUR 1995, 81 (93f.), *Piper*, GRUR 1996, 429 (434); *Kunz-Hallstein*, GRUR Int. 1990, 747 (757); *Ernst-Moll*, GRUR 1993, 8 (17); *Wagner*, ZHR 162 (1998), 701 (707) (allein auf Art. 5 MarkenRL gestützt); *Hoeren/Sieber-Viefhues*, Hdb. Multimedia-Recht, Teil 6 Rn. 41; *Deutsch*, GRUR 1995, 319 (321) (ohne Begründung); *Loewenheim*, MA 1991, 238 (248) (ohne Begründung); *Völker/Weidert*, WRP 1997, 652 (658) (ohne Begründung); *Lehmann*, Festschrift für Fikentscher, 943 (949) (ohne Begründung); *v. Gamm*, WRP 1993, 793 (797f.), differenzierend nach den einzelnen Kollisionstatbeständen des § 14 II MarkenG und lediglich in den Fällen der Nr. 2 und 3 kennzeichenmäßige Benutzung voraussetzend.

die Herkunftsfunktion der Marke zu gewährleisten"[231]. Die Herkunftsfunktion, aus der bisher die Begründung für das Erfordernis eines zeichenmäßigen Gebrauchs hergeleitet wurde, stehe also im neuen Markenrecht im Vordergrund. Vor allem aber ergebe sich die Notwendigkeit kennzeichenmäßiger Benutzung aus Art. 5 V MarkenRL[232]. Danach berühren die Regelungen über die Rechte eines Markeninhabers in Art. 5 I-IV MarkenRL nicht die in einem Mitgliedstaat geltenden Bestimmungen über den Schutz gegen die Verwendung eines Zeichens „zu anderen Zwecken als der Unterscheidung von Waren oder Dienstleistungen". Aus dieser Vorschrift, die weitere Bestimmungen der Mitgliedstaaten gegen eine nicht zeichenmäßige Benutzung gerade erst erlaube, werde deutlich, daß die Vorgaben der Markenrechtsrichtlinie und dementsprechend die Regelungen der §§ 14, 15 MarkenG alleine eine kennzeichenmäßige Benutzung beträfen.

(b) Gegenansicht

Ein Teil des Schrifttums[233] lehnt dagegen das Erfordernis einer kennzeichenmäßigen Benutzung als Schutzvoraussetzung ab. Da nach dem neuen Markengesetz die Herkunftsfunktion zwar eine wesentliche Funktion der Marke ist, jedoch anders als nach der Rechtslage im Warenzeichenrecht nicht mehr die allein rechtlich geschützte Markenfunktion darstelle[234], sei das traditionell aus der Beschränkung des Markenschutzes auf die Herkunftsfunktion hergeleitete Erfordernis der kennzeichenmäßigen Benutzung im neuen Markenrecht keine legitime Schutzvoraussetzung mehr[235]. Dem Argument, aus Art. 5 V MarkenRL folge, daß sowohl die Markenrechtsrichtlinie als auch das Markengesetz Markenschutz (und entsprechend auch Schutz geschäftlicher Bezeichnungen) nur gegen kennzeichenmäßige Benutzungshandlungen gewähren, wird entgegen-

---

[231] KG, WRP 1997, 85 (86) – Alles wird Teurer; *Piper*, GRUR 1996, 429 (434); *Keller*, GRUR 1996, 607 (608).

[232] KG, WRP 1997, 85 (86) – Alles wird Teurer; *Keller*, GRUR 1996, 607 (609); *Sack*, GRUR 1995, 81 (94); *Kunz-Hallstein*, GRUR Int. 1990, 747 (757); *Piper*, GRUR 1996, 429 (434); *Ernst-Moll*, GRUR 1993, 8 (17); *Wagner*, ZHR 162 (1998), 701 (707).

[233] *Fezer*, Markenrecht, § 14 Rn. 31ff.; *Fezer*, GRUR 1996, 566 (568ff.); *Starck*, GRUR 1996, 688 (690ff.); *Ingerl/Rohnke*, NJW 1994, 1247 (1252); *Althammer/Ströbele/Klaka-Klaka*, Markengesetz, § 14 Rn. 67; *Schmieder*, NJW 1997, 2908 (2914); *Schmieder*, NJW 1994, 1241 (1244); *Eichnmann*, GRUR 1998, 201 (208f.); *Kraft*, GRUR 1991, 339 (342); *Kur*, CR 1996, 590 (591f.); *Hoeren*, Recht des Internet, S. 25 (ohne Begründung).

[234] Siehe die Ausführungen in der Begründung zu § 24 MarkenG, BT-Drucks. 12/6581 vom 14. Januar 1994, S. 82, sowie den 10. Erwägungsgrund der Markenrechtsrichtlinie, ABl. EG 1989 Nr. L 40 S. 2. Ausführlich zur Herkunftsfunktion im neuen Markenrecht, *Tilmann*, ZHR 158 (1994), 371 (380ff.). Siehe auch *Fezer*, Markenrecht, Einl Rn. 35.

[235] *Fezer*, GRUR 1996, 566 (569f.); *Fezer*, Markenrecht, § 14 Rn. 36; *Ingerl/Rohnke*, Markengesetz, § 14 Rn. 54; *Kraft*, GRUR 1991, 339 (342).

gehalten, daß aufgrund der Formulierung der Zeichenverwendung „zur Unterscheidung von Waren oder Dienstleistungen“ nicht die Übernahme des Erfordernisses kennzeichenmäßiger Benutzung im Sinne der deutschen Rechtsprechung zum Warenzeichengesetz gerechtfertigt werden könne[236]. Denn die Abgrenzung nach der Verwendung als Unterscheidungsmittel – wie z.B. auch in der Markendefinition nach Art. 2 MarkenRL bzw. § 3 I MarkenG – sei wesentlich weiter als die herkunftskennzeichnende Benutzung im Sinne der herkömmlichen Auslegung des Warenzeichengesetzes[237]. Darüber hinausgehend wird zum Teil dem Art. 5 V MarkenRL überhaupt jede Bedeutung für den Benutzungsbegriff abgesprochen, weil die Vorschrift nur die außermarkenrechtliche Regelungskompetenz der Mitgliedstaaten wahren wolle und aufgrund des Vorbehalts einer mitgliedstaatlichen Regelungskompetenz nicht im Wege des Umkehrschlusses der Markenschutz beschränkt werden könne[238].

(c) „BMW“-Entscheidung des EuGH

Die letztverbindliche Klärung des Benutzungsbegriffs in § 14 MarkenG kann nur durch den EuGH erfolgen[239], wobei sich diese Entscheidung dann mittelbar auch auf die Auslegung des in § 15 MarkenG enthaltenen Benutzungsbegriffs auswirkt.

Der EuGH hat sich in jüngster Zeit in der „BMW“-Entscheidung zu der Frage des Erfordernisses einer markenmäßigen Benutzung geäußert[240]. Darin bestimmt der EuGH, daß die Anwendung der Kollisionstatbestände des Art. 5 I, II MarkenRL (dem § 14 II Nr. 1 bis 3 MarkenG entspricht) davon abhänge, ob die Marke zur Unterscheidung von Waren oder Dienstleistungen als solchen eines

---

[236] *Ingerl/Rohnke*, Markengesetz, § 14 Rn. 53.

[237] Vergleiche auch *Kur* (GRUR 1997, 241 (250)), die darauf hinweist, daß nach der in Frankreich und im Vereinigten Königreich herrschenden Ansicht die Benutzung zur Unterscheidung keineswegs mit der Benutzung zu Kennzeichnungszwecken gleichgesetzt wird.

[238] *Fezer*, GRUR 1996, 566 (570f.); *Fezer*, Markenrecht, § 14 Rn. 38.

[239] Vgl. die Vorlageentscheidung BGH GRUR 1996, 607 (608) – Springende Raubkatze; *Keller*, GRUR 1996, 607 (608); *Ingerl/Rohnke*, Markengesetz, § 14 Rn. 56.

[240] EuGH, GRUR Int. 1999, 438ff. – BMW. In dieser Entscheidung bestimmt der EuGH den Anwendungsbereich des Art. 5 I, II MarkenRL, dem die Kollisionstatbestände des § 14 II Nr. 1 bis 3 MarkenG entsprechen, in Abgrenzung zu Art. 5 V MarkenRL, der die Option der Mitgliedsstaaten zu einem weitergehenden Markenschutz normiert.
Zu der „BMW“-Entscheidung vgl. auch *Stark*, MarkenR 2000, 73 (74f.); *Nägele*, MarkenR 1999, 177 (178f.); *Verkade/Bruining*, MarkenR 2000, 41 (41ff.); *Fezer*, Markenrecht, § 14 Rn. 30c, d; *Althammer/Ströbele/Klaka-Klaka*, Markengesetz, § 14 Rn. 67f.; *Kur*, MarkenR 2001, 137 (141).

bestimmten Unternehmens, also als Marke benutzt werde, oder ob die Benutzung zu anderen Zwecken erfolge[241].

Im konkreten Fall, in dem der Inhaber einer KFZ-Werkstatt unter Verwendung der Marke BMW in der Werbung darauf hinwies, daß er Gebrauchtfahrzeuge der Marke BMW veräußert und auch Reparaturen und Wartungen an Fahrzeugen dieser Marke durchführt, bejahte der EuGH eine Benutzung als Marke im Sinne seiner Definition. Denn der Unternehmer habe die Marke BMW in der Werbung dazu benutzt, um seine Dienstleistungen, nämlich den Verkauf gebrauchter Fahrzeuge der Marke BMW sowie die Durchführung von Reparaturen und Wartungen an Fahrzeugen dieser Marke, von anderen Dienstleistungen, nämlich dem Verkauf gebrauchter Fahrzeuge anderer Hersteller sowie der Durchführung von Reparaturen und Wartungen an Fahrzeugen anderer Hersteller, zu unterscheiden. Die Marke BMW sei insofern vom Werbenden benutzt worden, um die Herkunft der Waren zu bestimmen, die Gegenstand seiner Verkaufs- bzw. Werkstattsdienstleistung sind, also um diese Waren von anderen Waren zu unterscheiden, die Gegenstand derselben Dienstleistung sein könnten[242].

Dieses Verständnis eines markenmäßigen Gebrauchs stimmt nicht mit der üblichen Definition im deutschen Recht überein[243]. Die Definition des EuGH geht vielmehr weit darüber hinaus und erfaßt auch die Verwendung der Marke zu Unterscheidungszwecken in Fällen, in denen die Marke wie im Fall BMW nicht selbst die Waren oder Dienstleistungen kennzeichnet, sondern nur mittelbar zur Beschreibung eines Gegenstandes verwendet wird, um dadurch die Unterscheidung von anderen Waren oder Dienstleistungen zu erreichen[244]. Erfaßt wird also auch ein beschreibender Gebrauch der Marke im geschäftlichen Verkehr, sofern dies zur – wenn auch nur mittelbaren – Unterscheidung von Waren und Dienstleistungen erfolgt.

In Anbetracht dieses sehr extensiven Verständnisses des EuGH bezüglich des Begriffs der Markenbenutzung läßt sich jedenfalls die Annahme, daß es zur Bejahung einer Markenrechtsverletzung einer kennzeichenmäßigen Benutzung im Sinne der traditionellen Auffassung zum Warenzeichengesetz bedürfe, mit

---

[241] EuGH, GRUR Int. 1999, 438 (441 Tz. 38) – BMW.

[242] EuGH, GRUR Int. 1999, 438 (441 Tz. 38f.) – BMW.

[243] Zur traditionellen Definition im deutschen Recht siehe S. 52f.
Eine Abgrenzung nach der Verwendung der Marke als Unterscheidungsmittel bezüglich der Produktidentität ist wesentlich weiter als eine Abgrenzung im Sinne der herkömmlichen Auslegung des Warenzeichengesetzes nach der Verwendung als Unterscheidungsmittel bezüglich der Herkunftsidentität, vgl. *Fezer*, Markenrecht, § 14 Rn. 48.

[244] Vgl. *Nägele*, MarkenR 1999, 177 (179).

einer richtlinienkonformen Auslegung des Markengesetzes nicht mehr vereinbaren[245]. In der Literatur wird zum Teil aus der „BMW"-Entscheidung weitergehend gefolgert, daß nun jede Benutzung einer Marke im geschäftlichen Verkehr, die die Grundfunktion der Marke zur Unterscheidung von Waren und Dienstleistungen betrifft, als Markenbenutzung im Sinne der markenrechtlichen Verletzungstatbestände anzusehen sei[246].

Letztlich wird der EuGH den Anwendungsbereich der markenrechtlichen Verletzungstatbestände in zukünftigen Entscheidungen noch weiter zu präzisieren haben, bevor von einer endgültigen Klärung der Rechtslage gesprochen werden kann[247].

(3) Relevanz der Kontroverse

Die Streitfrage, ob auch nach dem neuen Markengesetz der kennzeichenrechtliche Schutz eine kennzeichenmäßige Benutzung im engen Sinne der deutschen Rechtsprechung zum Warenzeichengesetz voraussetzt, ist wegen der erforderlichen richtlinienkonformen Auslegung des Markengesetzes nach Erlaß der „BMW"-Entscheidung des EuGH zu verneinen.

Eine nähere Präzisierung der vom EuGH in der „BMW"-Entscheidung vorgenommenen weiten Auslegung des Begriffs einer Benutzung als Marke wäre für den vorliegenden Fall irrelevant und braucht nicht vorgenommen zu werden, wenn die Verwendung einer Marke oder einer geschäftlichen Bezeichnung als Domain-Name eine kennzeichenmäßige Benutzung im Sinne der herkömmlichen Rechtsprechung darstellt. Wenn schon nach diesem engen Verständnis eine kennzeichenmäßige Benutzung zu bejahen ist, so liegt jedenfalls auch nach dem weiteren Verständnis des EuGH eine Benutzung als Kennzeichen vor.

---

[245] Vgl. *Fezer*, Markenrecht, § 14 Rn. 30d und wohl auch *Stark*, MarkenR 2000, 73 (75).

[246] *Althammer/Ströbele/Klaka-Klaka*, Markengesetz, § 14 Rn. 67f.; *Nägele*, MarkenR 1999, 177 (178f.); *Fezer*, Markenrecht, § 14 Rn. 30d.
Insofern seien auch Sachverhalte, wie sie etwa den Entscheidungen BGH, GRUR 1983, 247 (247ff.) – Rolls-Royce, BGH, GRUR 1988, 453 (453ff.) – Ein Champagner unter den Mineralwässern und BGH, GRUR 1994, 634 (634ff.) – Pulloverbeschriftung zugrunde lagen und bei denen eine kennzeichenmäßige Benutzung im Sinne der traditionellen deutschen Auffassung eindeutig nicht gegeben war, jetzt – nach dem extensiven Verständnis des EuGH – als Markenrechtsverletzung zu erfassen, vgl. *Althammer/Ströbele/Klaka-Klaka*, Markengesetz, § 14 Rn. 68.

[247] Vgl. auch *Fezer*, Markenrecht, § 14 Rn. 50, der ausführt, daß eine endgültige Klärung der Rechtslage durch den EuGH noch nicht erfolgt sei, und *Kur*, MarkenR 2001, 137 (141), die ausführt, daß durch die „BMW"-Entscheidung noch nicht alle Zweifelsfragen abschließend geklärt seien.

bbb) Kennzeichenmäßige Benutzung bei Verwendung eines mit einer Marke oder geschäftlichen Bezeichnung identischen Domain-Namens durch ein Konkurrenzunternehmen ?

Zu prüfen ist somit, ob die Verwendung eines mit einer Marke oder geschäftlichen Bezeichnung identischen Domain-Namens durch ein Konkurrenzunternehmen eine kennzeichenmäßige – genauer eine markenmäßige, unternehmenskennzeichnende oder titelmäßige – Benutzung[248] im Sinne der Rechtsprechung zum früheren Warenzeichengesetz und zu § 16 UWG a.F. darstellt.

Eine markenmäßige Benutzung im Sinne der früheren Rechtsprechung ist gegeben, wenn der Domain-Name in Bezug auf eine Ware oder Dienstleistung derart gebraucht wird, daß ein nicht unerheblicher Teil der angesprochenen Verkehrskreise annehmen kann, der Domain-Name diene als Hinweis auf die Herkunft der gekennzeichneten Ware oder Dienstleistung aus einem bestimmten Geschäftsbetrieb bzw. als Unterscheidungsmerkmal gegenüber Waren oder Dienstleistungen anderer Herkunft. Eine unternehmenskennzeichnende oder titelmäßige Benutzung eines Domain-Namens liegt vor, wenn der Domain-Name zur Kennzeichnung eines Unternehmens oder eines Werkes derart verwendet wird, daß ein nicht unerheblicher Teil des angesprochenen Verkehrs in dem Domain-Namen einen Hinweis auf ein Unternehmen oder ein Werk bzw. ein Unterscheidungsmerkmal gegenüber anderen Unternehmen oder Werken

[248] Dabei ist es für die Bejahung kennzeichenmäßiger Benutzung unerheblich, in welcher Verwendungsform (markenmäßig, unternehmenskennzeichnend oder titelmäßig) die Kennzeichen verwendet werden. Eine markenmäßige Benutzung wird nicht nur bei markenmäßiger Verwendung einer Marke angenommen, sondern auch wenn eine fremde Marke als Unternehmenskennzeichen verwendet wird, da ein Unternehmenskennzeichen zwar unmittelbar das Unternehmen kennzeichnet, mittelbar aber zugleich die Produkte des Unternehmens ihrer betrieblichen Herkunft nach individualisiert. Entsprechend wird zu einer unternehmenskennzeichnenden Benutzung neben der unternehmenskennzeichnenden Verwendung eines Unternehmenskennzeichens auch die Verwendung eines fremden Unternehmenskennzeichens als Marke gezählt, da die Marke auf ein bestimmtes Unternehmen verweist. Außerdem wird von einer unternehmenskennzeichnenden bzw. markenmäßigen Benutzung ausgegangen, wenn ein fremdes Unternehmenskennzeichen bzw. eine fremde Marke als Werktitel verwendet wird, soweit der Werktitel nicht nur – wie im Regelfall – zur Unterscheidung des Werkes von anderen Werken dient, sondern vom Verkehr als Hinweis auf ein Unternehmen oder die betriebliche Herkunft eines Produktes verstanden wird. Schließlich wird eine titelmäßige Benutzung nicht nur bei titelmäßiger Verwendung eines Werktitels, sondern auch bei Gebrauch eines Titels als Unternehmenskennzeichen oder Marke in Betracht gezogen. Vgl. *Baumbach/Hefermehl*, WZG, 12. Aufl., § 15 Rn. 27f.; *v. Gamm*, Wettbewerbsrecht, 3.Aufl., § 16 Rn. 1; *Großkommentar UWG-Teplitzky*, § 16 Rn. 285; *Baumbach/Hefermehl*, UWG, 17. Aufl., § 16 Rn. 99, 116. Zum früheren Rechtszustand siehe auch die Darstellungen von *Fezer*, Markenrecht, § 14 Rn. 52, 55f., § 15 Rn. 121, 161 und *Ingerl/Rohnke*, Markengesetz, § 14 Rn. 64, 66, § 15 Rn. 25, 80.

erblicken kann[249]. Dabei wird der Begriff der kennzeichenmäßigen Benutzung im Interesse eines umfassenden Kennzeichenschutzes weit gefaßt. Es genügt die objektiv nicht völlig fernliegende Möglichkeit, daß ein nicht ganz unerheblicher Teil der angesprochenen Verkehrskreise zu der Vorstellung gelangen kann, die Bezeichnung diene als Hinweis auf ein Unternehmen, ein Werk oder die betriebliche Herkunft der gekennzeichneten Waren oder Dienstleistungen[250]. Im Zweifel spricht bei Verwendung fremder Kennzeichen oder von Bestandteilen solcher Kennzeichen die Vermutung für eine kennzeichenmäßige Benutzung[251].

Um die Auffassung der angesprochenen Verkehrskreise zu ermitteln, ist auf den unbefangenen und flüchtigen Durchschnittsbetrachter abzustellen[252] und sind insbesondere die konkrete Art der Benutzung der Bezeichnung sowie die Natur der Bezeichnung zu berücksichtigen[253]. Bei den verschiedenen Benutzungsarten gilt, daß eine kennzeichenmäßige Benutzung um so eher anzunehmen ist, je enger die Bezeichnung – räumlich oder im übertragenen Sinne – in Beziehung zu einer Ware oder Dienstleistung, zu einem Unternehmen oder zu einem Werk gesetzt wird[254]. So ist z.B. bei Anbringung eines Zeichens unmittelbar auf der Ware grundsätzlich eine kennzeichenmäßige Verwendung anzunehmen. Eine solche unmittelbare körperliche Verbindung ist jedoch nicht erforderlich. Ausreichend ist vielmehr, daß die Verbindung des Zeichens mit der Ware so nahe ist, daß zwischen den Zeichen und der Ware eine gedankliche Beziehung hergestellt wird, die von den beteiligten Verkehrskreisen als Kennzeichnung der Ware nach ihrer Herkunft aufgefaßt werden kann[255]. Dementsprechend wurde die

---

249 Der Werktitel, der auf ein Werk hinweist und der Unterscheidung des bezeichneten Werkes von anderen Werken dient, stellt nicht notwendigerweise einen Hinweis auf die Herkunft des bezeichneten Werkes aus einem bestimmten Unternehmen (Verlag) dar, BGH, GRUR 1994, 908 (910) – WIR IM SÜDWESTEN. Anders als Marke und Unternehmenskennzeichen enthält der Werktitel nicht zwingend einen Herkunftshinweis. Gleichwohl kann der Werktitel im Einzelfall jedoch auch die Herkunft des Werkes kennzeichnen.

250 *Baumbach/Hefermehl*, WZG, 12. Aufl., § 15 Rn. 24; *Busse/Stark*, WZG, § 16 Rn.14; BGH, GRUR 1959, 130 (133) – Vorrasur-Nachrasur; BGH, GRUR 1961, 280 (281) – Tosca; BGH, GRUR 1962, 647 (648) – Strumpf-Zentrale; BGH, GRUR 1981, 592 (593) – Championne du Monde; BGH, GRUR 1991, 609 (610) – SL.

251 BGH, GRUR 1959, 130 (133) – Vorrasur-Nachrasur; BGH, GRUR 1961, 280 (281) – Tosca; BGH, GRUR 1995, 57 (60) – Markenverunglimpfung II.

252 BGHZ 8, 202 (206) – Kabelkennstreifen; BGH, GRUR 1984, 354 (356) – Tina-Spezialversand II.

253 *Großkommentar UWG-Teplitzky*, § 16 Rn. 291.

254 *Großkommentar UWG-Teplitzky*, § 16 Rn. 298. So steht z.B. bei unmittelbarer Übernahme einer Bezeichnung in die Firma, die Marke oder den Werktitel die kennzeichenmäßige Benutzung grundsätzlich außer Frage.

255 RGZ 155, 374 (379) – Kaffeemühle; RG, GRUR 1939, 798 (800) – Dreiarmleuchter; BGH, GRUR 1962, 647 (649) – Strumpf-Zentrale.

Abbildung eines Kennzeichens an der Eingangstür[256] oder im Schaufenster[257] einer Verkaufsstätte als Hinweis auf die Herkunft der in dem Geschäft angebotenen Produkte und damit als kennzeichnende Benutzung beurteilt. Weiterhin wurde kennzeichenmäßige Benutzung auch angenommen bei Verwendung einer Bezeichnung in Geschäftsbriefen, Rechnungen, Preislisten[258], auf Titelblättern von Werken sowie bei der Verwendung einer Bezeichnung in Werbemitteln, wie Anzeigen, Katalogen[259], Prospekten und Werbefilmen[260]. Die blickfangmäßige oder schlagwortartige Herausstellung eines fremden Zeichens, wie etwa eine Hervorhebung im Druck, verstärkt im Verkehr die Annahme einer kennzeichenmäßigen Benutzung[261].

Wird die mit dem fremden Kennzeichen identische Bezeichnung nicht in Alleinstellung, sondern als Element eines Gesamtzeichens verwendet, so bedarf es weiterer Umstände als Grundlage für die Auffassung des Verkehrs, daß der übernommene Zeichenbestandteil kennzeichenmäßig verwendet wird. Solche Umstände können zum Beispiel in der Stellung des Bestandteils oder seiner Hervorhebung innerhalb des Gesamtzeichens zu sehen sein[262].

(1) Domain-Namen als technischer Adresscode

Möglicherweise werden Domain-Namen in Anbetracht ihrer technischen Funktion von den angesprochenen Verkehrskreisen nur als technischer Adresscode, also als technische Kennung zur Kontaktaufnahme im Internet verstanden. Vom Internetnutzer eingegebene Domain-Namen werden nämlich durch das Domain-Namen-System in die entsprechenden numerischen IP-Adressen umgewandelt,

---

[256] BGH, GRUR 1962, 647 (649) – Strumpf-Zentrale.

[257] RGZ 155, 374 (379) – Kaffeemühle.

[258] RG, GRUR 1938, 348 (349f.) – Wein - eingefangener Sonnenschein; BGH, GRUR 1955, 490 (492) – Heynemann.

[259] BGH, GRUR 1961, 280 (281) – Tosca.

[260] *Baumbach/Hefermehl*, WZG, 12. Aufl., § 15 Rn. 29; *Großkommentar UWG-Teplitzky*, § 16 Rn. 299; v. *Gamm*, Wettbewerbsrecht, 3. Aufl. § 16 Rn. 10. Heute zeigt § 14III Nr. 5 MarkenG, daß nicht mehr nur die Anbringung auf der Ware, sondern auch die Verwendung auf Geschäftspapieren und in der Werbung vom Markenschutz umfaßt sind.

[261] BGH, GRUR 1974, 84 (86) – Trumpf; BGH, GRUR 1960, 33 (36) – Zamek; BGH, GRUR 1991, 57 (60) – Markenverunglimpfung II. Jedoch reicht eine blickfangmäßige Gestaltung allein zur Bejahung der kennzeichenmäßigen Benutzung nicht aus, BGH, GRUR 1968, 365 (365f.) – praliné; BGH, GRUR 1969, 683 (685).

[262] Kennzeichenmäßige Benutzung wurde bejaht: BGH, GRUR 1968, 148 (149f.) – Zwillingsfrischbeutel; BGH, GRUR 1981, 277 (278) – Biene Maja; BGH, GRUR 1982, 229 (230) – Klix/Klick. Dagegen wurde kennzeichenmäßiger Gebrauch verneint: BGH, GRUR 1967, 292 (293f.) – Zwillingspackung; BGH, GRUR 1981, 592 (593f.) – Championne du Monde; BGH, GRUR 1989, 510 (513) – Teekanne II.

welche der eindeutigen Identifikation der an das Internet angeschlossenen Rechner dienen und zur Adressierung der einzelnen IP-Datenpakete benötigt werden[263]. Bei Domain-Namen handelt es sich somit um eine Kennung zur Identifikation eines bestimmten Rechners im Internet[264]. Sie fungieren als symbolische Adressbezeichnung bei der Nachrichtenübermittlung im Internet und haben daher eine sogenannte „Adressenfunktion". Ihrer technischen Funktion nach weisen die Domain-Namen insofern auf einen speziellen, an das Internet angeschlossenen Rechner hin, individualisieren also lediglich ein Gerät, nicht aber ein Unternehmen, ein Werk oder die von einem Unternehmen herrührenden Waren oder Dienstleistungen[265]. Der durchschnittliche Internetnutzer kennt zwar nicht die technischen Einzelheiten der Funktion und Bedeutung des Domain-Namen-Systems, er weiß jedoch aufgrund seiner Erfahrungen bei der Internetnutzung sehr wohl, daß über die Eingabe von Domain-Namen bestimmte Internetangebote abgerufen werden können, die Domain-Namen somit als Adresscode bei der Suche von Internetinformationen fungieren. In Anbetracht dessen versteht der Verkehr Domain-Namen als technische Adresscodes, wie z.B. die Telefonnummer oder die Postanschrift. Demgemäß werden solche Domain-Namen, die aus einer Zeichenfolge bestehen, die für den Benutzer nichtssagend und wahllos zusammengestellt wirkt, vom Verkehr grundsätzlich nur als technische Adresscodes verstanden[266].

(2) Domain-Namen auch als Hinweis auf dahinterstehende Anbieter

Bestehen Domain-Namen jedoch erkennbar aus Marken, geschäftlichen Bezeichnungen oder entsprechenden Abkürzungen, so könnte der Verkehr in diesen Domain-Namen möglicherweise nicht nur ein Mittel zur Kontaktaufnahme, sondern zusätzlich auch einen Hinweis auf den dahinterstehenden Anbieter sehen. Zur Untersuchung der Verkehrsauffassung ist zwischen verschiedenen Formen der Benutzung von aussagekräftigen Domain-Namen zu differenzieren.

---

[263] Zur näheren Information über die paketorientierte Datenübermittlung sowie über die technischen Funktionen von Domain-Namen siehe S. 5f., 13ff., 22ff. Vgl. auch *Bechtold*, ZUM 1997, 427 (441) und *Hoeren*, Rechtsfragen des Internet, Rn. 51.

[264] Technisch handelt es sich bei den Domain-Namen also nicht um die „Adresse" bzw. „elektronische Rufnummer" eines Internetrechners, sondern um eine zu Zwecken der einfacheren Handhabung gewählte, symbolische Bezeichnung der aus einer Ziffernfolge bestehenden, die „Adresse" bzw. „elektronische Rufnummer" darstellenden IP-Adresse.

[265] *Kur*, CR 1996, 325 (327); *Stratmann*, BB 1997, 689 (691); *Hoeren*, Rechtsfragen des Internet, Rn. 51; *Nordemann*, NJW 1997, 1891 (1892); *Gabel*, NJW-CoR 1996, 322 (324); *Strömer*, Online-Recht, S. 61.

[266] *Ingerl/Rohnke*, Markengesetz, § 14 Rn. 65; *Hoeren/Sieber-Viefhues*, Hdb. Multimedia-Recht, Teil 6 Rn. 73f.

(a) Verwendung von Domain-Namen als bloße Zielkennung im Internet

Besonders zweifelhaft ist die Frage, ob eine kennzeichenmäßige Benutzung bereits vorliegt, wenn Domain-Namen lediglich als Zielkennung zum Auffinden einer Homepage im Internet verwendet werden. Bei Eingabe des den Domain-Namen enthaltenden URL erscheint dann die entsprechende Homepage.

(aa) Kennzeichenmäßige Benutzung ablehnende Mindermeinung

Das LG Köln[267] sowie eine Mindermeinung in der Literatur[268] lehnen in diesem Fall die Annahme einer kennzeichenmäßigen Benutzung ab. Das LG Köln vertrat in drei parallelen Entscheidungen über Klagen von Gemeinden, gestützt auf § 12 BGB[269], die Auffassung, daß der Internetnutzer in der Verwendung der als Domain-Namen gewählten Buchstabenkombinationen aufgrund der freien Wählbarkeit dieser Kombinationen keinen Hinweis auf den Namensträger, in diesen Fällen die Städte Hürth, Kerpen und Pulheim, sieht. Die Domain-Namen seien mit Telefonnummern, Bankleit- oder Postleitzahlen vergleichbar, da sie auch ohne erkennbaren Zusammenhang mit dem Namen des Benutzers stehen könnten. Zwar würden in der Praxis die Domain-Namen oftmals Namen und Funktion des Benutzers widerspiegeln, die Wahl aussagekräftiger Domain-Namen werde aber weder durchgängig angewendet noch durch gesetzliche oder rechtsgeschäftliche Vorgaben gefordert, so daß ein Internetnutzer nicht erwarten könne, daß hinter dem entsprechenden Domain-Namen auch der bezeichnete Namensträger stehe.

In der Literatur wird die Ablehnung einer kennzeichenmäßigen Benutzung zum einen damit begründet, daß Domain-Namen bei Verwendung als bloße Ziel-

---

[267] LG Köln, GRUR 1997, 377 (377) – huerth.de; LG Köln, BB 1997, 1121 (1121) – kerpen.de; LG Köln, WM 1997, 1452 (1452) – pulheim.de. Alle drei Entscheidungen ergingen am selben Tag und sind in den hier interessierenden Passagen gleichlautend. Das LG Hamburg beruft sich in der Entscheidung „bike.de" (LG Hamburg MMR 1998, 46 (47)) auf die Ansicht des LG Köln und bezeichnet diese als zutreffend.

[268] *Graefe*, MA 1996, 100 (101f.); *Strömer*, CR 1997, 290 (290); *Hahn/Wilmer*, NJW-CoR 1997, 485 (486); *Wilmer*, CR 1997, 562 (563ff.).

[269] Der Namensschutz gemäß § 12 BGB ist nach herrschender Ansicht (*Staudinger-Weick/Habermann*, § 12 Rn. 255; *Fezer*, Markenrecht, § 15 Rn. 56; *Sack*, WRP 1984, 521 (592ff.)) nicht auf kennzeichenmäßige Benutzungshandlungen beschränkt, sondern geht darüber hinaus. Er erfaßt auch solche Verwendungen, durch die der Namensträger zu bestimmten Einrichtungen, Gütern oder Erzeugnissen in Beziehung gesetzt wird, mit denen er nichts zu tun hat. Es genügt auch, daß im Verkehr der Eindruck entsteht, der Namensträger habe dem Benutzer ein Recht zu einer entsprechenden Verwendung des Namens erteilt. Indem das LG Köln einen namensmäßigen Gebrauch ablehnte, hat es somit ebenfalls die vom namensmäßigen Gebrauch mit umfaßte kennzeichenmäßige Benutzung verneint.

adresse lediglich technische Adressen ohne Bezug auf ein Unternehmen, eine Ware bzw. Dienstleistung oder ein Werk seien[270]. Zum anderen beruft man sich darauf, daß jedenfalls bei Durchführung der anstehenden Erweiterung des Domain-Namen-Systems um neue organisatorische Top-Level-Domains, die gleichberechtigt neben den bisherigen Top-Level-Domains stehen, eine kennzeichenmäßige Benutzung von Domain-Namen ausscheidet[271]. Denn durch die Einführung neuer Top-Level-Domains werde die Zuordnung eines Domain-Namens zu einem bestimmten Unternehmen, einer bestimmten Person etc. noch schwieriger und außerdem würde die Nutzung von Suchmaschinen äußerst stark zunehmen, da man bei dem Versuch, Domain-Namen zu erraten, zunehmend auf Schwierigkeiten stoßen werde. Die in den Domain-Namen enthaltenen Bezeichnungen würden insofern zunehmend an Bedeutung verlieren und damit auch an Kennzeichnungsfunktion.

(bb) Kennzeichenmäßige Benutzung bejahende herrschende Meinung

Ganz überwiegend wird in Rechtsprechung[272] und Literatur[273] angenommen, daß eine Verwendung eines erkennbar aus Marken, geschäftlichen Bezeichnungen

---

[270] *Graefe*, MA 1996, 100 (102).

[271] *Hahn/Wilmer*, NJW-CoR 1997, 485 (486).

[272] Entscheidungen zur namensmäßigen Verwendung im Rahmen des § 12 BGB (vgl. dazu auch bei Fn. 479): LG Mannheim, NJW 1996, 2736 (2737) – heidelberg.de (als erste deutsche Gerichtsentscheidung bezüglich der Problematik von Domain-Namen); LG München I, WM 1997, 1455 (1457f.) – juris.de (Begründet wird das Vorliegen des Namensgebrauchs im Sinne des § 12 BGB in dieser Entscheidung damit, daß nach den Regeln des DE-NIC der Domain-Name so beschaffen sein soll, daß daraus Rückschlüsse auf den Antragsteller möglich sind beziehungsweise daß ein erkennbarer Zusammenhang mit dem vollen Namen des Antragstellers besteht. Insofern lasse der Domain-Name „juris.de" beachtliche Teile des Verkehrs auf die Betreiberin der Juris-Datenbank schließen); LG Braunschweig, NJW 1997, 2687 (2687) – braunschweig.de; LG Lüneburg, GRUR 1997, 470 (471) – celle.de/celle.com; LG Frankfurt aM., CR 1997, 287 (287) – das.de; LG Ansbach, NJW 1997, 2688 (2688) – ansbach.de; KG, NJW 1997, 3321 (3322) – concert-concept.de/concert-concept.com; LG Düsseldorf, Urteil vom 30.9.1997 – 4 O 179/97 – ufa.de; OLG Hamm, CR 1998, 241 (242) – krupp.de; OLG Karlsruhe, CR 1999, 783 (784) – badwildbad.com; OLG München, BB 1999, 2421 (2421) – rollsroyce.de.
Entscheidungen zur kennzeichenmäßigen Benutzung im Rahmen der §§ 14 bzw. 15 MarkenG: LG Düsseldorf, GRUR 1998, 159 (161) – epson.de; LG Braunschweig, CR 1998, 364 (365) – deta.com; LG Frankfurt aM., MMR 1998, 151 (152) – lit.de; LG München I, Urteil vom 17.9.1997 – 1 HKO 12216/97 – deutsches-theater.de (Leitsätze der Redaktion zu diesem Urteil sind in NJW-CoR 1998, 111 veröffentlicht); LG Hamburg, CR 1999, 47 (48) – eltern.de.

[273] *Freitag*, MA 1996, 495 (496); *Bettinger*, GRUR Int. 1997, 402 (409); *Ubber*, WRP 1997, 497 (504f.); *Wagner*, ZHR 162 (1998), 701 (707f.); *Schwarz.-Poeck*, Recht im Internet, Kap. 4-2.1, S. 24; *Ingerl/Rohnke*, Markengesetz, § 14 Rn. 56; *Althammer/Ströbele/Klaka-Klaka*,

oder entsprechenden Abkürzungen bestehenden Domain-Namens als Zielkennung im Internet eine kennzeichenmäßige Benutzung darstellt, weil der Verkehr den Domain-Namen als Hinweis auf das dahinterstehende Unternehmen, Werk oder Waren bzw. Dienstleistungen bestimmter Herkunft versteht. Zwar gäbe es Unternehmen, die aus unterschiedlichen Gründen keine eigene Marke oder geschäftliche Bezeichnung in ihrem Domain-Namen benutzen, sondern eine sonstige Bezeichnung; bei der ganz überwiegenden Anzahl der Unternehmen bestehe jedoch ein sehr enger Zusammenhang zwischen den eigenen Kennzeichen und den Domain-Namen. Denn die Möglichkeit, den Domain-Namen, vorbehaltlich seiner Verfügbarkeit, frei zu wählen, habe gerade dazu geführt, daß Anbieter in der Regel einen Domain-Namen wählen, der auf das Unternehmen, die Ware bzw. Dienstleistung oder das Werk des Anbieters hinweist. Domain-Namen, wie spiegel.de, faz.de, bmw.de, quelle.de, hinter denen sich der Inhaber der entsprechenden Marken oder geschäftlichen Bezeichnungen verbirgt, seien daher der Normalfall und nicht die Ausnahme. Der Internetnutzer gehe daher davon aus, daß er ein Unternehmen, sofern es überhaupt im Internet vertreten ist, dort auch unter seinem Kennzeichen findet, und daß er aus dem Domain-Namen einer Homepage auf den dahinterstehenden Anbieter schließen kann.

Weiter wird von der herrschenden Meinung angeführt, der vom LG Köln vorgenommene Vergleich mit Telefonnummern, Bankleit- oder Postleitzahlen treffe zwar für die aus Ziffernfolgen bestehenden, den Rechner identifizierenden IP-Adressen zu, nicht aber für die aus Buchstabenfolgen bestehenden, aufgesetzten Domain-Namen[274]. Die zur Adressierung technisch nicht erforderlichen Domain-Namen[275] seien ja gerade eingeführt worden, damit der Internetnutzer keine nicht kennzeichnenden, schwer merkbaren Zahlenfolgen eingeben muß,

---

Markengesetz, § 15 Rn. 31; *Nordemann/Goddar/Tönhardt/Czychowski*, CR 1996, 645 (652); *Wiebe*, CR 1998, 157 (161); *Reinhart*, WRP 2001, 13 (14f.); *Bücking*, NJW 1997, 1886 (1887); *Jaeger-Lenz*, K&R 1998, 9 (12); *Bechtold*, ZUM 1997, 427 (441); *Hoeren*, Rechtsfragen des Internet, Rn. 52; *Stratmann*, BB 1997, 689 (692); *Nordemann*, NJW 1997, 1891 (1892); *Kilian*, DZWir, 1997, 381 (387); *Ernst*, NJW-CoR 1997, 426 (427); *Kloos*, MA 1998, 50 (50); *Völker/Weidert*, WRP 1997, 652 (658); *Fezer*, WRP 2000, 669 (670); *Biermann*, WRP 1999, 997 (999). Eine jedenfalls mittelbare Anwendung des Kennzeichenrechts bzw. des Namensrechts auf Domain-Namen nehmen an: *Kur*, CR 1996, 325 (327); *dies.*, CR 1996, 590 (592 Fn. 17); *Gabel*, NJW-CoR 1996, 322 (324).
Speziell zur namensmäßigen Verwendung i.S.d. § 12 BGB (vgl. dazu auch bei Fn. 475): *Palandt-Heinrichs*, BGB § 12 Rn. 21f.; *Ingerl/Rohnke*, Markengesetz, Nach § 15 Rn. 14; *Ubber*, WRP 1997, 497 (507f.); *Völker/Weidert*, WRP 1997, 652 (656f.).

[274] *Bechtold*, ZUM 1997, 427 (441); LG Braunschweig CR 1998, 364 (365) – deta.com; LG Frankfurt aM., MMR 1998, 151 (152) – lit.de.

[275] Allein die IP-Adressen dienen ihrer Funktion nach der Adressierung bestimmter Rechner. Siehe dazu S. 13ff.

sondern vielmehr leicht zu handhabende Wörter oder Abkürzungen, die in Korrelation mit dem Anbieter der Internetinformation stehen, verwenden könne[276]. Insbesondere könne auf das Urteil des Bundesgerichtshofs zur Fernschreibkennung[277] zurückgegriffen werden, in welchem bei der Verwendung einer aus einem fremden Firmenschlagwort bestehenden Fernschreibkennung eine kennzeichenmäßige Benutzung bejaht wurde[278]. In dieser Entscheidung führte der Bundesgerichtshof aus, daß eine Fernschreibkennung (=Telexkennung) aus einer kurzen Buchstabengruppe besteht, die der Fernschreibnummer (=Telexnummer) als zusätzliches Kennungsmittel hinzugefügt wird[279]. Bedeutsam sei, daß die von den Fernschreibteilnehmern selbst ausgewählten Fernschreibkennungen in der Praxis überwiegend an die Unternehmensbezeichnungen angelehnt seien und im Geschäftsverkehr weitgehend wie eine Kurzbezeichnung des Unternehmens verwendet und aufgefaßt würden[280]. Weiterhin hob der Bundesgerichtshof hervor, daß Fernschreibkennungen sowohl innerhalb des Fernschreibverkehrs, nämlich jeweils zu Beginn und am Schluß des Fernschreibens, als auch in den amtlichen Fernschreibverzeichnissen in Erscheinung treten würden. Darüber hinaus fänden sie auch im sonstigen Geschäftsverkehr Verwendung, wo es weithin üblich sei, die Fernschreibnummer mit der Fernschreibkennung auf den Geschäftspapieren abzudrucken. Aufgrund der Art und Weise ihrer Verwendung würden Fernschreibkennungen, die aus einem (einprägsamen) Firmenschlagwort bestehen, auch als kennzeichenmäßiger Hinweis

---

[276] *Bechtold*, ZUM 1997, 427 (441).

[277] BGH, GRUR 1986, 475ff. – Fernschreibkennung. In diesem Fall sah sich ein unter Kores Nordic Deutschland AG firmierender Büromaterialhersteller, der die Bezeichnung „Kores" zunächst als Firmenbestandteil und als Firmenschlagwort und später auch als Kennung seiner Fernschreibnummer benutzte, dadurch verletzt, daß ein Konkurrenzunternehmen die Bezeichnung „kora d" als Fernschreibkennung verwendete. Siehe auch die ähnliche Entscheidung des Berufungsgerichts, OLG Hamburg, GRUR 1983, 191ff.

[278] LG Braumschweig, CR 1998, 364 (365) – deta.com; LG München I, Urteil vom 17.9.1997 – 1 HKO 12216/97 – deutsches-theater.de; *Freitag*, MA 1996, 495 (495f.); *Bettinger*, GRUR Int. 1997, 402 (409); *Ubber*, WRP 1997, 497 (505); *Schwarz-Poeck*, Recht im Internet, Kap. 4-2.1, S. 24; *Wagner*, ZHR 162 (1998), 701 (708); *Omsels*, GRUR 1997, 328 (334); *Stratmann*, BB 1997, 689 (692); *Strömer*, Online-Recht, S. 61f.; *Bechtold*, ZUM 1997, 427 (441); *Hoeren/Sieber-Viefhues*, Hdb. Multimedia-Recht, Teil 6 Rn. 68.
Grundsätzlich anders ist dagegen wohl die Verwendung von Telefonnummern zu beurteilen, wie aus der Entscheidung des BGH zur Fernsprechnummer (BGHZ 8, 387 (388f.)) abgeleitet werden kann, in welcher der BGH – allerdings unter dem Gesichtspunkt der selbständigen Schutzfähigkeit von Telefonnummern – feststellt, daß die einer Taxi-Zentrale erteilte und von dieser durch umfangreiche Werbung in weiten Kreisen bekannt gemachte Rufnummer 30001 nicht wie ein Name oder eine Firma zur Benennung des Taxi-Unternehmens diene.

[279] Anders als eine Telefonnummer wird eine Fernschreibkennung nicht benötigt, um den Teilnehmer, zu dem eine Verbindung hergestellt werden soll, auszuwählen. Erforderlich ist allein die Eingabe der Fernsprechnummer.

[280] BGH, GRUR 1986, 475 (476) – Fernschreibkennung.

auf das Unternehmen verstanden[281]. Diese Ausführungen des Bundesgerichtshofs zur Fernschreibkennung ließen sich auch auf die Problematik der Domain-Namen übertragen[282]. Denn diese würden wie Fernschreibkennungen frei ausgewählt und üblicherweise aus der eigenen Marke, Firma oder einer sonstigen geschäftlichen Bezeichnung abgeleitet[283]. Außerdem würden sie im Internet optisch in Erscheinung treten, nämlich beim Abrufen einer Seite im World Wide Web im URL-Eingabefeld des WWW-Browsers sowie in den Ergebnislisten bei einer Recherche über Suchmaschinen oder Themenkataloge[284]. Darüber hinaus fänden sie entsprechend den Fernschreibkennungen auch im sonstigen Geschäftsverkehr Verwendung, da es weithin üblich sei, Domain-Namen als URL-Teil auf den Geschäftspapieren abzudrucken[285]. Schließlich führe, ähnlich wie beim Fernschreiben, der Ausdruck einzelner Webseiten dazu, daß der Domain-Name in der Kopfzeile der gedruckten Seite erscheine[286].

(cc) Stellungnahme

Dem von der herrschenden Meinung vorgeschlagenen Rückgriff auf die Rechtsprechung zur Fernschreibkennung ist zuzustimmen, denn auch dort geht es im Grunde um die Qualifikation der Verknüpfung eines Kennzeichens mit einer technischen Adresse. Ein Unterschied, der eine abweichende Behandlung von Fernschreibkennungen und Domain-Namen erfordern würde[287], ist in der Tat nicht erkennbar[288].

---

281 BGH, GRUR 1986, 475 (476) – Fernschreibkennung.

282 LG Braunschweig, CR 1998, 364 (365) – deta.com; *Freitag*, MA 1996, 495 (496); *Bettinger*, GRUR Int. 1997, 402 (409); *Ubber*, WRP 1997, 497 (505); *Wagner*, ZHR 162 (1998), 701 (708). Gegen eine Heranziehung der Rechtsprechung zur Fernsprechkennung wendet sich jedoch *Wilmer*, CR 1997, 562 (565). Er bringt vor, daß im Gegensatz zur Fernsprechkennung bei der Anwahl einer URL mit einem falschen Domain-Namen der Internetnutzer sofort erkenne, wessen Homepage er aufgerufen hat, so daß eine wesentlich geringere Gefahr der Zuordnungsverwirrung bestehe als bei der Nutzung einer falschen Fernschreibkennung.

283 *Bettinger*, GRUR Int. 1997, 402 (409); *Freitag*, MA 1996, 495 (496).

284 *Bettinger*, GRUR Int. 1997, 402 (409).

285 *Freitag*, MA 1996, 495 (496); *Bettinger*, GRUR Int. 1997, 402 (409).

286 *Bettinger*, GRUR Int. 1997, 402 (409).

287 Dabei haben Domain-Namen eine umfassendere Funktion als Fernschreibkennungen, da sie nicht nur der Identifikation beim Versenden individueller Nachrichten zwischen zwei Beteiligten dienen (E-Mail), sondern vielmehr unter dem Domain-Namen ein umfassenderes Informationsangebot für alle interessierten Internetnutzer bereitgehalten werden kann.

288 In den USA wird oftmals verwiesen auf die US-Rechtsprechung bezüglich der in Nordamerika verbreiteten gebührenfreien „1-800"-Telefonnummern (=„VANITY"-Rufnummern), deren nachfolgende Stellen statt in Zahlenfolgen meist in Buchstabenfolgen wiedergegeben werden, z.B.: „1-800-LAWYERS" als Buchstabenversion für 1-800-5299377. Mittels der auf

Auf den Umstand, daß die Wahl von Domain-Namen, welche Kennzeichen des Domain-Inhabers widerspiegeln, weder durchgängig erfolgt noch durch gesetzliche oder rechtsgeschäftliche Vorgaben erzwungen wird, kommt es entgegen der Ansicht der Mindermeinung nicht an. Entscheidend ist vielmehr, wie von der herrschenden Meinung vorgebracht, daß in der Praxis fast alle Kennzeicheninhaber für ihren Auftritt im Internet einen Domain-Namen wählen, der ihre Kennzeichen widerspiegelt. Daher geht ein Großteil der Internetnutzer, die auf der Browseroberfläche oder in den Ergebnislisten von Recherchemitteln oder in sonstiger schriftlicher Form im Internet einen Domain-Namen erblicken, der erkennbar aus einer Marke, geschäftlichen Bezeichnung oder entsprechenden Abkürzung besteht, davon aus, dieser Domain-Name diene als Hinweis auf ein bestimmtes Unternehmen, ein bestimmtes Werk oder auf Waren oder Dienstleistungen aus einem bestimmten Betrieb[289].

---

der Telefontastatur angebrachten Buchstaben – den einzelnen Zahlentasten sind bestimmte Buchstaben zugeordnet – läßt sich die Buchstabenfolge eintippen.
Zum Verweis auf die US-Rechtsprechung siehe *Rose*, NetLaw, S. 115; *Burk*, Trademarks along the Infobahn, Abs. 52ff.; *Albert*, Right on the Mark, The John Marshall Journal of Computer & Information Law Vol. XV 1997, 277 (290ff.); *Oppendahl*, Remedies in Domain Name Lawsuits, The John Marshall Journal of Computer & Information Law Vol. XV 1997, 437 (441f.). Die US-Rechtsprechung nimmt jedoch nicht schon bei der bloßen Benutzung einer 1-800-Telefonnummer im Telefonverkehr eine Markenrechtsverletzung an, sondern nur, wenn zusätzlich besondere Werbemaßnahmen für die Nummer ergriffen werden. So wurde zum Beispiel die unter der Rubrik „Fluggesellschaften" plazierte Werbeanzeige eines Reisebüros für seine Rufnummer „1-800-AMERICAN" als Verletzung der Markenrechte von American Airlines gewertet (American Airlines Inc. v. A 1-800-A-M-E-R-I-C-A-N Corp., 622 F.Supp. 673, 682ff., (N.D. Ill. 1985)). In einem anderen Rechtsstreit wurde einem New Yorker Anwalt mit der Telefonnummer „1-800-LAWYERS" verboten, diese Telefonnummer in der Werbung oder auf sonstige Weise in Verbindung mit dem Wort „dial" oder mit Punkten bzw. Bindestrichen zwischen den Buchstaben des Wortes „lawyers" zu verwenden, da ansonsten die Rechte eines Anwalts aus Minnesota an der für ihn eingetragenen Marke „DIAL L-A-W-Y-E-R-S" verletzt würden (Murrin v. Midco Communications Inc., 726 F.Supp. 1195, 1200f. (D.Minn. 1989)). Im Fall Holiday Inns Inc. v. 800 Reservation Inc. (86 F.3d 619 (6th Cir. 1996)) wurde die bloße Benutzung der Nummer 1-800-H[Null]LIDAY (das zweite Zeichen nach der „800" ist eine Null und nicht der der Zahl „6" entsprechende Buchstabe „O") im Telefonverkehr durch ein Hotel-Reservierungsbüro nicht als Verletzung der Markenrechte von Holiday Inns beurteilt. Das beklagte Reservierungsbüro, welches keine Werbung für seine Rufnummer machte, und welches bei Annahme der Anrufe immer umgehend erklärte, daß es sich nicht um einen Telefonanschluß von Holiday Inns handele, „benutze" nämlich nicht die geschützten Marken „Holiday Inns" oder „1-800-HOLIDAY" und habe außerdem die Verwechslungsgefahr nicht „selbst hervorgerufen".
Näher zu den rechtlichen Problemen der seit dem 01.01.1998 auch in Deutschland erhältlichen „VANITY"-Rufnummern siehe *Jonas/Schmitz*, GRUR 2000, 183 (183ff.).

[289] Zu der Frage, auf welche Produkte hingewiesen wird, siehe S. 75ff.

Entgegenstehen könnte dieser Beurteilung lediglich, daß die das Kennzeichen widerspiegelnde Second-Level-Domain auf dem Bildschirm nicht in Alleinstellung erscheint, sondern als ein Element des Gesamtzeichens URL, welches außer dem – neben der Second-Level-Domain mindestens noch aus der Top-Level-Domain bestehenden – Domain-Namen auch die Bezeichnung des Übertragungsprotokolls (im WWW: „http:"), den Begrenzer („//"), den Servernamen (in der Regel: „www") sowie eventuell auch noch Verzeichnis- und Dateinamen enthält. So vertritt Omsels[290] die Ansicht, daß bei sehr langen URLs, die mehrere Sub-Domains im Domain-Namen und/oder mehrere Verzeichnis- und Dateiangaben enthalten (z.B.: http://www.beiersdorf.com/deutsch/marken/cosmed/nivea/nivea.htm), eine kennzeichenmäßige Benutzung ausgeschlossen sei, da der kennzeichnende Bestandteil in diesen URLs untergehe[291].

Hierzu ist zu sagen: Wird eine mit einem fremden Kennzeichen identische Bezeichnung nicht in Alleinstellung, sondern als Element eines Gesamtzeichens verwendet, so bedarf es, wie oben bereits erwähnt[292], nach Ansicht der Rechtsprechung einer Überprüfung, ob der Verkehr den übernommenen Zeichenbestandteil aufgrund besonderer Umstände und unter Berücksichtigung des Verhältnisses zu den anderen Zeichenbestandteilen als kennzeichenmäßig ansieht[293]. Dies ist bei einer ein Kennzeichen widerspiegelnden Second-Level-Domain der Fall. Denn innerhalb einer URL wird der Bezeichnung „http://www." vom Internetnutzer kaum Beachtung geschenkt, da die allermeisten URLs mit dieser Bezeichnung beginnen, und diese daher für den Internetnutzer uninteressant ist. Zudem handelt es sich bei den Verzeichnis- und Dateinamen, wie dem durchschnittlichen Internetnutzer bekannt ist[294], um Verweise auf bestimmte, mit thematischen Schlagwörtern oder aber nichtssagenden Zeichenfolgen benannte Dateien innerhalb eines Internetangebotes, die nur ganz selten näher betrachtet werden, und denen sich in der Regel kein Hinweis auf ein bestimmtes Unternehmen, Werk oder Waren oder Dienstleistungen aus einem bestimmten Betrieb

290 *Omsels*, GRUR 1997, 328 (334).

291 *Omsels*, GRUR 1997, 328 (334f.). Laut Omsels ist eine kennzeichenmäßige Benutzung um so eher ausgeschlossen, je länger die URL ist.

292 Vgl. S. 62.

293 Kennzeichenmäßige Benutzung bejaht: BGH, GRUR 1968, 148 (149f.) – Zwillingsfrischbeutel; BGH, GRUR 1981, 277 (278) – Biene Maja; BGH, GRUR 1982, 229 (230) – Klix/Klick. Dagegen kennzeichenmäßiger Gebrauch verneint: BGH, GRUR 1967, 292 (293f.) – Zwillingspackung; BGH, GRUR 1981, 592 (593f.) – Championne du Monde; BGH, GRUR 1989, 510 (513) – Teekanne II.

294 Bei der Nutzung des Internet erkennt der Internetanwender sehr schnell, daß wenn er von der Homepage eines bestimmten Anbieters ausgehend über Hyperlinks durch die einzelnen Webseiten dieses Anbieters „surft", sich beim Aufrufen neuer Seiten jeweils entsprechend die Verzeichnis- und Dateibezeichnungen verändern, während der Rest der URL in der Regel gleichbleibt.

entnehmen läßt. Schließlich wissen die Internetnutzer bezüglich des Domain-Namens, daß nur der Second-Level-Domain Kennzeichnungsfunktion zukommen kann, da die Top-Level-Domain lediglich darüber Auskunft gibt, in welchem Land bzw. in welcher organisatorischen Kategorie der Domain-Name vergeben wurde, und Sub-Domains in der Regel lediglich weitere inhaltliche Untergliederungen des Internetangebotes darstellen.

Als Ergebnis läßt sich somit festhalten: In Anbetracht dessen, daß dem Internetnutzer bewußt ist, daß in der URL allein der Domain-Name und innerhalb des Domain-Namens nur die Second-Level-Domain Kennzeichnungsfunktion haben können, scheidet eine kennzeichnende Benutzung also nicht deshalb aus, weil die das Kennzeichen widerspiegelnde Second-Level-Domain nicht in Alleinstellung, sondern als Teil einer URL verwendet wird. Der herrschenden Meinung ist daher zuzustimmen.

Möglicherweise könnte sich dies jedoch in Zukunft ändern, wenn die bereits beschlossene Erweiterung des Domain-Namen-Systems um neue organisatorische Top-Level-Domains durchgeführt ist. Dann könnte eine Verwendung von Domain-Namen, die mit Kennzeichen identisch sind, keine kennzeichenmäßige Verwendung mehr darstellen.

Die Einführung der neuen organisatorischen Top-Level-Domains würde es Kennzeicheninhabern ermöglichen, statt eines, das eigene Kennzeichen widerspiegelnden Domain-Namens mit der geographischen Top-Level-Domain „.de“ oder mit einer der bisherigen organisatorischen Top-Level-Domains (insbesondere „.com“) dann einen Domain-Namen mit einer der neuen Top-Level-Domains, wie etwa „.firm“, „.aero“, „.biz“, „.name“, „.pro“ o.ä., zu wählen. Allerdings ist nicht davon auszugehen, daß in Deutschland ansässige oder tätige Kennzeicheninhaber auf einen Domain-Namen mit der deutschen Top-Level-Domain verzichten werden. Vielmehr ist zu erwarten, daß sie zusätzlich unter allen für sie in Betracht kommenden alten und neuen organisatorischen Top-Level-Domains ihre Kennzeichen als Domain-Namen registrieren lassen werden. Dafür spricht insbesondere, daß schon jetzt viele deutsche Unternehmen, die international tätig sind, ihre Kennzeichen doppelt, nämlich sowohl unter der deutschen Top-Level-Domain „.de“ als auch unter der organisatorischen Top-Level-Domain „.com“ haben registrieren lassen, wie man an den folgenden Domain-Namen erkennen kann: lufthansa.de/lufthansa.com, ltu.de/ltu.com[295],

[295] Der Domain-Name ltu.de wird für eine deutsche, ltu.com für eine englische Internetpräsentation verwendet. Per Hyperlink gelangt man zur Version in der jeweils anderen Sprache.

hapag-lloyd.de/hapag-lloyd.com, basf.de/basf.com, quelle.de/quelle.com, faz.de/faz.com[296], bmw.de/bmw.com[297], mercedes.de/mercedes.com.

Insofern kann nicht angenommen werden, daß die in Domain-Namen mit der Top-Level-Domain „.de“ enthaltenen Bezeichnungen auf Second-Level-Ebene bei Einführung neuer organisatorischer Top-Level-Domains an Kennzeichnungsfunktion verlieren werden.

Die herrschende Meinung wird daher auch bei Erweiterung der organisatorischen Top-Level-Domains Bestand behalten. Bestehen Domain-Namen also erkennbar aus Marken, geschäftlichen Bezeichnungen oder entsprechenden Abkürzungen, so stellt ihre Verwendung als bloße Zielkennung im Internet eine kennzeichenmäßige Benutzung im Sinne der herkömmlichen Rechtsprechung dar.

(b) Verwendung von Domain-Namen in Geschäftspapieren und Werbemitteln

Werden die Domain-Namen zusätzlich zur bloßen Verwendung als Zielkennung im Internet auch, wie allgemein üblich, in Briefköpfen, Rechnungen, Anzeigen, Prospekten und Visitenkarten kleingedruckt und ohne besondere Hervorhebung erwähnt, um eine Kontaktaufnahme im Internet zu ermöglichen, so stellt dies ebenfalls eine kennzeichenmäßige Benutzung im Sinne der herkömmlichen Rechtsprechung dar, da diese bei Verwendung einer Bezeichnung in Geschäftsbriefen, Rechnungen oder in Werbemitteln eine kennzeichenmäßige Benutzung annahm. Nach der Rechtslage im Markengesetz wird gemäß § 14 II Nr. 5 MarkenG, der analog auch auf den Schutz geschäftlicher Bezeichnungen anwendbar ist[298], die Benutzung eines Zeichens in Geschäftspapieren oder in der Werbung als rechtserhebliche Benutzungshandlung zur Begründung einer Markenrechtsverletzung anerkannt.

(c) Schlagwortartige Herausstellung von Domain-Namen

Die schlagwortartige Herausstellung eines Domain-Namens führt dazu, daß im Verkehr die Auffassung des Domain-Namens als kennzeichenmäßiger Hinweis auf ein Unternehmen, ein Werk oder die betriebliche Herkunft von Waren oder

[296] Bei der Anwahl von „http://www.faz.com“ erfolgt eine automatische Umleitung auf „http://www.faz.de“.
[297] Für das deutsche Internetangebot von BMW wird der Domain-Name bmw.de genutzt, für das englische der Domain-Name bmw.com.
[298] *Ingerl/Rohnke*, Markengesetz, § 15 Rn. 27; *Fezer*, Markenrecht, § 15 Rn. 20.

Dienstleistungen noch weiter verstärkt wird. Für den Fall, daß Domain-Namen auf den Webseiten, auf Geschäftspapieren, in Werbemitteln oder gar auf der Ware selbst schlagwortartig herausgestellt werden, ist eine kennzeichenmäßige Benutzung daher unzweifelhaft gegeben.

b) Die Kollisionstatbestände der §§ 14 II Nr. 1, 15 II MarkenG

aa) Identitätsschutz der Marke gemäß § 14 II Nr. 1 MarkenG

Der Tatbestand der identischen Markenverletzung gemäß § 14 II Nr. 1 MarkenG[299] setzt voraus, daß ein Dritter ein mit einer Marke identisches Zeichen für Waren oder Dienstleistungen benutzt, die mit denjenigen identisch sind, für welche die Marke Schutz genießt. Erforderlich ist also eine Identität in zweifacher Hinsicht: Zeichenidentität und Waren- bzw. Dienstleistungsidentität. In diesen Fällen der „Doppelidentität"[300] ist der Schutz der Marke absolut[301], so daß es auf das Vorliegen einer Verwechslungsgefahr nicht ankommt, sondern vielmehr die unbefugte Benutzung des identischen Zeichens durch einen Dritten ohne weiteres eine Markenverletzung darstellt und vom Kennzeicheninhaber unmittelbar untersagt werden kann (§ 14 V MarkenG).

aaa) Zeichenidentität

Die Identität des vom Dritten benutzten Zeichens mit der geschützten Marke setzt vollständige Übereinstimmung in (schrift-)bildlicher, gegebenenfalls figürlicher und farblicher Hinsicht voraus[302]. Verwendet der Dritte die Marke des Markeninhabers unter Beifügung von Zusätzen, so liegt Zeichenidentität vor, wenn es sich um lediglich beschreibende Zusätze handelt, die vom Verkehr zweifelsfrei als nicht mehr zum Zeichen selbst gehörend angesehen werden[303].

---

[299] § 14 II Nr. 1 beruht auf einer wortgetreuen Umsetzung der Vorgabe des Art. 5 Abs. 1a) MarkenRL.

[300] *Sack*, GRUR 1996, 663 (664).

[301] In der amtlichen Begründung, BTDruckS. 12/6581 S. 56 wird von einem absoluten Schutz der prioritätsälteren Marke bei identischer Benutzung gesprochen, womit gemeint ist, daß keine weiteren Voraussetzungen erfüllt sein müssen, insbesondere keine Prüfung auf Verwechslungsgefahr stattfindet.

[302] *Ingerl/Rohnke*, Markengesetz, § 14 Rn. 141. Bei Hörzeichen dagegen kommt es allein auf die akustische Identität an.

[303] *Ingerl/Rohnke*, Markengesetz, § 14 Rn. 142.

Dem Internetnutzer ist, wie oben dargestellt[304], bekannt, daß innerhalb eines Domain-Namens die Top-Level-Domain „.de“ keine individuelle Kennzeichnung darstellt, sondern lediglich darauf hinweist, daß der Domain-Name in Deutschland vergeben wurde. Bei der Top-Level-Domain handelt es sich daher nach Ansicht des Verkehrs um einen nur beschreibenden Zusatz zu der auf Second-Level-Ebene verwendeten Bezeichnung. Gleiches gilt auch für die Zeichenfolge „http://www.“ sowie eventuell vorhandene Sub-Domains und Verzeichnis- bzw. Dateibezeichnungen. Entscheidend ist somit nur die Second-Level-Domain. Stimmt die Bezeichnung der Second-Level-Domain vollständig mit der geschützten Marke überein, so liegt unabhängig von den restlichen Teilen der URL Zeichenidentität vor[305].

bbb) Waren- oder Dienstleistungsidentität

Der Tatbestand der identischen Markenverletzung gemäß § 14 II Nr. 1 MarkenG erfordert neben der Zeichenidentität als weitere Voraussetzung die Waren- oder Dienstleistungsidentität. Identität der Waren bzw. Dienstleistungen bedeutet Übereinstimmung hinsichtlich der Art der jeweils zugeordneten Waren oder Dienstleistungen[306].

---

[304] Vgl. S. 70f.

[305] Siehe Rspr.: LG Düsseldorf, GRUR 1998, 159 (161) – epson.de; LG Frankfurt, MMR 1998, 151 (152) – lit.de; LG Hamburg, CR 1999, 47 (48) – eltern.de. Ähnlich OLG Karlsruhe, WRP 1998, 900 (901) – zwillig.de, wo von „nahezu identisch“ die Rede ist. Ähnlich auch LG Köln, MMR 2000, 625 (626) – wdr.org, das feststellt, daß zwischen der eingetragenen Marke „WDR“ und dem Domain-Namen „wdr.org“ „weitgehend sogar Identität“ bestehe.
Von *Apel/Große-Ruse*, WRP 200, 816 (817) wird darüber hinausgehend die Top-Level-Domain bei der Identitätsprüfung mit herangezogen, wenn von ihr in kennzeichnender Form Gebrauch gemacht werde. Daher sei der Domain-Name „france-tele.com“ identisch mit der Marke „France Telekom“. Weiterhin soll Identität auch anzunehmen sein, wenn die Third-Level-Domain mit einem geschützten Zeichen übereinstimmt und die Second-Level-Domain keinen unterscheidungserheblichen Zusatz liefert. So seien etwa der Domain-Name „persil.compuserve.com“ und die Marke „Persil“ identisch.
Diese Ansicht ist allerdings als zu weitgehend abzulehnen. Die Top-Level-Domain wird ebenso wie die Third-Level-Domain vom durchschnittlichen Internetnutzer nicht als kennzeichnend angesehen (siehe S. 70f.). Insbesondere ist es auch unüblich, daß Kennzeicheninhaber ihr Kennzeichen getrennt durch Punkte über zwei oder mehr Domain-Levels verteilt im Internet präsentieren. Dementsprechend sind auch die Internetnutzer nicht daran gewöhnt, bei Domain-Namen die Bezeichnungen verschiedener Domain-Levels als zusammenhängenden einheitlichen Begriff zu betrachten. Die angeführten Fälle sollten daher besser in die Fallgruppe der Zeichenähnlichkeit eingeordnet werden.

[306] *Ingerl/Rohnke*, Markengesetz, § 14 Rn. 144; *Raßmann*, GRUR 1997, 580 (582).

(1) Maßgebliche Ware oder Dienstleistung auf seiten des Inhabers der Marke

Bei eingetragenen Marken sind die in das Register eingetragenen Waren oder Dienstleistungen maßgeblich, bei den kraft Verkehrsgeltung geschützten Marken ist entscheidend, hinsichtlich welcher Waren oder Dienstleistungen die Verkehrsgeltung besteht[307]. Hierbei ist allerdings zu beachten, daß die wenigsten Unternehmen für die Ware oder Dienstleistung „Webseiten(-erstellung)" Markenschutz genießen[308].

(2) Maßgebliche Ware oder Dienstleistung auf seiten des Inhabers des Domain-Namens

Auf der Seite des Dritten kommt es auf diejenigen Waren oder Dienstleistungen an, für welche das beanstandete Zeichen im geschäftlichen Verkehr benutzt wird[309]. Hier stellt sich die Frage, für welche Waren oder Dienstleistungen ein Domain-Name benutzt wird. Darüber, welche Waren oder Dienstleistungen durch einen Domain-Namen von anderen Waren oder Dienstleistungen unterschieden und der Herkunft nach gekennzeichnet werden, gehen die Ansichten auseinander[310].

---

[307] *Fezer*, Markenrecht, § 14 Rn. 333; *Ingerl/Rohnke*, Markengesetz, § 14 Rn. 144. Sind allgemeiner gefaßte Oberbegriffe maßgeblich, so sind alle darunter fallenden Produkte zu berücksichtigen. Daher liegt Identität der Waren oder Dienstleistungen auch dann vor, wenn die auf Seiten des Dritten maßgebliche Ware oder Dienstleistung vollständig unter einen Oberbegriff der geschützten Marke fällt. Stimmt die vom Dritten bezeichnete Ware oder Dienstleistung dagegen nur zu einem Teil mit den durch die Marke geschützten Waren oder Dienstleistungen überein, so liegt Identität der Waren oder Dienstleistungen nur in diesem Umfang vor (*Ingerl/Rohnke*, Markengesetz, § 14 Rn. 146ff.; *Marx*, Deutsches und europäisches Markenrecht, Rn. 288 i.V.m. 179).
Bei den notorisch bekannten Marken ist ausschlaggebend, bezüglich welcher Ware oder Dienstleistung Notorietät besteht. Bei einer notorisch bekannten Marke handelt es sich immer auch um eine bekannte Marke , die gemäß § 14 II MarkenG geschützt ist. Da die Problematik der bekannten Marke unten auf S. 154ff. gesondert behandelt wird, ist hier nicht darauf einzugehen.

[308] Dies wurde z.B. vom Landgericht Düsseldorf in der Entscheidung „epson.de" (LG Düsseldorf, GRUR 1998, 159ff. – epson.de) verkannt. Da die Marke Epson nicht für die Klasse „Bereitstellung von Homepages" registriert worden ist (wovon wohl ausgegangen werden muß, da das Landgericht Düsseldorf in der Entscheidung hierzu keinerlei Ausführungen gemacht hat), kann in diesem Bereich auch kein Markenschutz in Anspruch genommen werden.

[309] Beziehungsweise für welche Waren oder Dienstleistungen im Falle der Erstbegehungsgefahr eine Benutzung droht. Vgl. *Ingerl/Rohnke*, Markengesetz, § 14, Rn. 242.

[310] Nach der oben dargestellten Ansicht, die eine kennzeichenmäßige Benutzung im Sinne der früheren Rechtslage nicht für erforderlich hält, sondern statt dessen jede Benutzung im

(a) Homepage selbst als gekennzeichnete Ware oder Dienstleistung

Vereinzelt wird in Rechtsprechung[311] und Literatur[312] vertreten, daß die unter dem Domain-Namen abrufbare Homepage selbst die gekennzeichnete Ware oder Dienstleistung darstelle. So stellte das Landgericht Düsseldorf in der Entscheidung „epson.de“ fest, daß es nicht darauf ankomme, welche Waren oder Inhalte möglicherweise auf der unter dem Domain-Namen plazierten Homepage angeboten werden, denn die maßgebliche Ware oder Dienstleitung sei bereits die unter dem Domain-Namen aufzurufende Homepage als solche[313]. Das Gericht führte weiter aus, daß sich die Sachlage insofern nicht anders gestalte als etwa bei zwei unter identischem Titel angebotenen Zeitschriften, bei denen ebenfalls nicht der Inhalt der Zeitschriften, sondern die Zeitschrift als solche Ware oder Dienstleistung im Sinne des Markengesetzes sei. Daraus ergebe sich, daß unabhängig davon, welche Ware oder Dienstleistung unter dem Domain-Namen „epson.de“ angeboten werden sollten, allein aufgrund dessen, daß sowohl der Kennzeicheninhaber als auch der beklagte Dritte unter dem Domain-Namen „epson.de“ eine identische Ware bzw. Dienstleistung, nämlich eine Homepage, bereit halten wollen, Identität der Waren oder Dienstleistungen gegeben sei[314]. Weiterhin wird vorgebracht, daß auf Grund dessen, daß ein Domain-Name immer nur auf einen Kommunikationspfad zu einer bestimmten

---

geschäftlichen Verkehr für ausreichend hält (siehe S. 56f.), kommt es an dieser Stelle dementsprechend nicht darauf an, für welche Ware oder Dienstleistung das Zeichen „kennzeichenmäßig“ benutzt wird. Eine Benutzung des Zeichens „für Waren oder Dienstleistungen“ wird dann angenommen, wenn eine Marke zum Zwecke des Absatzes von Waren oder der Erbringung von Dienstleistungen benutzt wird. Dementsprechend müßte die zu stellende Frage nach dieser Ansicht dann lauten: Zum Absatz welcher Ware oder Dienstleistung erfolgt die Benutzung eines Domain-Namens (vgl. *Fezer*, Markenrecht, § 14 Rn. 68).

311 LG Düsseldorf, GRUR 1998, 159ff. – epson.de. In diesem Fall hatte der eine Agentur betreibende Beklagte sich den Domain-Namen „epson.de“ – genauso wie fast 200 weitere Domain-Namen, die Firmennamen, Marken, etc. widerspiegeln – beim DE-NIC reservieren lassen und mit einem Dritten eine Vereinbarung zur zukünftigen Nutzung des Domain-Namens „epson.de“ gegen ein monatliches Entgelt von 800,00 DM getroffen. Die Klägerin, ein deutsches Tochterunternehmen der japanischen Seiko Epson Corporation, konnte wegen der entgegenstehenden Reservierung durch den Beklagten den Domain-Namen „epson.de“ nicht nutzen und beanspruchte daher – in Wahrnehmung der Rechte der Muttergesellschaft an zwei insbesondere für Waren im Bereich der Computertechnik geschützten Marken „EPSON“ – gerichtliche Hilfe.

312 *Graefe*, MA 1996, 100 (102); *Kilian*, DZWir, 1997, 381 (388).

313 LG Düsseldorf, GRUR 1998, 159 (162) – epson.de. Die Ausführungen des Gerichts ergingen im Rahmen der Prüfung der gemäß § 15 II MarkenG erforderlichen Verwechslungsgefahr bei Verwendung einer geschäftlichen Bezeichnung durch Dritte als Domain-Name.

314 LG Düsseldorf GRUR 1998, 159 (162) – epson.de.

Homepage verweise, diese die gekennzeichnete Ware oder Dienstleistung sein müsse[315].

(b) Gekennzeichnete Ware oder Dienstleistung als abhängig vom Inhalt der Webseiten

Demgegenüber stellen alle anderen Gerichte[316] und Autoren[317], die sich mit der Frage nach der durch den Domain-Namen gekennzeichneten Ware oder Dienstleistung befaßt haben, nicht auf die Homepage als solche, sondern auf die Inhalte der gesamten, unter dem Domain-Namen erreichbaren Webseiten ab. Als maßgebliche, durch den Domain-Namen gekennzeichnete Leistung sehen sie insofern diejenigen Waren oder Dienstleistungen an, die auf den Webseiten spezifiziert, beworben, angeboten oder zum Abruf bereitgehalten werden beziehungsweise werden sollen (bei noch in Planung befindlichen Webseiten). Genauer differenziert Wiebe[318], der mit Blick auf die ökonomischen Funktionen des Informationsangebotes drei Phasen unterscheidet: Die Informationsphase, in der es um Werbung und Leistungsspezifikation gehe, die Vereinbarungsphase, bei der bereits die Möglichkeit des Geschäftsabschlusses über das Internet bestünde, sowie die Abwicklungsphase, die sich dadurch auszeichne, daß eine Bezahlung bzw. eine Übermittlung digital darstellbarer Leistungen über das Internet möglich sei. Je mehr der Inhalt des Internetangebotes den beiden letzten Phasen zugeordnet werden könne, desto eher habe das Internetangebot im Hinblick auf die Waren oder Dienstleistungen, die Gegenstand von Transaktionen über das Netz sind, eine eigenständige Bedeutung mit der Folge, daß das

---

[315] *Graefe*, MA 1996, 100 (102).

[316] OLG Hamm, NJW-RR 1999, 631 (631) – pizza-direkt.de; OLG Karlsruhe, WRP 1998, 900 (901) – zwilling.de sowie die Entscheidung der Vorinstanz LG Mannheim, WRP 1998, 920 (922) – zwilling.de; LG München I, CR 1997, 540 (541) – freundin.de; LG Braunschweig, CR 1998, 364 (366) – deta.com; LG Hamburg, CR 1999, 47 (48) – eltern.de. In all diesen Entscheidungen wird ohne Begründung davon ausgegangen, daß es auf die Inhalte der Webseiten ankommt. OLG Frankfurt, WRP 2000, 772 (773) – alcon.de stellt dagegen allgemein auf die Tätigkeitsfelder der Parteien ab zur Ermittlung der Verwechslungsgefahr.

[317] Nähere Ausführungen finden sich bei *Wiebe*, CR 1998, 157 (162f.), *Reinhart*, WRP 2001, 13 (17f.), *Bottenschein*, MMR 2001, 286 (289) und *Schwarz-Poeck*, Recht im Internet, Kap. 4-2.2, S. 16ff. Weiterhin sind bei *Ingerl/Rohnke*, Markengesetz, § 14 Rn. 242, *Apel/Große-Ruse*, WRP 2000, 816 (818), *Biermann*, WRP 1999, 997 (1000) und *Bücking*, MMR 2000, 656 (659) kurze Stellungnahmen zu finden. Vollständig ohne Begründung dagegen *Völker/Weidert*, WRP 1997,652 (658), die es „in der Regel" für notwendig halten, den Inhalt der Webseiten zu berücksichtigen, *Hoeren/Sieber-Viefhues*, Hdb. Multimedia-Recht, Teil 6 Rn. 99, *Viefhues*, MMR 1999, 123 (123f.), *Kloos*, CR 1997, 543 (543) und wohl auch *Althammer/Ströbele/Klaka-Klaka*, Markengesetz, § 15 Rn. 33.

[318] *Wiebe*, CR 1998, 157 (163).

Leistungsangebot selbst die Ware oder Dienstleistung sei, für die der Domain-Name benutzt werde[319].

(c) Stellungnahme

Zunächst ist zu entscheiden, ob die Homepage als solche unabhängig von ihrem Inhalt die maßgebliche Ware oder Dienstleistung darstellt, oder ob vielmehr zur Bestimmung der maßgeblichen Ware oder Dienstleistung auf die Inhalte der gesamten, unter dem Domain-Namen erreichbaren Webseiten abgestellt werden muß. Ihrer Funktion nach dienen Homepages und sonstige Webseiten den Unternehmen lediglich als Träger ihres Informations- und Leistungsangebotes[320]. Die Unternehmen benutzen insofern den ein Kennzeichen enthaltenden Domain-Namen nicht, um die Homepage oder die sonstigen unter dem Domain-Namen abrufbaren Webseiten als solche unabhängig vom Inhalt als aus ihrem Betrieb stammend zu kennzeichnen. Bei den Webseiten selbst handelt es sich somit nicht um die durch den Domain-Namen gekennzeichnete Ware oder Dienstleistung[321].

Zur Bestimmung der maßgeblichen Ware oder Dienstleistung muß vielmehr auf den Inhalt der unter dem Domain-Namen abrufbaren Webseiten abgestellt werden. Diesbezüglich stellt sich die Frage, worin die durch den Domain-Namen gekennzeichnete Ware oder Dienstleistung im markenrechtlichen Sinne besteht. Ware im markenrechtlichen Sinne ist eine körperliche Sache, die aus einem Unternehmen der Produktion oder des Handels in den wirtschaftlichen Verkehr gebracht wird[322]. Dienstleistungen im markenrechtlichen Sinne sind

---

[319] *Wiebe*, CR 1998, 157 (163).

[320] So auch *Reinhart*, WRP 2001, 13 (18).

[321] Bei der Entscheidung „epson.de“ des Landgerichts Düsseldorf ist somit die Ware bzw. Dienstleistung, für welche der Domain-Name von dem Dritten benutzt wurde, falsch bestimmt worden. Gegen den vom Landgericht Düsseldorf vorgenommenen Vergleich der Homepage mit einer Zeitschrift vgl. *Wagner*, ZHR 162 (1998), 701 (713). Gegen die Annahme, daß es sich bei der Homepage oder den sonstigen Webseiten als solche um die gekennzeichnete Ware oder Dienstleistung handelt, spricht auch, daß eine solche Annahme zu einer untragbaren Ausweitung des Prioritätsgrundsatzes zugunsten der „älteren“ Marke führen würde, und zwar unabhängig davon, in welchem Bereich das den Domain-Namen verwendende Unternehmen tätig ist, vgl. dazu *Schwarz-Poeck*, Recht im Internet, Kap. 4-2.2 S. 18.

[322] *Fezer*, Markenrecht, § 3 Rn. 111f.; BGH, GRUR 1985, 1055 (1056) – Datenverarbeitungsprogramme als „Ware“. Ähnlich auch BGH, GRUR 1974, 657 (658) – Concentra, wobei jedoch unter Rückgriff auf den Warenbegriff des § 1 II HGB eine „bewegliche“ körperliche Sache gefordert wird. Anderer Ansicht allerdings *Ingerl/Rohnke*, Markengesetz § 3 Rn. 17, die im neuen Markengesetz das Zugrundelegen eines bestimmten Begriffs der Ware sowie eine genaue Abgrenzung der Dienstleistung von der Ware für nicht erforderlich halten. Nach

wirtschaftliche Tätigkeiten, die für sich genommen im Rahmen des Wettbewerbs eine selbständige wirtschaftliche Bedeutung haben, und die am Markt für einen anderen erbracht werden, ohne Produktion oder Vertrieb von Waren zu sein[323]. An der erforderlichen Selbständigkeit der Leistung fehlt es, wenn eine Leistung lediglich zur Förderung des Warenabsatzes erbracht wird und die Produktion und Distribution der Ware begleitet. Solche Leistungen stellen nämlich als bloße Nebenleistungen beim Warenabsatz keine eigene Dienstleistung dar.

Soweit die Webseiten lediglich Produktwerbung oder Produktinformationen enthalten, handelt es sich hierbei um unselbständige Nebenleistungen, die nicht als eigenständiges Angebot auf dem Markt erscheinen und somit keine Dienstleistung im markenrechtlichen Sinne darstellen[324]. Die Ware oder Dienstleistung, für die das Zeichen benutzt wird, ist dann die Ware oder Dienstleistung, über die informiert beziehungsweise die beworben wird. Gleiches gilt, wenn auf den Webseiten die Möglichkeit einer verbindlichen Bestellung oder eines Vertragsschlusses offeriert wird bezüglich einer Ware oder Dienstleistung, die außerhalb des Internet geliefert beziehungsweise erbracht wird[325]. Auch hier handelt es sich nur um unselbständige Nebenleistungen.

Anders ist es jedoch, wenn die Ware oder Dienstleistung direkt über das Internet geliefert oder erbracht wird[326]. So wickeln zum Beispiel Direktbanken den Zahlungsverkehr im Internet ab[327], Softwareanbieter stellen ihre Produkte im Internet zum Herunterladen bereit[328], Zeitungsverlage bieten den Abruf ihrer aktuellen und archivierten Artikel an[329]. In diesen Fällen handelt es sich bei dem

---

Ingerl/Rohnke umfaßt der Sammelbegriff „Ware oder Dienstleistung" jede wirtschaftliche Tätigkeit, also das gesamte Angebotsspektrum sämtlicher denkbarer Leistungen.

[323] *Fezer*, GRUR Int. 1996, 445 (445f.); BGH, GRUR 1985, 50 (51) – Lodenfrey; *Fezer*, Markenrecht, § 3 Rn. 123ff.; *Froschmaier*, Der Schutz von Dienstleistungszeichen, S. 122ff.; ähnlich auch *Schreiner*, Die Dienstleistungsmarke, S. 116ff.

[324] Ähnlich *Wiebe*, CR 1998, 157 (162f.), der die Frage, ob der Inhalt eines Internetangebotes eine Ware oder Dienstleistung darstellt, allerdings unter dem Aspekt eines eigenständigen markenrechtlichen Schutzes des Inhalts untersucht. Zustimmend auch *Schwarz-Poeck*, Recht im Internet Kap. 4-2.2, S. 18.

[325] Als Beispiel sei eine über das Internet vorgenommene Bestellung eines Buches, welches dem Besteller dann per Postversand zugeschickt wird, genannt. (Buchbestellungen sind zum Beispiel unter http://www.books.de möglich)

[326] Siehe dazu auch *Omsels*, GRUR 1997, 328 (330).

[327] Zum Beispiel unter http://www.bank24.de; http://www.consors.de.

[328] Zum Beispiel unter http://www.msn.com.

[329] Zum Beispiel unter http://www.welt.de; http://www.bild.de.

Internetangebot um eigenständige Dienstleistungen oder Waren[330]. Diese stellen dann die durch den Domain-Namen gekennzeichnete Dienstleistung oder Ware dar. Der Domain-Name wird somit für diejenigen Waren oder Dienstleistungen verwendet, die auf den unter dem Domain-Namen abrufbaren Webseiten beschrieben, beworben oder zur Lieferung außerhalb des Internets angeboten werden, beziehungsweise für diejenigen Waren oder Dienstleistungen, die direkt über die Webseiten erbracht werden.

Handelt es sich, wie für den vorliegenden Abschnitt vorausgesetzt[331], bei dem Inhaber des Domain-Namens um ein Konkurrenzunternehmen, werden die Waren oder Dienstleistungen, für welche der Domain-Name verwendet wird, in der Regel identisch sein mit denjenigen Waren oder Dienstleistungen, für welche die Marke des Markeninhabers in das Register eingetragen ist beziehungsweise bezüglich welcher die Verkehrsgeltung besteht.

bb) Identitätsschutz der geschäftlichen Bezeichnung gemäß § 15 II MarkenG

Die Verletzung einer geschäftlichen Bezeichnung durch Verwendung eines identischen Zeichens für identische Waren oder Dienstleistungen ist in § 15 MarkenG nicht in einem verselbständigten Tatbestand wie § 14 II Nr. 1 MarkenG geregelt, sondern von dem Verwechslungstatbestand miterfaßt, der den Fall der Zeichenidentität ausdrücklich anspricht. Die von § 14 II MarkenG abweichende Struktur erklärt sich aus der Orientierung an § 16 I UWG a.F.

Bezüglich der Zeichenidentität bei Kollision mit einer geschäftlichen Bezeichnung gelten die Grundsätze zur Zeichenidentität bei Kollision mit einer Marke entsprechend[332]. Demgemäß liegt, wenn wie im vorliegenden Fall ein Dritter

---

330 Bezüglich des Warencharakters von Computerprogrammen hat der Bundesgerichtshof (BGH, GRUR 1985, 1055 (1056) – Datenverarbeitungsprogramme als Ware) entschieden, daß ein auf einem Datenträger gespeichertes oder in anderer Weise niedergelegtes Computerprogramm eine körperliche Sache darstelle, die in vielfältiger Form Gegenstand des Handelsverkehrs sei und daher als Ware angesehen werden könne. Er hat jedoch auch betont, daß für den Fall, daß das Computerprogramm nicht als Standardprogramm erstellt und in vielfältiger Weise vertrieben wird, sondern der Schwerpunkt auf dem Erstellen eines Computerprogrammes zur individuellen Problemlösung liege, die Dienstleistung in den Vordergrund trete und das Produkt nur noch Hilfscharakter habe.
Für die über das Internet abrufbare Software gilt eine entsprechende Bewertung, zumal diese Software zunächst auf dem Server verkörpert ist und nach dem Herunterladen wieder eine Verkörperung hergestellt wird. Vgl. *Wiebe*, CR 1998, 157 (162).

331 Siehe S. 46.

332 *Fezer*, Markenrecht, § 15 Rn. 16; *Ingerl/Rohnke*, Markengesetz, § 15 Rn. 48.

einen Domain-Namen verwendet, dessen Second-Level-Domain mit einer geschäftlichen Bezeichnung vollständig übereinstimmt, Zeichenidentität vor. In Anbetracht dessen, daß der Domain-Name von einem Konkurrenzunternehmen verwendet wird, ist in der Regel auch Branchenidentität mit dem die geschäftliche Bezeichnung innehabenden Unternehmen gegeben. Dies bedeutet, daß auch bei nur geringer Kennzeichnungskraft der geschäftlichen Bezeichnung Verwechslungsgefahr besteht. Im Ergebnis liegt somit bei Verwendung eines mit einer fremden geschäftlichen Bezeichnung identischen Domain-Namens durch ein Konkurrenzunternehmen in der Regel der Kollisionstatbestand einer Identitätsverletzung der geschäftlichen Bezeichnung gemäß § 15 II MarkenG vor.

c) Schutzschranken

Zu prüfen bleibt noch, inwieweit Schutzschranken zur Einschränkung der kennzeichenrechtlichen Ansprüche nach §§ 14 und 15 MarkenG führen können.

aa) § 23 Nr. 1, 2. Alt. MarkenG als Schutzschranke für sämtliche Fälle der Verwendung eines Domain-Namens?

Als Schutzschranke für sämtliche Fälle der Verwendung eines Domain-Namens im geschäftlichen Verkehr könnte § 23 Nr. 1, 2. Alt. MarkenG in Betracht kommen. Danach hat der Inhaber einer Marke oder geschäftlichen Bezeichnung nicht das Recht, einem Dritten zu untersagen, seine Anschrift im geschäftlichen Verkehr zu benutzen, sofern die Benutzung nicht gegen die guten Sitten verstößt. Fraglich ist aber, ob Domain-Namen als Anschrift im Sinne des § 23 Nr. 1, 2. Alt. MarkenG zu qualifizieren sind mit der Folge, daß dem Inhaber einer Marke oder geschäftlichen Bezeichnung die kennzeichenrechtlichen Ansprüche nach §§ 14 oder 15 MarkenG nur dann zustehen, wenn die Benutzung des Domain-Namens gegen die guten Sitten verstößt.

aaa) Domain-Name als Anschrift im Sinne des § 23 Nr. 1, 2. Alt. MarkenG qualifizierende Ansicht

Teilweise wird in der Literatur[333] hierzu die Ansicht vertreten, daß Domain-Namen als „Internet-Adressen" – genauso wie postalische Adressen – Anschriften im Sinne des § 23 Nr. 1, 2. Alt. MarkenG darstellen. Zwar könne davon ausgegangen werden, daß der Gesetzgeber bei der Privilegierung der Anschrift

---

[333] *Kur*, in: Die Neuordnung des Markenrechts in Europa, 49 (56); *Kur*, Festschrift für Beier, 265 (276); *Kur*, CR 1996, 325 (328); *Kur*, CR 1996, 590 (593); *Bettinger*, GRUR Int. 1997, 402 (410f.).

nicht an Domain-Namen gedacht habe[334], doch stünden der Wortlaut sowie Sinn und Zweck des § 23 Nr. 1, 2. Alt. MarkenG einer Anwendung auf Domain-Namen nicht zwingend entgegen[335]. § 23 MarkenG biete durch das Erfordernis der Lauterkeit eine ausreichende Handhabe, um Mißbrauchsfälle auszuschließen[336].Vor allem aber sei in Fällen, in denen sich der Inhaber des Domain-Namens auf ein eigenes Kennzeichenrecht berufen könne, § 23 MarkenG aufgrund seiner durch das Kriterium der Lauterkeit gegebenen Flexibilität besser geeignet, den spezifischen Problemen der Benutzung von Domain-Namen Rechnung zu tragen als ein Rückgriff auf die allgemeinen zeichenrechtlichen Grundsätze[337] zur Lösung von Konfliktfällen zwischen Kennzeichenrechten[338]. Da § 23 MarkenG somit den besten Ansatz zur Lösung von Domain-Namen-Konflikten biete, seien Domain-Namen generell als „Anschriften" der Schutzschranke des § 23 Nr. 1, 2. Alt. MarkenG zu unterstellen[339].

bbb) Domain-Name nicht als Anschrift im Sinne des § 23 Nr. 1, 2. Alt. MarkenG qualifizierende Gegenansicht

Die überwiegende Ansicht in der Literatur[340] sowie das OLG Karlsruhe im Rechtsstreit „zwilling.de"[341] lehnen jedoch eine Qualifikation von Domain-Namen als Anschriften im Sinne des § 23 Nr. 1, 2. Alt. MarkenG ab. § 23 Nr. 1,

---

[334] *Kur*, Festschrift für Beier, 265 (276).

[335] *Kur*, Festschrift für Beier, 265 (276); *Bettinger*, GRUR Int. 1997, 402 (410f.).

[336] *Bettinger*, GRUR Int. 1997, 402 (411).

[337] *Bettinger*, GRUR Int. 1997, 402 (410). Wie z.B. das Prioritätsprinzip oder die Pflicht zur Beseitigung der Verwechslungsgefahr bei Gleichnamigen.

[338] *Bettinger*, GRUR Int. 1997, 402 (410f.). Dem ist allerdings entgegenzuhalten, daß die Anwendung des § 23 Nr. 1, 2. Alt MarkenG auf Domain-Namen nicht allein damit begründet werden kann, daß diese Lösung aufgrund ihrer Flexibilität anderen Wegen vorzuziehen ist

[339] *Bettinger*, GRUR Int. 1997, 402 (410f.).

[340] *Völker/Weidert*, WRP 1997, 652 (659); *Ubber*, WRP 1997, 497 (506); *Ingerl/Rohnke*, Markengesetz, § 23 Rn. 14; *Jaeger-Lenz*, K&R 1998, 9 (13); *Ernst*, NJW-CoR 1998, 178 (178); *Stratmann*, BB 1997, 689 (692); *Hoeren/Sieber-Viefhues*, Hdb. Multimedia-Recht, Teil 6 Rn. 118. *Poeck* (*Schwarz-Poeck*, Recht im Internet, Kap. 4-2.2, S. 28f.) hält die Subsumtion von Domain-Namen unter den Begriff der Anschrift nach § 23 Nr. 1, 2. Alt. MarkenG nicht für zwingend ausgeschlossen, äußert jedoch starke Bedenken dagegen.

[341] OLG Karlsruhe, WRP 1998, 900 (901) – zwilling.de. Mehrere andere Gerichte, die sich mit dem Schutz von Marken oder geschäftlichen Bezeichnungen gemäß §§ 14 oder 15 MarkenG gegen Domain-Namen befaßt haben, gehen, indem sie die Schutzschranke des § 23 Nr. 1, 2. Alt. MarkenG gar nicht erwähnen, wohl konkludent davon aus, daß diese auf Domain-Namen nicht anwendbar ist: LG Düsseldorf, GRUR 1998, 159ff. – epson.de; LG Braunschweig, CR 1998, 364ff. – deta.com; LG Frankfurt, MMR 1998, 151ff. – lit.de; LG München I, Urteil vom 17.09.1997, AZ. 1 HKO 12216/97 – deutsches-theater; LG Köln, CR 1998, 362ff. – d-radio.de; LG Hamburg, Urteil vom 25.03.1998, AZ. 315 O 792/97 – eltern.de.

2. Alt MarkenG privilegiere die Verwendung der eigenen Anschrift, da der Betroffene auf die Bezeichnung von Ort, Straße, Hausnummer etc. keinen Einfluß habe, sondern diese aufgezwungen bekomme[342]. Anders als herkömmliche postalische Adressen seien Domain-Namen in ihrem Kernbestandteil frei wählbar, so daß insofern bei Domain-Namen nicht die gleiche Zwangslage bestehe[343]. Eine Anwendung von § 23 Nr. 1, 2. Alt. MarkenG auf Domain-Namen komme daher nach Sinn und Zweck der Vorschrift nicht in Betracht[344].

ccc) Stellungnahme

Als Anschrift im Sinne des § 23 Nr. 1, 2. Alt. MarkenG werden entsprechend dem allgemeinen Verständnis des Wortes „Anschrift" als „postalische Adresse" Staatsgebiet, Bundesland, Ort, Straße, Hausnummer oder vergleichbare ortsübliche Angaben privilegiert[345]. Dabei bezieht sich das Anschriftenprivileg des § 23 Nr. 1, 2. Alt. MarkenG nur auf die tatsächliche Anschrift, nicht auch auf willkürlich gewählte Anschriftenzusätze oder -abwandlungen[346]. Bei Domain-Namen handelt es sich nicht um tatsächliche, postalische Anschriften, so daß eine direkte Anwendung des § 23 Nr. 1, 2. Alt. MarkenG ausscheidet.

Möglicherweise könnte jedoch die Regelung des § 23 Nr. 1, 2. Alt MarkenG nach ihrem Sinn und Zweck analog auf Domain-Namen angewandt werden. § 23 Nr. 1, 2. Alt MarkenG beruht auf dem Gedanken, daß der Kennzeichenschutz nach den §§ 14 und 15 MarkenG zurücktreten muß, sofern die Benutzung von persönlichen Kontaktierungs-Angaben unmöglich würde, auf die ein Dritter angewiesen ist[347] und auf deren Bezeichnung er keinen Einfluß hat. Gleichzeitig dient § 23 Nr. 1, 2. Alt. MarkenG auch dem allgemeinen Interesse an der freien Verfügbarkeit persönlicher Kontaktierungs-Angaben zur unbehinderten Ab-

---

[342] *Schwarz-Poeck*, Recht im Internet, Kap. 4-2.2, S. 29; *Völker/Weidert*, WRP 1997, 652 (659); *Ubber*, WRP 1997, 497 (506).

[343] *Völker/Weidert*, WRP 1997, 652 (659); *Schwarz-Poeck*, Recht im Internet, Kap. 4-2.2, S. 29; *Ingerl/Rohnke*, Markengesetz, § 23 Rn. 14; *Ubber*, WRP 1997, 497 (506); *Jaeger-Lenz*, K&R 1998, 9 (13). So konkludent auch das OLG Karlsruhe, welches in der Entscheidung „zwilling.de", WRP 1998, 900 (901) feststellt, daß der Domain-Name „zwilling.de" nicht die Anschrift der Beklagten im Sinne von § 23 MarkenG sei, sondern eine willkürlich gewählte Bezeichnung ihrer Internet-Adresse.

[344] *Völker/Weidert*, WRP 1997, 652 (659); *Ubber*, WRP 1997, 497 (506); *Ernst*, NJW-CoR 1998, 178 (178).

[345] *Fezer*, Markenrecht, § 23 Rn. 26; *Ingerl/Rohnke*, Markengesetz, § 23 Rn.14; *Althammer/Ströbele/Klaka-Klaka*, Markengesetz, § 23 Rn. 10.

[346] *Ingerl/Rohnke*, Markengesetz, § 23 Rn.14.

[347] *Ingerl/Rohnke*, Markengesetz, § 23 Rn.5; *Fezer*, WRP 1996, 973 (973); *Fezer*, Markenrecht, § 23 Rn. 5.

wicklung des Waren- und Dienstleistungsverkehrs[348]. Entsprechend ihrem Sinn und Zweck wird die Anwendung der Regelung des § 23 Nr. 1, 2. Alt MarkenG auch für die Nummern von Telefon und Fax bejaht[349]. Genauso wie auf die Nummern von Telefon und Fax ist § 23 Nr. 1, 2. Alt. MarkenG auch auf die numerischen IP-Adressen analog anzuwenden, denn diese dienen der Identifikation eines ans Internet angeschlossenen Rechners, um diesen zu kontaktieren, und werden von den zuständigen Vergabestellen zugewiesen, ohne daß für den einzelnen Nutzer eine Wahlmöglichkeit bezüglich der Ziffernfolge besteht[350].

Die als Code für die IP-Adressen dienenden Domain-Namen werden vom Internetnutzer in ihrem Kernbestandteil frei ausgewählt und stellen daher willkürlich gewählte Zusätze zur IP-Adresse dar, so daß eine analoge Anwendung des § 23 Nr. 1, 2. Alt. MarkenG nach dessen Sinn und Zweck nicht in Betracht kommt. Im Ergebnis ist § 23 Nr. 1, 2. Alt. MarkenG somit nicht auf Domain-Namen anwendbar[351].

bb) Schutzschranken für Fälle, in denen sich das Konkurrenzunternehmen als Inhaber des Domain-Namens auf ein eigenes Kennzeichenrecht berufen kann

Der Schutz der Marke oder geschäftlichen Bezeichnung gemäß §§ 14 und 15 MarkenG könnte jedoch für den Fall durch Schutzschranken eingeschränkt sein, daß sich das Konkurrenzunternehmen als Inhaber des Domain-Namens auf ein eigenes Kennzeichenrecht berufen kann.

aaa) Gleichnamigkeitsfälle – Verwendung des eigenen Namens als Domain-Name

Zunächst ist zu überlegen, wie es zu beurteilen ist, wenn die Firmenbezeichnung des Konkurrenzunternehmens aus dem Namen eines gegenwärtigen oder früheren Unternehmensinhabers gebildet wurde, und dieser Inhabername als Domain-Name des Unternehmens gewählt wurde.

---

348 *Ingerl/Rohnke*, Markengesetz, § 23 Rn.5; *Fezer*, WRP 1996, 973 (973); *Fezer*, Markenrecht, § 23 Rn. 5.

349 *Fezer*, Markenrecht, § 23 Rn. 26.

350 Bei postalischen Anschriften oder Telefon- bzw. Faxnummern ist eine Anschrift- bzw. Nummernänderung zwar durch entsprechendes Umziehen bzw. Neuanschließen möglich, auf die Bezeichnung der Straße, des Wohnortes etc. sowie der gerade zur Verteilung bereitgehaltenen Nummer hat der einzelne im Normalfall aber keinen Einfluß. Entsprechend ist die Situation bei IP-Adressen.

351 So auch *Althammer/Ströbele/Klaka-Klaka*, Markengesetz, § 23 Rn. 10; *Ubber*, WRP 1997, 497 (506); *Völker/Weidert*, WRP 1997, 652 (659).

(1) § 23 Nr. 1, 1. Alt. MarkenG (eigener Familienname)

In diesem Fall könnte die Schutzschranke des § 23 Nr. 1, 1. Alt. MarkenG greifen. Danach kann der Kennzeicheninhaber einem Dritten nämlich nicht untersagen, im geschäftlichen Verkehr dessen Namen zu benutzen, sofern die Benutzung nicht gegen die guten Sitten verstößt.

(a) Namensbegriff und namens- bzw. firmenmäßige Benutzung

Der Namensbegriff des § 23 Nr. 1, 1. Alt. MarkenG stimmt nicht mit dem weiten Namensbegriff des § 12 BGB[352] überein. Name im Sinne des § 23 Nr. 1, 1. Alt. MarkenG ist vielmehr nur der Familienname, d.h. der Nachname natürlicher Personen[353]. Firmenbezeichnungen werden von § 23 Nr. 1, 1. Alt. MarkenG lediglich dann erfaßt, sofern sie den Familiennamen eines gegenwärtigen (ursprüngliche Firma) oder früheren Inhabers (abgeleitete Firma) enthalten[354]. Abzulehnen ist daher die Entscheidung „detag.de“[355], in der das Landgericht Bonn der Deutschen Telekom AG, also einer Aktiengesellschaft, deren Firma keinen Familiennamen beinhaltet, unter anderem unter Berufung auf § 23 Nr. 1, 1. Alt MarkenG die Befugnis zugestanden hat, den Domain-Namen „detag.de“ (für De̲utsche T̲elekom A̲G̲[356]) zu benutzen[357].

Weiterhin kommt die Privilegierung des § 23 Nr. 1, 1. Alt. MarkenG nur bei einer namens- bzw. firmenmäßigen Verwendung des Familiennamens in Be-

[352] Der Anwendungsbereich des § 12 BGB erfaßt aufgrund extensiver Auslegung eine Vielzahl von Bezeichnungen mit Namensfunktion, vgl. *Palandt-Heinrichs*, BGB, § 12 Rn. 1, 4ff.
[353] Amtl. Begr., BT-Drucks. 12/6581 vom 14.01.1994, S. 80; *Fezer*, Markenrecht, § 23 Rn. 20; *Althammer/Ströbele/Klaka-Klaka*, Markengesetz, § 23 Rn. 10; *Keller*, GRUR 1996, 607 (611), *Berlit*, Das neue Markenrecht, Rn. 314. Anderer Ansicht: *Ingerl/Rohnke*, Markengesetz, § 23 Rn. 10, welche die Meinung vertreten, daß neben dem Familiennamen auch der Vorname eines Menschen unter den Anwendungsbereich des § 23 Nr. 1, 1. Alt MarkenG fällt.
[354] Amtl. Begr., BT-Drucks. 12/6581 vom 14.01.1994, S. 80; *Fezer*, Markenrecht, § 23 Rn. 22; *Ingerl/Rohnke*, Markengesetz, § 23 Rn. 10; *Althammer/Ströbele/Klaka-Klaka*, Markengesetz, § 23 Rn. 10.
[355] LG Bonn, MMR 1998, 110ff. – detag.de. In diesem Rechtsstreit begehrte ein mit der Second-Level-Domain „detag“ namensgleiches Unternehmen die Freigabe des von der Deutschen Telekom AG reservierten Domain-Namens „detag.de“.
[356] Bei der Bezeichnung „detag“ handelt es sich zudem um eine ganz willkürliche Abkürzung des Namens der Deutschen Telekom AG.
[357] LG Bonn, MMR 1998, 110 (112) – detag.de. Gegen die Anwendung des § 23 Nr. 1, 1. Alt. MarkenG in der Entscheidung „detag.de“ wenden sich auch *Ernst*, NJW-CoR 1998, 178 (178) und *Schwarz-Poeck*, Recht im Internet, Kap. 4-2.2, S. 28.

tracht, nicht also bei Verwendung als Marke oder Werktitel[358]. Zur Begründung wird insbesondere angeführt, daß die Privilegierung des Familiennamens gegenüber anderen Kennzeichen auf der weitgehend fehlenden freien Wahl und der mangelnden beziehungsweise unzumutbaren Abänderbarkeit sowie auf dem als Teil des allgemeinen Persönlichkeitsrechts grundrechtlich geschützten Recht auf Führung des eigenen Namens beruhe[359]. Dementsprechend erfasse die Privilegierung auch nur Namensverwendungen, auf die der Namensträger angewiesen ist beziehungsweise die persönlichkeitsbezogen sind, wozu allein die Verwendungen als Personenname einschließlich Firma zähle[360]. Außerdem wird auf § 23 Nr. 2 und 3 MarkenG hingewiesen, der ausdrücklich bestimmt, daß die Benutzung der Marke oder geschäftlichen Bezeichnung nur als beschreibende Angabe oder als Bestimmungshinweis und damit nicht nach Art einer Marke oder eines Werktitels benutzt werden darf. Auch wenn § 23 Nr. 1 MarkenG nicht ausdrücklich eine entsprechende Begrenzung des Rechts zur Namensführung enthalte, gelte dieser Gedanke dort entsprechend[361]. Freilich ist eine Abgrenzung zwischen firmenmäßiger und markenmäßiger Verwendung äußerst schwierig[362]. Vor allem für den Fall, daß Firmenname und Marke unmittelbar nebeneinander und in nahezu gleicher Hervorhebung verwendet würden, wie zum Beispiel auf einem Bierflaschenetikett, wirke die Unterscheidung zwischen firmenmäßigem und markenmäßigem Gebrauch gekünstelt und werde vom Verkehr nicht mehr vollzogen[363].

Bei der Verwendung eines Domain-Namens im Internet ergeben sich meist besonders große Abgrenzungsschwierigkeiten, da unter dem Domain-Namen in

---

[358] OLG Hamburg, WRP 1997, 106 (108f.) - Gucci; *Fezer*, Markenrecht, § 23 Rn. 23; *Ingerl/Rohnke*, Markengesetz, § 23 Rn. 10; Keller, GRUR 1996, 607 (611). Schon nach der Rechtslage im Warenzeichengesetz kam eine Privilegierung des Gebrauchs des eigenen Namens – durch Anwendung der Grundsätze des Rechts der Gleichnamigen – grundsätzlich nur bei namens- bzw. firmenmäßiger Benutzung des eigenen Namens in Betracht (vgl. BGH, GRUR 1986, 402 (403) – Fürstenberg, dagegen jedoch *Großkommentar UWG-Teplitzky*, § 16 Rn. 389f. und *Scholz*, GRUR 1996, 679 (686)). Nur ausnahmsweise, beim Vorliegen besonders gewichtiger Gründe – wie zum Beispiel in dem Sonderfall, daß der Namensträger unter seinem Namen besondere schöpferische Leistungen erbracht hat (etwa als Modedesigner), so daß der Verkehr die Ware mit dem Namensträger identifiziert – wurde eine Anwendung der Regeln des Gleichnamigenrechts auch bei warenzeichenmäßigem Gebrauch des Namens für möglich gehalten, vgl. BGH, GRUR 1991, 475 (478) – Caren Pfleger. Ob derartige einzelne Sonderfälle auch im neuen Recht eine Ausnahme von dem Erfordernis eines namens- oder firmenmäßigen Gebrauchs in § 23 Nr. 1, 1. Alt. MarkenG rechtfertigen, ist fraglich (vgl. OLG Hamburg, WRP 1997, 106 (109) – Gucci) und hier nicht näher zu erörtern.

[359] *Ingerl/Rohnke*, Markengesetz, § 23 Rn. 10.

[360] *Ingerl/Rohnke*, Markengesetz, § 23 Rn. 10.

[361] *Fezer*, Markenrecht, § 23 Rn. 23.

[362] Vgl. *Großkommentar UWG-Teplitzky*, § 16 Rn. 389f.; *Scholz*, GRUR 1996, 679 (686).

[363] *Scholz*, GRUR 1996, 679 (686).

der Regel sowohl ein Unternehmen als auch dessen Produkte präsentiert werden, und der Domain-Name, egal ob er eine Marke oder eine Unternehmensbezeichnung widerspiegelt, auf dem Bildschirm immer an gleicher Stelle[364] und in gleicher Schreibweise erscheint. Jedenfalls wenn unter dem Domain-Namen Unternehmensinformationen geboten werden, kann im Zweifel eine (zumindest auch) firmenmäßige Verwendung des Domain-Namens angenommen werden. Enthält die Firma des Konkurrenzunternehmens den Familiennamen eines (früheren) Unternehmensinhabers, und wird diese Firmenbezeichnung firmenmäßig als Domain-Name verwendet, so kommt für das Konkurrenzunternehmen somit eine Privilegierung durch § 23 Nr. 1, 1. Alt in Betracht.

(b) Sittenwidrigkeitsvorbehalt

Kann sich das Konkurrenzunternehmen auf die Verwendung des Familiennamens des Unternehmensinhabers als Domain-Namen berufen, so darf es jedoch nur dann gemäß § 23 Nr. 1, 1. Alt MarkenG den Domain-Namen benutzen, wenn diese Benutzung nicht gegen die guten Sitten verstößt.

(aa) Anforderungen an einen Verstoß gegen die guten Sitten

Die Voraussetzung einer nicht gegen die guten Sitten verstoßenden Benutzung in § 23 MarkenG entspricht dem in Art. 6 I MarkenRL verwendeten und für die richtlinienkonforme Auslegung des § 23 MarkenG jedenfalls bezüglich eingetragener Marken maßgeblichen Erfordernis, daß die Benutzung den „anständigen Gepflogenheiten in Gewerbe oder Handel" entspricht[365]. Der Begriff der guten Sitten in § 23 MarkenG ist somit richtlinienkonform im Sinne der anständigen Gepflogenheiten in Gewerbe und Handel auszulegen. Für die Feststellung, ob ein Verstoß gegen die guten Sitten gegeben ist, kommt es auf eine Gesamtwürdigung aller Umstände des konkreten Einzelfalles an[366]. Dabei sind sowohl

[364] Nämlich im URL-Eingabefeld.

[365] *Fezer*, WRP 1996, 973 (976); *Fezer*, Markenrecht, § 23 Rn. 14; *Ingerl/Rohnke*, Markengesetz, § 23 Rn. 9; *Althammer/Ströbele/Klaka-Klaka*, Markengesetz, § 23 Rn. 20.
Anders als § 1 UWG verlangt der Verstoß gegen die guten Sitten nach § 23 MarkenG kein Handeln zu Zwecken des Wettbewerbs (*Fezer*, WRP 1996, 973 (976); *Fezer*, Markenrecht, § 23 Rn. 15; *Ingerl/Rohnke*, Markengesetz, § 23 Rn. 9; *Althammer/Ströbele/Klaka-Klaka*, Markengesetz, § 23 Rn. 20). Unzutreffend sind insofern die Ausführungen in der Amtlichen Begründung (BT-Drucks. 12/6581 vom 14.01.1994, S. 80), wo von einer „Benutzung ... im Einklang mit den Grundsätzen des lauteren Wettbewerbs" die Rede ist.

[366] Amtl. Begr., BT-Drucks. 12/6581 vom 14.01.1994, S. 80; *Fezer*, WRP 1996, 973 (976); *Fezer*, Markenrecht, § 23 Rn. 16; *Althammer/Ströbele/Klaka-Klaka*, Markengesetz, § 23 Rn. 20. Anderer Ansicht sind *Ingerl/Rohnke*, Markengesetz, § 23 Rn. 9, die sich dagegen wenden, beim Sittenwidrigkeitsvorbehalt von einer umfassenden Güter- und Interessenabwägung zu

das Interesse des Kennzeicheninhabers an seinem Ausschließlichkeitsrecht als auch das Interesse des Dritten an einer Benutzung seines Familiennamens sowie das Allgemeininteresse an einem freien Wirtschaftsverkehr durch eine von den Umständen des Einzelfalles ausgehende Güter- und Interessenabwägung in Einklang zu bringen[367].

(bb) Berücksichtigung des Rechts der Gleichnamigen

Im Falle der Namensbenutzung gemäß § 23 Nr. 1, 1. Alt. MarkenG könnte möglicherweise im Rahmen des Sittenwidrigkeitsvorbehalts auf die von der Rechtsprechung zu § 16 UWG a.F. entwickelten und nach Rechtsprechung und Schrifttum auch im Rahmen des Markengesetzes fortgeltenden[368], differenzierten Regeln des Rechts der sogenannten Gleichnamigen zurückgegriffen werden.

(aaa) Das Recht der Gleichnamigen

((1)) Differenzierte Regeln des Gleichnamigenrechts

Die Grundregel des Gleichnamigenrechts besagt, daß einem prioritätsälteren Kennzeicheninhaber[369] die Duldung der Inbenutzungnahme eines jüngeren bürgerlichen Namens im Geschäftsverkehr trotz Verwechslungsgefahr zugemutet werden kann, wenn der jüngere Namensträger an der Benutzung ein schutzwürdiges Interesse hat, redlich handelt und alles Erforderliche und Zumutbare

---

sprechen, da dies allzu leicht zu einer generellen Relativierung der von § 23 Nr. 1, 1. Alt. MarkenG zugunsten des freien Gebrauchs des Namens getroffenen Grundentscheidung führen könne. Statt dessen sei der Sittenwidrigkeitsvorbehalt als eng auszulegende Schranken-Schranke zum Ausschluß von im Einzelfall mißbräuchlichen Erscheinungsformen des Gebrauchs des grundsätzlich frei benutzbaren Familiennamens zu verstehen.

367 *Fezer*, WRP 1996, 973 (976); *Fezer*, Markenrecht, § 23 Rn. 16; *Althammer/Ströbele/Klaka-Klaka*, Markengesetz, § 23 Rn. 20.

368 Vgl. die Ausführungen in BGH, GRUR 1995, 825 (828) – Torres; BGH,GRUR 1997, 751 (754) – B.Z./Berliner Zeitung; sowie: *Scholz*, GRUR 1996, 679 (680); *Ingerl/Rohnke*, Markengesetz, § 23 Rn. 17; *Fezer*, Markenrecht, § 15 Rn. 92ff.; *Althammer/Ströbele/Klaka-Klaka*, Markengesetz, § 15 Rn. 72; *von Schultz*, GRUR 1997, 408 (410).

369 Bisher befaßte sich die höchstrichterliche Rechtsprechung lediglich mit Fällen, in denen sich zwei gleiche, zur Unternehmenskennzeichnung verwendete Familiennamen gegenüberstanden. Jedoch wird in der Literatur auch die Anwendung der Grundsätze des Gleichnamigenrechts auf andere Kollisionen befürwortet, sofern zumindest die prioritätsjüngere Bezeichnung einen bürgerlichen Namen enthält, während das ältere Kennzeichen auch von anderer Art (zum Beispiel eine Phantasiebezeichnung) sein kann. Vgl. dazu insbesondere *von Schultz*, GRUR 1992, 487 (490f.) sowie des weiteren *Ingerl/Rohnke*, Markengesetz, § 23 Rn. 16 und *Schultz-Süchting*, Hdb. des Wettbewerbsrechts, § 59 Rn. 2.

tut, um Verwechslungen nach Möglichkeit zu begegnen[370]. Dies stellt eine Einschränkung des das Kennzeichenrecht beherrschenden Prioritätsgrundsatzes dar[371], wonach das prioritätsjüngere Kennzeichenrecht dem prioritätsälteren weichen muß[372].

Der hierfür ursprünglich auf den registerrechtlichen Zwang zur Namensführung gemäß §§ 18, 19 HGB a.F.[373] abstellende Begründungsansatz des Reichsgerichts[374] wurde vom Bundesgerichtshof bereits in der „Kupferberg"-Entscheidung[375] als zu eng abgelehnt und entbehrt durch Wegfall des Namensführungszwangs aufgrund der HGB-Reform von 1998 nunmehr auch der Grundlage[376]. Ausgangspunkt ist vielmehr allgemeiner das Recht natürlicher Personen

---

370 BGH, GRUR 1966, 623 (625) – Kupferberg; BGH, GRUR 1993, 579 (580) – Römer GmbH; *Großkommentar UWG-Teplitzky*, § 16 Rn. 385; *Ingerl/Rohnke*, Markengesetz, § 23 Rn. 16; *Fezer*, Markenrecht, § 15 Rn. 96f.

371 *Großkommentar UWG-Teplitzky*, § 16 Rn. 382; *Scholz*, GRUR 1996, 679 (679f.); *Ingerl/Rohnke*, Markengesetz, § 6 Rn. 2, § 23 Rn. 15. Der prioritätsältere Kennzeicheninhaber kann trotz des zeitlichen Vorranges dem prioritätsjüngeren Namensträger den Gebrauch seines Namens nicht einfach verbieten. Das Recht des Prioritätsälteren findet nämlich seine Grenze am Recht jedes Gleichnamigen, seinen Namen in ehrlicher Weise zu verwenden. Mit dem Prioritätsgrundsatz allein läßt sich der Konflikt einer solchen Kollision nicht lösen, da beide Beteiligten ein schutzwürdiges Interesse an der Kennzeichenverwendung haben. Statt Anwendung des formalen Prioritätsprinzips sieht das Gleichnamigenrecht daher eine differenzierende Koexistenzregelung vor.

372 *Fezer*, Markenrecht, § 6 Rn. 6; *Ingerl/Rohnke*, Markengesetz, § 6 Rn. 1.

373 §§ 18, 19 HGB a.F. schrieben vor, daß Einzelkaufleute ihren vollen Vor- und Zunamen als Firma zu verwenden haben, und daß Personenhandelsgesellschaften den Namen mindestens eines Gesellschafters in der Firma führen müssen.

374 RGZ 110, 234 (236f.) – Malzmann; RGZ 116, 209 (210f.) – Stollwerk; RG, GRUR 1941, 110 (112ff.) – Nieten- und Schraubenfabrik. Das Reichsgericht stellte zur Begründung des Rechts, unter seinem bürgerlichen Namen im Geschäftsverkehr aufzutreten, darauf ab, ob nach damaligem Firmenrecht dieser Name geführt werden mußte (§§ 18, 19 HGB a.F., vgl. vorherige Fn.), und ließ folgerichtig Einschränkungen des Schutzes aus § 16 UWG a.F. nur in solchen Fällen zu, in denen der Namensträger eine Rechtsform wählte, auf die die Vorschriften der §§ 18, 19 HGB a.F. anzuwenden waren.

375 BGH, GRUR 1966, 623 (625) – Kupferberg.

376 Die HGB-Reform wurde durch das Gesetz zur Neuregelung des Kaufmanns- und Firmenrechts und zur Änderung anderer handels- und gesellschaftsrechtlicher Vorschriften (Handelsrechtsreformgesetz – HRefG) vom 22.06.1998 (BGBl. I 1998, 1474) vollzogen. Nach dem durch die HGB-Reform eingeführten neuen Firmenrecht steht es Einzelkaufleuten, Personenhandelsgesellschaften und auch Kapitalgesellschaften nunmehr frei, eine Personen-, Sach- oder Phantasiefirma zu wählen, sofern folgende Regeln eingehalten werden: Die Firma muß zur Kennzeichnung des Unternehmensträgers („des Kaufmanns") geeignet sein und Unterscheidungskraft besitzen (§ 18 I HGB). Auch darf die Firma keine irreführenden Angaben enthalten (§ 18 II HGB), und sie muß den zwingend vorgeschriebenen Rechtsformzusatz gemäß § 19 HGB aufweisen. Vgl. dazu *K. Schmidt*, NJW 1998, 2161 (2161ff.); *K. Schmidt*, Handelsrecht, S. 362ff.

zur Führung ihres eigenen bürgerlichen Namens, auch im Geschäftsverkehr[377]. Dieses Namensführungsrecht ist aus dem als Teil des allgemeinen Persönlichkeitsrechts auch grundrechtlich geschützten Recht auf Führung des eigenen Namens abzuleiten[378].

Allerdings besteht das Recht, bei wirtschaftlicher Betätigung den eigenen Namen zu verwenden, nicht uneingeschränkt. Voraussetzung ist vielmehr zunächst die redliche Wahl und Führung des Namens[379], woran es zum Beispiel im Falle von Strohmanngründungen, bei denen ein Strohmann seinen Namen zur Bildung einer Firma zur Verfügung stellt, oder im Falle von gezielt zur Herbeiführung von Verwechslungen gewählten Bezeichnungen fehlt[380]. Weiterhin ist nach der Rechtsprechung des Bundesgerichtshofs die Berufung auf das Recht, den eigenen Namen zu gebrauchen, mangels schutzwürdigen Interesses in der Regel ausgeschlossen, wenn eine nicht namens- beziehungsweise firmenmäßigen Verwendung des Namens durch den Namensträger erfolgt, also insbesondere im Falle der Verwendung als Marke[381].

---

[377] BGH, GRUR 1983, 787 (788) – Tina Farina; BGH, GRUR 1993, 579 (580) – Römer GmbH; *Großkommentar UWG-Teplitzky*, § 16 Rn. 382; *von Gamm*, Wettbewerbsrecht, 5. Aufl., Kap. 54 Rn. 8; *Baumbach/Hefermehl*, Wettbewerbsrecht, Allg. Rn. 233; *Fezer*, Markenrecht, § 15 Rn. 92; *Althammer/Ströbele/Klaka-Klaka*, Markengesetz, § 15 Rn. 74.

[378] *Scholz*, GRUR 1996, 679 (681f.); *Ingerl/Rohnke*, Markengesetz, § 23 Rn. 16. Ähnlich auch *Fezer*, Markenrecht, § 15 Rn. 92 und *Baumbach/Hefermehl*, Wettbewerbsrecht, 20. Aufl., Allg. Rn. 233, die das Recht zur Führung des eigenen Namens aus der allgemeinen Freiheit, sich wirtschaftlich zu betätigen, ableiten.

[379] BGH, GRUR 1951, 410 (412) – Luppy; BGHZ 4, 96 (102f.) – Farina Urkölsch; BGH, GRUR 1958, 185 (187) – Wyeth; BGH, GRUR 1983, 787 (788) – Tina Farina; *Großkommentar UWG-Teplitzky*, § 16 Rn. 392; *Fezer*, Markenrecht, § 15 Rn. 92; *Ingerl/Rohnke*, Markengesetz, § 23 Rn. 23; *Althammer/Ströbele/Klaka-Klaka*, Markengesetz, § 15 Rn. 74; *Baumbach/Hefermehl*, Wettbewerbsrecht, Allg. Rn. 233ff.

[380] *Fezer*, Markenrecht, § 15 Rn. 93f.; *Ingerl/Rohnke*, Markengesetz, § 23 Rn. 23; *Großkommentar UWG-Teplitzky*, § 16 Rn. 392; *Baumbach/Hefermehl*, Wettbewerbsrecht, Allg. Rn. 235f.; *Knaak*, Das Recht der Gleichnamigen, S. 29-32.

[381] Anders als auf dem Gebiet des stärker persönlichkeitsorientierten Firmenrechts bestehe nämlich keine Notwendigkeit, auch die Herkunft eines Produktes durch bürgerliche Namen zu kennzeichnen, vgl. BGHZ 45, 246 (249) – Merck; BGH, GRUR 1986, 402 (403) – Fürstenberg; BGH, GRUR 1991, 475 (478) – Caren Pfleger; BGH, GRUR 1995, 825 (828) – Torres. Überholt ist die Entscheidung „Wyeth" (BGH, GRUR 1958, 185 (187)), in der der Bundesgerichtshof zu den Rechten des redlichen Namensträgers auch das Recht auf Kennzeichnung seiner Ware mit seinem Namen zählte.
Zu dem von der Rechtsprechung als Ausnahme erwogenen Sonderfall bei Erbringung besonderer schöpferischer Leistungen vgl. BGH GRUR 1991, 475 (478) – Caren Pfleger. Die grundsätzlich eine namens- beziehungsweise firmenmäßige Verwendung erfordernde Rechtsprechung wird in der Literatur sowohl aus Gründen der Praktibilität wegen der Abgrenzungsschwierigkeiten zwischen firmen- und markenmäßigem Gebrauch (*Großkommentar UWG-Teplitzky*, § 16 Rn. 389f.) als auch grundsätzlicher wegen des unterbewerteten Interes-

Hieraus folgt: Wer in redlicher Weise seinen bürgerlichen Namen namens- oder firmenmäßig im Geschäftsverkehr verwenden möchte, darf dies grundsätzlich tun. Kommt es dadurch zu Kollisionen mit identisch lautenden, prioritätsälteren Kennzeichen, so kann der prioritätsältere Kennzeicheninhaber dem prioritätsjüngeren Namensträger den Namensgebrauch nicht einfach verbieten[382]. Wohl aber besteht im Regelfall die Verpflichtung des Prioritätsjüngeren – und insoweit kommt der Priorität auch im Gleichnamigenrecht eine zentrale Bedeutung zu[383] – alles Erforderliche und Zumutbare zu unternehmen, um Verwechslungen nach Möglichkeit zu begegnen[384]. Dem prioritätsjüngeren Namensträger kann somit zwar die Verwendung seines Namens nicht untersagt werden[385], ihn trifft aber die primäre Verpflichtung, gegen die Verwechslungsgefahr vorzugehen. Kann trotz Vornahme aller zumutbaren Änderungen und Abgrenzungen durch den prioritätsjüngeren Namensträger ein gewisser Rest von Verwechslungsgefahr nicht ausgeräumt werden, so muß dieser grundsätzlich hingenommen werden[386].

Zur Vermeidung der Verwechslungsgefahr kommt vor allem die Beifügung eines unterscheidungskräftigen Zusatzes in Betracht[387]. Als Unterscheidungszusätze geeignet sind insbesondere Phantasiebezeichnungen[388] oder Unterscheidungsfloskeln[389], unter Umständen auch auffällige Ortsbezeichnungen als Sitzstätte[390]. Das Hinzufügen des bloßen Vornamens kann dagegen nur aus-

---

ses an der „Namensmarke" (*Scholz*, GRUR 1996, 679 (687 i.V.m. 681f.)) in Frage gestellt. Der Bundesgerichtshof hält daran jedoch dem Grundsatz nach unverändert fest (BGH GRUR 1995, 825 (828) – Torres).

382 BGH, GRUR 1990, 364 (366) – Baelz; BGH, GRUR 1993, 579 (580) – Römer GmbH; *Palandt-Heinrichs*, § 12 Rn. 27; *Fezer*, Markenrecht, § 15 Rn. 97.

383 Canaris, GRUR 1989, 711 (717); *Großkommentar UWG-Teplitzky*, § 16 Rn. 412.

384 RGZ 170, 265 (270) – Hä/Orange; BGH, GRUR 1990, 364 (366) – Baelz; BGH, GRUR 1993, 579 (580) – Römer GmbH; *Großkommentar UWG-Teplitzky*, § 16 Rn. 397.

385 BGH, GRUR 1990, 364 (366) – Baelz; BGH, GRUR 1993, 579 (580) – Römer GmbH; *Palandt-Heinrichs*, § 12 Rn. 27; *Fezer*, Markenrecht, § 15 Rn. 97.

386 RGZ 170, 265 (270) – Hä/Orange; BGHZ 4, 96 (105) – Farina Urköl`sch; BGH, GRUR 1960, 33 (36) – Zamek I; *Scholz*, GRUR 1996, 679 (679); *von Schultz*, GRUR 1992, 487 (488); *Fezer*, Markenrecht, § 15 Rn. 100; *Althammer/Ströbele/Klaka-Klaka*, Markengesetz, § 15 Rn. 11; *Palandt-Heinrichs*, BGB, § 12 Rn. 27.

387 BGH, GRUR 1990, 364 (366) – Baelz; *Großkommentar UWG-Teplitzky*, § 16 Rn. 398, 411; *von Schultz*, GRUR 1992, 487 (488); *Ingerl/Rohnke*, Markengesetz, § 23 Rn. 25. Möglich ist aber auch eine sonstige abweichende Gestaltung des Kennzeichens.

388 So etwa die Bezeichnung „Giroflex", vgl. BGH, GRUR 1987, 182 (183f.) – Stoll.

389 Zum Beispiel den „... sprachlich unschönen, aber sicher sehr wirkungsvollen Zusatz „nicht zu verwechseln mit..."", vgl. RG, GRUR 1940, 358 (362) – Rauner.

390 Vgl. RGZ 165, 271 (286f.) – Nieten- und Schraubenfabrik. Dies gilt jedoch nicht, sofern die Ortsangabe lediglich den Eindruck vermittelt, daß es sich um eine Niederlassung eines

nahmsweise genügen, etwa bei besonderer Auffälligkeit, die zum Beispiel auch durch Unterstreichung[391], verschiedenartige Druckanordnung[392] oder andere Hervorhebung bewirkt werden kann, nicht jedoch bei bekanntem Familiennamen und/oder geringem Aufmerksamkeitsgehalt des Vornamens[393]. Grundsätzlich sind die Zusätze so zu wählen, daß sie möglichst stark auffallen und den übereinstimmenden Kennzeichenteil möglichst „herunterspielen"[394], wobei letztlich die an Art und Umfang der Zusätze zu stellenden Anforderungen jeweils vom Einzelfall abhängen[395].

Obwohl es regelmäßig Sache des Prioritätsjüngeren ist, die Verwechslungsgefahr auszuschließen oder jedenfalls auf ein unvermeidbares und hinnehmbares Maß zu verringern, kann in ganz seltenen Fällen, wie etwa bei einem nur geringfügigen zeitlichen Abstand, möglicherweise auch der prioritätsältere Kennzeicheninhaber verpflichtet sein, seinerseits zur Eindämmung der Verwechslungsgefahr beizutragen[396].

Was im Einzelfall erforderlich und zumutbar ist, um einer Verwechslungsgefahr zu begegnen, inwieweit ein Rest von Verwechslungsgefahr hinzunehmen ist und unter welchen Umständen ausnahmsweise auch der prioritätsältere Kennzeicheninhaber gehalten sein kann, zur Beseitigung oder Verminderung der Verwechslungsgefahr beizutragen, ist letztlich jeweils aufgrund einer umfassenden Interessenabwägung unter Würdigung der besonderen Umstände des Einzelfalles zu entscheiden[397]. Im Rahmen dieser Abwägung wird das Interesse des

---

ansonsten identisch gekennzeichneten älteren Unternehmens handelt (vgl. BGH, GRUR 1984, 378 (378) – Hotel Krone), oder sofern die Unternehmen ihren Sitz am selben Ort haben (vgl. OLG Köln, GRUR 1975, 375 (375ff.)).

[391] Vgl. RGZ 165, 271 (287) – Nieten- und Schraubenfabrik.

[392] *Fezer*, Markenrecht, § 15 Rn. 100.

[393] Vgl. BGH, GRUR 1987, 182 (184) – Stoll; BGH, GRUR 1983, 787 (789) – Tina Farina; BGH, GRUR 1991, 475 (477) – Caren Pfleger; *Großkommentar UWG-Teplitzky*, § 16 Rn. 411; *von Schultz*, GRUR 1992, 487 (489); *Fezer*, Markenrecht, § 15 Rn. 100; *Ingerl/Rohnke*, Markengesetz, § 23 Rn. 28.

[394] Vgl. *Großkommentar UWG-Teplitzky*, § 16 Rn. 411.

[395] *Von Schultz*, GRUR 1992, 487 (488); *von Schultz*, GRUR 1997, 408 (410); *Baumbach/Hefermehl*, Wettbewerbsrecht, Allg. Rn. 242ff.

[396] *Fezer*, Markenrecht, § 15 Rn. 99; *Ingerl/Rohnke*, Markengesetz, § 23 Rn. 26; *Großkommentar UWG-Teplitzky*, § 16 Rn. 412. Weitergehend, da nicht nur auf seltene Ausnahmefälle begrenzt: BGH, GRUR 1957, 342 (346) – Underberg; BGH, GRUR 1990, 364 (366) – Baelz; von Gamm, Wettbewerbsrecht, 5. Aufl., Kap. 54 Rn. 11, wonach aufgrund einer Interessenabwägung jeweils festzustellen ist, ob die Pflicht zur Verringerung der Verwechslungsgefahr auch den prioritätsälteren Kennzeicheninhaber treffen könne.

[397] BGH, GRUR 1957, 342 (346) – Underberg; BGH, GRUR 1968, 212 (213) – Hellige; BGH, GRUR 1990, 364 (366) – Baelz; BGH, GRUR 1993, 579 (580) – Römer GmbH;

Prioritätsälteren[398] weitgehend durch den Wert seines Kennzeichens bestimmt, der seinerseits insbesondere von der Kennzeichnungskraft, der gewonnenen Verkehrsbekanntheit sowie dem Umfang und der Dauer der Benutzung des Kennzeichens abhängt[399]. Auf Seiten des Prioritätsjüngeren kommt es für die Abwägung zunächst darauf an, wie groß sein Interesse an der Namensverwendung ist[400]. Daneben kann zur Bestimmung des Interesses des Prioritätsjüngeren auch der Grad seiner Abgrenzungsbemühungen eine Rolle spielen, das heißt, ob er sich im Rahmen des Zumutbaren um ein Höchstmaß an Abgrenzung bemüht hat oder von vornherein eine vermeidbare Annäherung an das ältere Kennzeichen gewählt hat[401]. Schließlich kann für die Interessenabwägung auch der Grad der Branchennähe zwischen den Parteien bedeutsam sein[402].

((2)) Sonderfall: Gleichgewichtslage

Besondere Regeln gelten für den Fall, daß eine sogenannte „Gleichgewichtslage“[403] besteht. Dies ist dann der Fall, wenn zwei Unternehmen mit gleichlautenden oder verwechslungsfähigen, aus dem eigenen Namen gebildeten Kennzeichen längere Zeit unbeanstandet nebeneinander existiert haben[404], so daß beide

---

Scholz, GRUR 1996, 679 (682); *Großkommentar UWG-Teplitzky*, § 16 Rn. 398ff.; *Fezer*, Markenrecht, § 15 Rn. 92, 96, 100; *Ingerl/Rohnke*, Markengesetz, § 23 Rn. 16.

[398] Neben das Interesse des Prioritätsälteren tritt oftmals auch ein Interesse der Allgemeinheit, vor betrieblichen Herkunftstäuschungen bewahrt zu bleiben, vgl. *Großkommentar UWG-Teplitzky*, § 16 Rn. 401.

[399] BGH, GRUR 1993, 579 (580) – Römer GmbH; OLG Köln, GRUR 1983, 787 (788) – Tina Farina; *Großkommentar UWG-Teplitzky*, § 16 Rn. 401; *Ingerl/Rohnke*, Markengesetz, § 23 Rn. 27.

[400] Vor der HGB-Reform von 1998 wurde zur Bestimmung des Grades des Interesses des Prioritätsjüngeren an der Namensverwendung insbesondere darauf abgestellt, ob es sich um eine gemäß §§ 18, 19 HGB a.F. notwendige Namensverwendung oder aber um eine aus freien Stücken gewählte Namensführung handelte. Im Falle der nach §§ 18, 19 HGB a.F. erforderlichen Namensverwendung wurde ein stärkeres Interesse des Prioritätsjüngeren bejaht als bei einer freiwilligen bzw. gewillkürten Wahl des Namens. Vgl. *Großkommentar UWG-Teplitzky*, § 16 Rn. 404; BGH, GRUR 1993, 579 (580) – Römer GmbH; OLG Köln, GRUR 1983, 787 (788) – Tina Farina. Mit Wegfall des Zwangs zur Namensverwendung im neuen Firmenrecht (vgl. Fn. 353) ist diese Differenzierung gegenstandslos geworden.

[401] BGH, GRUR 1993, 579 (580) – Römer GmbH; *Großkommentar UWG-Teplitzky*, § 16 Rn. 409.

[402] BGH, GRUR 1993, 579 (580) – Römer GmbH; OLG Köln, GRUR 1983, 787 (788) – Tina Farina; *Ingerl/Rohnke*, Markengesetz, § 23 Rn. 27.

[403] Auch „besondere Wettbewerbslage“ genannt.

[404] Gegebenenfalls nach Herstellung des ihnen zumutbaren Abstandes bei Fortbestehen eines Rests von Verwechslungsgefahr.

einen wertvollen Besitzstand erworben haben[405]. Beim Vorliegen einer Gleichgewichtslage sind beide Seiten zur wechselseitigen Tolerierung sowie zur Vermeidung einer Erhöhung der Verwechslungsgefahr verpflichtet[406]. Spätere Änderungen der zu duldenden Kennzeichenverwendung sind nicht generell ausgeschlossen. Ihre Zulässigkeit richtet sich vielmehr nach einer umfassenden Interessenabwägung, deren Ausgangspunkt die Verpflichtung beider Kennzeicheninhaber zur Vermeidung einer Erhöhung der Verwechslungsgefahr ist, bei der aber auch den sonstigen, im Gleichnamigenrecht erheblichen Interessen angemessen Rechnung zu tragen ist[407].

Wird der Grad der Verwechslungsgefahr spürbar und unzumutbar erhöht[408] sei es durch Veränderung an dem Kennzeichen selbst (etwa durch Weglassen[409], Veränderung[410] oder Herausstellung einzelner Bestandteile[411]) sei es durch eine Änderung der Benutzungsform (zum Beispiel durch Übergang von der nur firmenmäßigen zur auch markenmäßigen Benutzung[412]) oder dadurch, daß das Kennzeichen in anderem sachlichen oder räumlichen Betätigungsbereich verwendet wird[413], so obliegt es grundsätzlich demjenigen, der die Änderung verursacht hat, durch ausgleichende unterscheidungskräftige Zusätze oder sonstige Maßnahmen für eine Beseitigung der gesteigerten Verwechslungsgefahr zu sorgen[414].

Im Sonderfall der Gleichgewichtslage kommt es somit für die Frage, wer in erster Linie zur Vornahme der erforderlichen ausgleichenden Maßnahmen verpflichtet ist, nicht entscheidend auf die ursprüngliche Prioritätslage an, sondern die Verantwortung für die Veranlassung der Veränderung tritt in den

---

405 *Großkommentar UWG-Teplitzky*, § 16 Rn. 413; *Fezer*, Markenrecht, § 15 Rn. 101. Zu den Fällen der Gleichgewichtslage bei nicht aus dem eigenen Namen abgeleiteten Kennzeichen, siehe S. 108.

406 RG, GRUR 1929, 1216 (1217) – Leykauf (nur die Tolerierungspflicht betreffend); BGH, GRUR 1984, 378 (378) – Hotel Krone; *Großkommentar UWG-Teplitzky*, § 16 Rn. 413; *Scholz*, GRUR 1996, 679 (680). Zur Aufrechterhaltung der bestehenden Gleichgewichtslage müssen sich beide Parteien so verhalten, daß der Grad der vorhandenen und in Kauf zu nehmenden Verwechslungsgefahr nicht spürbar erhöht wird.

407 *Ingerl/Rohnke*, Markengesetz, § 23 Rn. 29.

408 *Großkommentar UWG-Teplitzky*, § 16 Rn. 417.

409 BGH, GRUR 1987, 182 (184) – Stoll.

410 BGH, GRUR 1984, 378 (378) – Hotel Krone.

411 BGH, GRUR 1985, 389 (390) – Familienname.

412 BGH, GRUR 1970, 315 (317) – Napoléon III.

413 BGH, GRUR 1953, 252 (254) – Hoch- und Tiefbau.

414 BGH, GRUR 1953, 252 (254) – Hoch- und Tiefbau; BGH, GRUR 1995, 754 (759) – Altenburger Spielkartenfabrik; BGH, WRP 1997, 751 (754) – B.Z./Berliner Zeitung; *Fezer*, Markenrecht, § 15 Rn. 104; *Ingerl/Rohnke*, Markengesetz, § 23 Rn. 29.

Vordergrund. Nur ganz ausnahmsweise kann auch hier, unter ähnlich engen Voraussetzungen wie beim Verhältnis des prioritätsjüngeren zum prioritätsälteren Kennzeicheninhaber, als Ergebnis der Interessenabwägung eine Verpflichtung des anderen zur Mitwirkung bei der Abgrenzung bejaht werden[415].

(bbb) Berücksichtigung im Rahmen des § 23 Nr. 1, 1. Alt. MarkenG

Die Bestimmung des § 23 Nr. 1, 1. Alt. MarkenG eignet sich als Anbindungspunkt für die durch die Rechtsprechung zu § 16 UWG a.F. entwickelten und auch im neuen Markenrecht fortgeltenden Regeln des Gleichnamigenrechts[416]. Denn § 23 Nr. 1, 1. Alt MarkenG stellt ebenso wie die Regeln des Gleichnamigenrechts eine Einschränkung des Prioritätsprinzips zu Gunsten des Rechts zur Führung des Familiennamens dar. Außerdem ist im Rahmen des in § 23 MarkenG ausdrücklich niedergelegten Sittenwidrigkeitsvorbehalts ebenso wie im Gleichnamigenrecht letztlich eine umfassende Güter- und Interessenabwägung maßgebend.

Allerdings kommt § 23 Nr. 1, 1. Alt. MarkenG als Grundlage für das Gleichnamigenrecht nur bezüglich des Gebrauchs des Familiennamens in Betracht, nicht dagegen soweit das Gleichnamigenrecht darüber hinaus auch für die Verwendung von Vornamen gilt[417] und soweit die Gleichnamigengrundsätze auch auf Gleichgewichtslagen, bei denen keines der koexistierenden Kennzeichen aus Personennamen gebildet oder abgeleitet wurde[418], entsprechend angewendet werden[419].

(ccc) Ergebnis

Es kann somit bei der Sittenwidrigkeitsprüfung im Falle des § 23 Nr. 1, 1. Alt. MarkenG auf die Regeln des Gleichnamigenrechts zurückgegriffen werden.

---

[415] *Scholz*, GRUR 1996, 679 (681); *Fezer*, Markenrecht, § 15 Rn. 104; *Großkommentar UWG-Teplitzky*, § 16 Rn. 419.

[416] *Ingerl/Rohnke*, Markengesetz, § 23 Rn. 10, 17, 20f. Ebenso wohl auch *Keller*, GRUR 1996, 607 (611), der darauf hinweist, daß das Recht der Gleichnamigen im Rahmen der Lauterkeitsprüfung des § 23 MarkenG zu berücksichtigen sei.

[417] Siehe dazu S. 107.

[418] Siehe dazu S. 108.

[419] Vgl. *Ingerl/Rohnke*, Markengesetz, § 23 Rn. 20.

(cc) Beurteilung der Fälle sittenwidriger Verwendung des Domain-Namens durch das Konkurrenzunternehmen.

Nach Klärung der Voraussetzungen eines Sittenverstoßes gegen § 23 MarkenG muß nun geprüft werden, in welchen Fällen eine sittenwidrige – und damit gemäß § 23 Nr. 1, 1. Alt MarkenG unzulässige – Verwendung des Familiennamens des Unternehmensinhabers als Domain-Name durch das Konkurrenzunternehmen vorliegt.

(aaa) Fälle eindeutig unlauterer Namensverwendung

Ein Verstoß gegen die guten Sitten kann problemlos bejaht werden, wenn eine eindeutig unlautere Namensverwendung durch das Konkurrenzunternehmen vorliegt. Dies ist zum Beispiel der Fall, wenn das Konkurrenzunternehmen den eigenen Firmennamen gezielt zur Herbeiführung von Verwechslungen oder sonstigen Irrtümern, zur Ausbeutung fremden Rufs oder zur Behinderung anderer Kennzeicheninhaber verwendet. Sittenwidrigkeit liegt insofern zum Beispiel vor, wenn das Konkurrenzunternehmen es bei der Registrierung des den eigenen Unternehmensnamen widerspiegelnden Domain-Namens von vornherein darauf angelegt hat, Verwechslungen mit einem fremden Kennzeichen hervorzurufen, um den Inhaber dieses fremden Kennzeichens zur Bezahlung eines Betrages für die Freigabe des Domain-Namens zu bewegen[420], oder um unter Ausnutzung des guten Rufes des fremden Kennzeichens Internetnutzer auf die eigenen Webseiten zu locken.

(bbb) Sonstige Fälle

((1)) Berücksichtigung der Gleichnamigengrundsätze auch bei Domain-Namen-Konflikten?

Liegt keine so eindeutig unlautere Namensverwendung vor, so wäre, sofern im Rahmen der umfassenden Interessenabwägung bei Domain-Namen Konflikten genauso wie im Normalfall der Gleichnamigkeit auf die Grundsätze des Gleichnamigenrechts zurückgegriffen würde, im Regelfall das Konkurrenzunternehmen als prioritätsjüngerer Namensträger im Rahmen der Zumutbarkeit verpflichtet, durch unterscheidungskräftige Zusätze die Verwechslungsgefahr auszuräumen oder jedenfalls auf ein hinnehmbares Maß zu verringern.

---

[420] Vgl. auch die Entscheidung „detag.de" (LG Bonn, MMR 1998, 110 (111)), in der am Rande erwähnt wird, daß die Registrierung eines Domain-Namens mit dem Ziel, den Domain-Namen an den Inhaber eines gleichlautenden Kennzeichens zu verkaufen, unlauter ist.

((a)) Bejahende Ansicht

Eine solche Anwendung der allgemeinen Grundsätze zur Lösung von Fällen der Gleichnamigkeit auch auf die Lösung von Gleichnamigkeitsfällen beim Kampf um Domain-Namen im Internet wird vom OLG Hamm[421] sowie von einem Teil der Literatur[422] für interessengerecht gehalten.

((b)) Verneinende Ansicht

Andere Autoren[423] lehnen dagegen eine Beurteilung von Domain-Namen-Streitigkeiten auf Grundlage der Gleichnamigengrundsätze ab. Eine Anknüpfung an die Regeln des Gleichnamigenrechts mit der Konsequenz der grundsätzlichen Verpflichtung des prioritätsjüngeren Namensträgers zur Vornahme von Maßnahmen zur Beseitigung beziehungsweise Verminderung der Verwechslungsgefahr würde den Besonderheiten der Benutzung von Domain-Namen – insbesondere der technischen Anforderung, daß ein spezieller Domain-Name weltweit nur ein einziges Mal vergeben und verwendet werden kann – nicht gerecht werden und sei daher zum Interessenausgleich bei Domain-Namen-Streitigkeiten ungeeignet[424]. Des weiteren wird angeführt, daß die regelmäßige Bewertung der Domain-Namen-Fälle auf Grundlage der ursprünglichen Prioritätsverhältnisse nicht sachgerecht sei, da durch Abstellen auf die Priorität nur dort Konflikte zwischen Kennzeichenrechten sinnvoll gelöst werden könnten, wo das „ältere Recht" auch als das bessere Recht gelten könne[425]. Es sei aber nicht einzusehen, weshalb sich im Streit um die „besten Adressen" im Internet grundsätzlich derjenige durchsetzen solle, dem außerhalb dieses Mediums die stärkere Wettbewerbsposition zusteht[426]. Statt Anwendung der

[421] OLG Hamm, NJW-CoR 1998, 175 (176) – krupp.de.

[422] *Nordemann*, NJW 1997, 1891 (1895); *Wagner*, ZHR 162 (1998), 701 (710f.); *Schwarz-Poeck*, Recht im Internet, Kap. 4-2.2 S.30; *Berlit*, MMR 1998, 216 (217) sowie *Ernst*, NJW-CoR 1997, 426 (428) zu § 12 BGB.

[423] *Kur*, CR 1996, 590 (594); *Bettinger*, GRUR Int. 1997, 402 (410f.); *Bücking*, NJW 1997, 1886 (1890). Einschränkend: *Nordemann/Goddar/Tönhardt/Czychowski*, CR 1996, 645 (653), die ohne nähere Begründung bemerken, daß jedenfalls eine „direkte Anwendung" des Rechts der Gleichnamigen wegen der technischen Gegebenheiten im Internet Schwierigkeiten bereite.

[424] *Kur*, CR 1996, 590 (594); *Bücking*, NJW 1997, 1886 (1890).

[425] *Bettinger*, GRUR Int. 1997, 402 (410).

[426] *Bettinger*, GRUR Int. 1997, 402 (410). Ähnlich auch die Entscheidung „detag.de" des Landgerichts Bonn (LG Bonn, MMR 1998, 110 (111f.) – detag.de), die für den Fall der Gleichnamigkeit nicht auf die ursprünglichen Prioritätsverhältnisse, sondern auf die Benutzung im Internet abstellt. Derjenige, der den Domain-Namen zuerst verwendet hat, dürfe ihn auch weiterhin im Internet nutzen, und später Hinzukommende müßten auf andere Domain-Namen ausweichen.

Gleichnamigengrundsätze sei vielmehr ein vernünftiger Interessenausgleich vorzunehmen, der den spezifischen Problemen der Benutzung von Domain-Namen flexibel Rechnung trägt[427]. Nach welchen Regeln sich dieser Ausgleich vollziehen soll, wird jedoch entweder offengelassen[428], oder es wird ohne weitere Begründung als erwägenswert angesehen, den Prioritätsälteren zu unterscheidungskräftigen Zusätzen zu verpflichten[429].

((c)) Stellungnahme

Der Grundsatz des Gleichnamigenrechts, wonach dem prioritätsjüngeren Namensträger die Verwendung seines Namens im Geschäftsverkehr grundsätzlich nicht verboten werden kann, er jedoch bei Kollisionen mit identisch lautenden, prioritätsälteren Kennzeichen im Regelfall zur Beifügung unterscheidungskräftiger Zusätze verpflichtet ist, ist außerhalb des Internet sinnvoll und interessengerecht. Denn damit wird zum einen das Recht des Namensträgers auf Führung seines Namens bestmöglich gewahrt. Zum anderen wird das regelmäßig stärker schutzwürdige Interesse des prioritätsälteren Kennzeicheninhabers, in dessen geschützten Besitzstand der jüngere Namensträger durch die Aufnahme der Verwendung einer identischen Bezeichnung eingreift[430], berücksichtigt, indem seine Interessen weniger gravierend beeinträchtigt werden. Fraglich ist jedoch, ob diese Lösung in Anbetracht der Besonderheiten des Internet den Domain-Namen-Konflikten gerecht wird.

Das gegen die Anwendung der Gleichnamigenregeln auf Domain-Namen-Konflikte angeführte Argument, wonach ein grundsätzliches Abstellen auf die Priorität eines geschützten Kennzeichens zur Lösung von Domain-Namen-Konflikten nicht sachgerecht sei, da die ursprünglichen Prioritätsverhältnisse außerhalb des Internet beim Streit um Domain-Namen nicht von Bedeutung

---

[427] *Kur*, CR 1996, 590 (594); *Bettinger*, GRUR Int. 1997, 402 (410f.).

[428] *Kur*, CR 1996, 590 (594); *Bettinger*, GRUR Int. 1997, 402 (410f.).

[429] *Bücking*, NJW 1997, 1886 (1890). Im Ergebnis ähnlich, LG Bonn, MMR 1998, 110 (111f.) – detag.de, wonach derjenige, der den Domain-Namen zuerst im Internet verwendet hat, ihn auch weiterhin nutzen dürfe, so daß prioritätsältere Kennzeicheninhaber, die sich zu einem späteren Zeitpunkt im Internet präsentieren möchten, andere Domain-Namen wählen müßten. Ebenfalls im Ergebnis ähnlich, *Freitag*, MA 1996, 495 (498), der – ohne auf die Frage der Anwendbarkeit des Gleichnamigenrechts überhaupt einzugehen – davon ausgeht, daß bei Gleichnamigkeit dem Inhaber eines prioritätsälteren Kennzeichens nichts anderes übrigbleibe, als auf einen anderen Domain-Namen auszuweichen.

[430] Vgl. hierzu *Canaris*, GRUR 1989, 711 (717f.), der als hinter dem Prioritätsprinzip stehenden Gerechtigkeitsgesichtspunkte den Schutz des – nicht notwendigerweise bereits wertvollen – Besitzstandes des Prioritätsälteren sowie die Veranlassung der Kollision durch den Prioritätsjüngeren ansieht.

seien, überzeugt nicht. Bei dem Internet handelt es sich nämlich nicht um einen vollständig neuen Schutzrechtsbereich, in dem Kennzeichenrechte oder deren Rangverhältnis zueinander völlig neu zu bestimmen wären. Das Internet stellt vielmehr lediglich ein neues Medium dar, bei dessen Benutzung – genau wie bei der Benutzung von Printmedien, Fernsehen oder sonstigen Medien – die bestehenden Kennzeichenrechte zu beachten sind und das Rangverhältnis nicht verändert wird. Der Rang eines Kennzeichens richtet sich nach der Priorität beim Erwerb des Kennzeichenrechts[431], und es ist für die Rangstellung unerheblich, wann und wo und in welchem Medium das Kennzeichen verwendet wurde[432].

Die Besonderheit, daß im Internet technisch bedingt ein spezieller Domain-Name weltweit nur ein einziges Mal vergeben werden kann, kann zwar dazu führen, daß – anders als bei sonstigen oftmals regional begrenzten Kennzeichenkollisionen – mehr Interessen ausgeglichen werden müssen. Dies stellt aber die Kriterien der Konfliktlösung nicht grundsätzlich in Frage, denn allein aufgrund der größeren Anzahl an kollidierenden Kennzeichen im Internet kann nicht gefolgert werden, daß die sonst geltenden Gleichnamigenregeln mit der Konsequenz der regelmäßigen Verpflichtung des Prioritätsjüngeren zur Verwendung unterscheidungskräftiger Zusätze im Internet ungeeignet sind[433]. Die Wertung des Prioritätsprinzips, daß das prioritätsältere Kennzeichenrecht den Vorrang vor dem prioritätsjüngeren Kennzeichenrecht hat, gilt nämlich vollkommen unabhängig von der Anzahl der zusammentreffenden Kennzeichen. Dementsprechend spricht die Tatsache, daß Domain-Namen weltweit einmalig sein müssen, auch nicht grundsätzlich gegen die Anwendung der Gleichnamigengrundsätze, zumal bei diesen letztlich eine Interessenabwägung entscheidend ist, so daß besonders gelagerte Spezialfälle flexibel berücksichtigt werden können. Die Besonderheiten des weltumspannenden Mediums Internet erfordern somit keine Sonderregelung, vielmehr sind die Wertungen des Gleichnamigenrechts, genauso wie bei Kennzeichenkonflikten in den übrigen Medien, auch bei Domain-Namen-Konflikten im Internet interessengerecht.

Dies gilt jedenfalls für den Regelfall der Gleichnamigkeit. Überlegt werden muß jedoch, ob dies auch für den Sonderfall des Vorliegens einer Gleichgewichtslage

[431] Ausschlaggebend ist somit der Zeitpunkt der Rechtsbegründung. Zu den Einzelheiten siehe § 6 MarkenG. Vgl. auch *Fezer*, Markenrecht, § 6 Rn. 8.

[432] Vgl. OLG Hamm, NJW-CoR 1998, 175 (176) – krupp.de und *Wagner*, ZHR 162 (1998), 701 (710).

[433] Insbesondere kann daraus nicht ohne jede weitere Begründung der Schluß gezogen werden, daß eine Verpflichtung des Prioritätsälteren zur Vornahme unterscheidungskräftiger Zusätze erwogen werden sollte. So aber *Bücking*, NJW 1997, 1886 (1890).

gilt, bei der gleichlautende oder verwechslungsfähige Kennzeichen längere Zeit unbeanstandet nebeneinander bestanden haben. Auch die Regelung des Gleichnamigenrechts für Gleichgewichtslagen, wonach im Falle einer späteren Änderung der zu duldenden Kennzeichenverwendung, die zu einer spürbaren und billigerweise nicht mehr zumutbaren Steigerung der Verwechslungsgefahr führt, grundsätzlich derjenige, der die Veränderung bewirkt hat, verpflichtet ist, durch unterscheidungskräftige Zusätze die höhere Verwechslungsgefahr zu beseitigen, ist grundsätzlich interessengerecht. Denn durch das jahrelange unbeanstandete Nebeneinander wurde unter der jüngeren Bezeichnung ein Besitzstand erlangt, der entsprechend den Verwirkungsgrundsätzen zu dulden ist, und der das sonst für die Interessenabwägung im Kennzeichenrecht maßgebende Prioritätsprinzip zurückdrängt. Dieser Besitzstand ist auch für die wirtschaftliche Betätigung im Internet entscheidend, da er nicht von vornherein auf nur einzelne geschäftliche Bereiche beschränkt ist, sich sein Umfang vielmehr jeweils im Einzelfall aus einer Interesssenabwägung ergibt. Insofern finden die Wertungen des Gleichnamigenrechts bezüglich Gleichgewichtslagen ebenfalls auf Domain-Namen-Konflikte Anwendung.

Als Ergebnis ist daher festzuhalten: Im Rahmen der Sittenwidrigkeitsprüfung im Falle des § 23 Nr. 1, 1. Alt MarkenG ist genauso wie beim Normalfall der Gleichnamigkeit auch bei Domain-Namen-Konflikten auf die Regeln des Gleichnamigenrechts zurückzugreifen.

((2)) Ergebnisse

Fraglich ist nun, zu welchen Ergebnissen die Prüfung der Sittenwidrigkeit der Verwendung des eigenen Familiennamens als Domain-Name in den Fällen führt, in denen eine eindeutig unlautere Namensverwendung nicht vorliegt.

((a)) Regelfall der Gleichnamigkeit bei Domain-Namen

Grundsätzlich[434] darf der prioritätsältere Kennzeicheninhaber den sein Kennzeichen exakt widerspiegelnden Domain-Namen unter der Top-Level-Domain „.de“ verwenden. Die Verwendung desselben Domain-Namens durch das prioritätsjüngere Konkurrenzunternehmen entspricht dagegen, obwohl sich dieses auf den Familiennamen des Unternehmensinhabers berufen kann, nach der Interessenabwägung grundsätzlich nicht den anständigen Geschäftsgepflogenheiten und ist damit sittenwidrig im Sinne des § 23 Nr. 1, 1. Alt. MarkenG.

[434] Ein seltener Ausnahmefall kann zum Beispiel bei nur ganz geringem zeitlichen Vorsprung des Prioritätsälteren vorliegen.

Dies hat zur Folge, daß die Schutzschranke des § 23 Nr. 1, 1. Alt. MarkenG nicht zugunsten des Konkurrenzunternehmens eingreift. Dem Konkurrenzunternehmen bleibt somit grundsätzlich nur die Möglichkeit, mit unterscheidungskräftigen Zusätzen oder unter einer gänzlich anderen Bezeichnung im Internet aufzutreten. Im Regelfall der Gleichnamigkeit gewinnt somit der Inhaber des prioritätsälteren Kennzeichens in der Regel den Streit um den Domain-Namen[435].

((b)) Sonderfall der Gleichgewichtslage von Gleichnamigen bei Domain-Namen

Beim Vorliegen einer Gleichgewichtslage darf das Konkurrenzunternehmen als Namensträger – unabhängig von der Prioritätslage – grundsätzlich seinen Namen verwenden, sofern dies keine Änderung der zu duldenden Kennzeichenverwendung darstellt, durch die der Grad der Verwechslungsgefahr erhöht und folglich das Gleichgewicht gestört wird.

Eine unzulässige Änderung der Kennzeichenverwendung ist regelmäßig gegeben, wenn der Namensträger unter einer zu stärkerer Annäherung an das kollidierende Kennzeichen und somit zu einer Steigerung der Verwechslungsgefahr führenden Veränderung an seiner Kennzeichnung selbst im Internet auftritt[436]. Zum Beispiel durch Weglassen eines bisher mitverwendeten Namensbestandteils oder Zusatzes, beziehungsweise durch Hinzunahme eines bisher nicht verwendeten Namensbestandteils.

Möglicherweise könnte auch bereits die durch den Internetauftritt zwangsläufig bedingte weltweite Abrufbarkeit der Webseiten als eine räumliche Ausdehnung des Geschäftsbereichs gewertet werden, welche die schon bestehende Verwechslungsgefahr erhöht und insofern eine unzulässige Änderung der Gleichgewichtslage darstellt. Allerdings ist zu berücksichtigen, daß das Konkurrenzunternehmen beim Internetauftritt unter seinem Namen auf die weltweite Abrufbarkeit der Webseiten keinen Einfluß hat, da eine regionale Eingrenzung der Abrufbarkeit nicht möglich ist. Bei Verwendung eines Unternehmenskennzeichens als Domain-Name kann insofern nicht allein aufgrund dessen, daß

---

[435] Vgl. dazu OLG München, BB 1999, 2422 (2423) – vossius.de. In diesem Fall entschied das OLG München, daß die klägerische Sozietät, die seit Januar 1986 die Kanzleibezeichnung „Vossius & Partner Patentanwälte" führt, sich als prioritätsältere Namensträgerin im Streit um den Domain-Namen „vossius.de" durchsetzt gegenüber den Beklagten, die seit Ende 1992 unter der Bezeichnung „Dr. V. Vossius Patentanwaltskanzlei und Rechtsanwaltskanzlei" auftreten.

[436] Vgl. hierzu LG Düsseldorf, CR 1998, 766 – alltours.de (nur Leitsatz abgedruckt) sowie *Hoeren/Sieber-Viefhues*, Hdb. Multimedia-Recht, Teil 6 Rn. 114f.

technisch bedingt ein weltweites Publikum das Kennzeichen wahrnehmen kann, eine Ausdehnung des Geschäftstätigkeitsbereichs des Unternehmens auf ein weltweites Gebiet angenommen werden. Der Umfang der Ausdehnung des Geschäftstätigkeitsbereichs muß vielmehr davon abhängig sein, auf welches räumliche Gebiet das unter dem Domain-Namen präsentierte Internetangebot gerichtet ist[437], und inwieweit dieses Gebiet über das bisherige Geschäftstätigkeitsgebiet des Unternehmens außerhalb des Internet hinausgeht.

Präsentiert sich zum Beispiel ein Bäckereiunternehmen, das bisher mit wenigen Filialen in einer bestimmten begrenzten Region Waren verkaufte und auslieferte, unter seinem Unternehmensnamen im Internet zwar mit Unternehmensgeschichte, Produktpalette und Plan über die Lage der Filialen, bietet jedoch keine Bestellmöglichkeit über das Internet an[438], so bleibt der räumliche Tätigkeitsbereich des Bäckereiunternehmens trotz weltweit erreichbarem Webangebot beschränkt auf die Region, in der bisher Waren verkauft und geliefert wurden. Die Präsentation im Internet stellt somit keine räumliche Ausdehnung des Geschäftstätigkeitsbereichs dar. Nutzt hingegen etwa eine Buchhandlung, die bisher nur in einem örtlich begrenzten Bereich Bücher verkaufte, das Internet dazu, bundesweit oder gar weltweit Buchbestellungen anzunehmen und an Kunden in ganz Deutschland beziehungsweise auf der ganzen Welt Bücher zu versenden[439], so wird die Internetpräsenz – vom Unternehmen bewußt veranlaßt – zur starken räumlichen Ausdehnung des Geschäftstätigkeitsbereichs der Buchhandlung genutzt.

Ergebnis ist somit, daß beim Vorliegen einer Gleichgewichtslage die Verwendung des eigenen Namens als Domain-Name, sofern dies keine, insbesondere durch eine räumliche Ausdehnung des Geschäftstätigkeitsbereichs in Betracht

---

[437] Die Wertung ist hier vergleichbar mit der Wertung zur Frage des räumlichen Schutzbereichs des Kennzeichens, vgl. S. 49f. Siehe dazu auch S. 182ff.

[438] Ein solches Internetangebot, das lediglich Informationen und Werbung, nicht aber Bestellmöglichkeiten enthält, wird zum Beispiel von dem in Bonn und näherer Umgebung mit mehreren Filialen vertretenen Bäckereiunternehmen Lubig GmbH unter dem Domain-Namen „lubig.com" präsentiert. Hier wird das Internetangebot lediglich als Marketinginstrument zur Förderung des bisherigen, regionalen Absatzes, nicht aber zur Erweiterung des Absatzgebietes eingesetzt. (Allerdings besteht in diesem Beispielsfall keine Gleichgewichtslage, und außerdem wurde die Top-Level-Domain „.com" für Domain-Namen ausgewählt.) Ähnliche Fälle sind auch bei nur regional liefernden Blumenläden, privaten Sportstudios mit nur örtlichem Kundenkreis etc. denkbar.

[439] Als Beispiel dafür sei auf die in Bonn sowie in einigen weiteren deutschen Städten vertretene Buchhandlung Bouvier/Gonsky verwiesen, die ihr (allerdings nicht unter dem Unternehmensnamen, sondern unter dem eine Gattungsbezeichnung enthaltenden Domain-Namen „books.de" präsentiertes) Internetangebot dazu nutzt, ihre Bücher von Internetnutzern aus Deutschland oder dem Ausland bestellen zu lassen, die diesen dann zugesandt werden.

kommende, unzulässige Störung der Gleichgewichtslage darstellt, nicht sittenwidrig im Sinne des § 23 Nr. 1, 1. Alt. MarkenG ist. Das Konkurrenzunternehmen kann sich daher in diesem Fall auf die Schutzschranke des § 23 Nr. 1, 1. Alt. MarkenG berufen und darf den Domain-Namen verwenden. Falls es jedoch, insbesondere durch eine räumliche Ausdehnung des Geschäftstätigkeitsbereichs, durch die Internetpräsens zu einer Störung der Gleichgewichtslage kommt, so ist die Verwendung des Domain-Namens sittenwidrig im Sinne des § 23 I Nr. 1, 1. Alt. MarkenG. Das Konkurrenzunternehmen kann sich dann also nicht auf die Schutzschranke des § 23 Nr. 1, 1. Alt. MarkenG berufen, und es darf den Domain-Namen somit nicht verwenden[440].

((c)) Internetspezifischer Sonderfall der Gleichnamigkeit: Räumlich begrenzter, außerhalb des Internet nicht kollidierender Kennzeichenschutz

Außer dem genannten Sonderfall der Gleichgewichtslage bei Gleichnamigkeit existiert bei der Verwendung des eigenen Namens als Domain-Name aufgrund der technischen Gegebenheiten des Domain-Namen-Systems noch ein weiterer Sonderfall der Gleichnamigkeit, welcher nur bei der Verwendung von Domain-Namen Kollisionen verursacht. Dabei handelt es sich um die Fallgestaltung, daß zwei gleichnamige Unternehmen für ihren Unternehmensnamen, der den Namen eines Unternehmensinhabers widerspiegelt, in Deutschland jeweils einen lediglich räumlich begrenzten Schutz genießen, ohne daß sich die Schutzbereiche der beiden gleichlautenden Unternehmensnamen überschneiden, so daß außerhalb des Internet eine problemlose Koexistenz möglich ist. Im Internet dagegen kommt es zu Kollisionen, wenn beide Unternehmen den mit ihrem Unternehmensnamen identischen Domain-Namen mit der Top-Level-Domain „.de“ erlangen möchten, da technisch bedingt eine bestimmte Bezeichnung als Second-Level-Domain unter der Top-Level-Domain „.de“ nur ein einziges Mal vergeben werden kann[441]. Dieser Konflikt liegt etwa vor, wenn ein im Großraum Hamburg tätiges Textilunternehmen Müller und ein anderes, ebenfalls die Firma Müller führendes Textilunternehmen, welches im Gebiet in und um München tätig ist, beide den Domain-Namen „mueller.de“ erlangen möchten.

[440] Für das Konkurrenzunternehmen, welches seinen Internetauftritt zur räumlichen Ausdehnung seines Geschäftsbereichs nutzen möchte, bleibt somit nur die Möglichkeit, unter einem anderen Domain-Namen aufzutreten, etwa unter Hinzufügung eines Zusatzes zum eigenen Namen.

[441] Vergleichbare internetspezifische Probleme wie bei der Kollision gleichlautender Marken bzw. geschäftlichen Bezeichnungen mit räumlich begrenztem Schutzbereich stellen sich auch bei Kollisionen von gleichlautenden Marken bzw. geschäftlichen Bezeichnungen, die für unterschiedliche Branchen geschützt sind (siehe bei S. 141f.).

Nach einer Ansicht[442] dürfe in diesen speziellen Gleichnamigenfällen mit nur regionalem Kennzeichenschutz derjenige, der den seinem Unternehmensnamen identischen Domain-Namen als erster für sich registrieren ließ, diesen auch behalten und weiter benutzen, da er sich auf die Schutzschranke des § 23 Nr. 1, 1. Alt. MarkenG berufen könne. Dem anderen Kennzeicheninhaber bleibe nichts anderes übrig, als auf einen weniger signifikanten Domain-Namen auszuweichen.

Nach anderer Auffassung[443] sollen diese Sonderfälle der Gleichnamigkeit so zu lösen sein, daß der prioritätsältere Kennzeicheninhaber den streitigen Domain-Namen erhalte, während der prioritätsjüngere eine abweichende Bezeichnung als Domain-Name wählen müsse, wobei allerdings bereits geringste Abweichungen genügen würden.

Die überwiegende Ansicht[444] schlägt zur Lösung solcher spezieller Gleichnamigkeitsfälle zwei Wege vor, zwischen denen der Domain-Namen-Inhaber wählen könne. Zum einen bestehe die Möglichkeit, den umstrittenen Domain-Namen zu „sozialisieren" und jedem Namensinhaber das Recht einzuräumen, unter diesem Domain-Namen einen Hyperlink anzubringen, mittels dessen der Internetnutzer automatisch an einen vom Zeicheninhaber allein unterhaltenen Domain-Namen verwiesen werde. Alternativ bestehe die Möglichkeit, den

---

442 *Freitag*, MA 1996, 495 (498).

443 *Nordemann/Goddar/Tönhardt/Czychowski*, CR 1996, 645 (653); *Nordemann*, NJW 1997, 1891 (1895).

444 *Wagner*, ZHR 162 (1998), 701 (715ff.). Die angeführte Lösung gelte für sämtliche Problemfälle, die sich aufgrund der fehlenden Möglichkeit zur branchenmäßigen und territorialen Differenzierung ergeben, wenn mehrere namens- oder kennzeichenrechtlich legitimierte Zeicheninhaber um den dem Zeichen entsprechenden Domain-Namen konkurrieren.
Ähnlich *Apel/Große-Ruse*, WRP 2000, 816 (820, 823), die eine „technische" Lösung (z.B. beiderseitige Nutzung des Domain-Namens als Einstiegsseite oder Verpflichtung der Parteien, unterscheidungskräftige Zusätze zu verwenden) favorisieren, da dadurch sichergestellt werde, daß alle Berechtigten wie im nicht-virtuellen Geschäftsleben nebeneinander existieren könnten.
Ähnlich *Biermann*, WRP 1999, 997 (1000), nach deren Auffassungun für jeden Einzelfall eine konkrete Lösung gefunden werden müsse. Vorzugswürdig sei im Zweifel die Einrichtung einer gemeinsamen Homepage für die um den Domain-Namen streitenden Parteien.
Ähnlich auch *Hoeren/Sieber-Viefhues*, Hdb. Multimedia-Recht, Teil 6 Rn. 116. Nach Ansicht dieses Autors führt im Falle der geographisch abgegrenzten Koexistenz von gleichlautenden Kennzeichen die Verwendung des Kennzeichens als Domain-Namen durch einen der Kennzeicheninhaber zur Verletzung des Kennzeichenrechts des anderen Kennzeicheninhabers, da diesem in seinem Schutzgebiet die älteren Rechte zustehen. Der Inhaber des Domain-Namens könne sich daher nicht durchsetzen. Diese Ansicht würde somit wohl ebenfalls zur Folge haben, daß der begehrte Domain-Name nun von keinem der beiden Kennzeicheninhaber verwendet werden könnte.

umstrittenen Domain-Namen frei zu lassen[445] und den Namensinhabern zur Vermeidung von Verwechslungen nur die Wahl von Domain-Namen, in denen die territoriale Beschränkung des eigenen Namensrechts zum Ausdruck gebracht wird, zu erlauben, z.B. „muellerhamburg.de", „muellermuenchen.de".

Die Auffassung, daß in den Fällen eines räumlich begrenzten, außerhalb des Internet nicht kollidierenden Kennzeichenschutzes der Kennzeicheninhaber mit dem prioritätsälteren Namensrecht den streitigen Domain-Namen verwenden dürfe, ist abzulehnen. Denn sonst würde das Kriterium der Namenspriorität, welches in Gleichnamigenfällen mit nur regionalem Namensschutz außerhalb des Internet gerade nicht entscheidend ist, beim Streit um Domain-Namen auf einmal ausschlaggebend sein. Dies hätte zur Folge, daß die territorialen Schranken der einzelnen Namensrechte überspielt würden, und der Prioritätsältere sich auch in Bereichen durchsetzen könnte, für die ihm ein Namensrecht nicht zusteht[446].

Allerdings erscheint auch die überwiegend vertretene Ansicht, den streitigen Domain-Namen zu „sozialisieren" oder insgesamt frei zu lassen, nicht als angemessen. Diese Lösung würde nämlich zu dem unbefriedigenden Ergebnis führen, daß gerade die kürzesten, einprägsamsten und damit begehrtesten Domain-Namen freigelassen werden müßten beziehungsweise ausschließlich für die Schaltung von Hyperlinks verwendet werden könnten[447].

---

[445] Es sei denn der umstrittene Domain-Name würde vom Inhaber eines bekannten Kennzeichens i.S.d. §§ 14 II Nr. 3, 15 III MarkenG für sich beansprucht, vgl. *Wagner*, ZHR 162 (1998), 701 (716).

[446] Vgl. *Wagner*, ZHR 162 (1998), 701 (715).

[447] Komplizierte Auswirkungen hätte diese Ansicht, die auch für branchenverschiedene Gleichnamige dieselben beiden Lösungswege vorschlägt (vgl. *Wagner,* ZHR 162 (1998), 701 (715ff.)), insbesondere in „Kombinationsfällen". Wenn z.B. ein Hamburger Textilunternehmen Müller, ein Münchener Textilunternehmen Müller und ein Münchener Softwarehersteller Müller sich um den Domain-Namen „mueller.de" streiten, so müßte nicht nur der Domain-Name „mueller.de", sondern auch die Domain-Namen „mueller-muenchen.de" und „muellertextil.de" freibleiben bzw. nur für entsprechende Hyperlinks genutzt werden. Bliebe somit dem Münchener Textilunternehmen zum Beispiel noch der wenig spektakuläre Domain-Name „muellertextil-muenchen.de" o.ä.
Zu Problemen würde es auch im Falle des späteren Hinzutretens von Gleichnamigen in anderen Territorien kommen. So etwa wenn ein Berliner Sportartikelhersteller namens Alex unter dem Domain-Namen „alex.de" im Internet auftritt, und ein Jahr später in Köln ein Sportartikelhersteller ebenfalls mit Namen Alex seinen Betrieb eröffnet und seinerseits den Domain-Namen „alex.de" nutzen möchte. Nach der überwiegend vertretenen Ansicht müßte in dieser Fallgestaltung wohl der Domain-Namen-Inhaber den Domain-Namen „alex.de" zur bloßen Hyperlink-Verwendung zur Verfügung stellen oder zwecks Freilassung des Domain-Namens aufgeben.

Grundsätzlich hat bei gleichnamigen Unternehmen, die sich beide auf einen territorial begrenzten Schutz stützen können, jeder das gleiche Recht, seinen Namen im Internet zu verwenden. Jeder kann seinen Namen als Domain-Namen registrieren lassen. Dem jeweils anderen steht kein besseres Recht zu. Nur mit einem besseren Recht könnte er dem, der sich als erster den Domain-Namen registrieren ließ, den Domain-Namen streitig machen.

Um aber denjenigen, der zwar ein gleiches Recht auf den Domain-Namen hat, aber als zweiter bei der Registrierung wegen der Konstruktion des Domain-Namen-Systems keine Möglichkeit hat, seinen Namen ebenfalls als Domain-Namen unter derselben Top-Level-Domain registrieren zu lassen, nicht unangemessen zu benachteiligen, sollte über eine Beschränkungen des Rechts des Domain-Namens-Inhabers nachgedacht werden.

Wenn zwei unabhängig voneinander in Deutschland existierende, gleichnamige Unternehmen sich beide auf einen territorial begrenzten Schutz ihres Unternehmensnamens berufen können, so besteht außerhalb des Internet für die Unternehmen nicht die Möglichkeit, jenseits des Gebietes ihres Namensschutzes dem jeweils anderen die Namensverwendung zu untersagen. Andererseits kann das eine Unternehmen aber auch nicht auf dem Gebiet, in dem für das andere gleichnamige Unternehmen bereits Namensschutz besteht, unter seinem eigenen Namen Handel treiben ohne durch Namenszusätze die Verwechslungsgefahr weitmöglichst zu bannen.

Die Lage ist insofern vergleichbar mit der Situation im Fall der Gleichgewichtslage, bei der zwei Unternehmen mit gleichlautenden Unternehmensnamen längere Zeit am selben Ort unbeanstandet nebeneinander existiert haben, und beide Unternehmen dem jeweils anderen nicht die Namensführung verbieten können, andererseits aber auch nicht ohne unterscheidungskräftige Zusätze zu wählen unter ihrem Namen weiter in den sachlichen oder räumlichen Betätigungsbereich des anderen vordringen dürfen. Anders als bei Gleichgewichtslagen haben die Namensinhaber hier zwar nicht am selben Ort unbeanstandet koexistiert, sondern sie haben in verschiedenen Regionen Deutschlands unangefochten nebeneinander bestanden. In beiden Fällen haben die Namensinhaber allerdings einen wertvollen Besitzstand erworben, der für die Interessenabwägung maßgebend ist. Aufgrund der vergleichbaren Umstände und Interessen erscheint es daher sachgerecht, die Regeln für Gleichgewichtslagen bei Gleichnamigen entsprechend anzuwenden. Dem Domain-Namen-Inhaber kann insofern die Verwendung des Domain-Namens untersagt werden, wenn er das Internet dazu nutzt, um durch Erweiterung seiner Geschäftstätigkeit auf Gebiete, in denen für den anderen Gleichnamigen Namensschutz besteht, diesen unzulässig zu stören.

Insofern ist bei gleichlautenden, aus dem Namen eines Unternehmensinhabers gebildeten, räumlich begrenzt geschützten Unternehmensnamen deren Verwendung als Domain-Name nicht sittenwidrig im Sinne des § 23 Nr. 1, 1. Alt. MarkenG, wenn keine unzulässige Störung des gleichlautenden anderen, räumlich begrenzt geschützten Kennzeichens vorliegt, also insbesondere keine Ausdehnung des eigenen Geschäftstätigkeitsbereichs auch auf das Schutzgebiet des anderen Kennzeichens gegeben ist. In diesem Fall kann das Konkurrenzunternehmen, welches den Domain-Namen für sich registrieren ließ, sich somit auf die Schutzschranke des § 23 Nr. 1, 1. Alt. MarkenG berufen und darf den Domain-Namen behalten und weiterverwenden[448]. Dem anderen Namensinhaber bleibt nur ein Ausweichen auf einen anderen Domain-Namen. Unter Gleichnamigen, die nur einen räumlich begrenzten Namensschutz genießen, gewinnt somit derjenige im Streit um den seinen Namen widerspiegelnden Domain-Namen, der diesen als erster für sich registrieren ließ, sofern mit der Domain-Namens-Verwendung keine unzulässige Störung des gleichlautenden anderen Kennzeichen verbunden ist[449].

Wenn es jedoch durch die Verwendung des Domain-Namens zu einer unzulässigen Störung des gleichlautenden anderen, räumlich begrenzt geschützten Kennzeichens kommt, was vor allem durch eine Ausdehnung des eigenen Geschäftstätigkeitsbereichs auch auf dessen Schutzgebiet in Betracht kommt, so ist die Verwendung des Domain-Namens sittenwidrig im Sinne des § 23 Nr. 1, 1. Alt. MarkenG. Der Domain-Name darf dann also durch das Konkurrenzunternehmen nicht verwendet werden.

(2) Gleichnamigengrundsätze direkt (eigener Vorname)

Für den Fall, daß der Domain-Name (auch) den Vornamen einer natürlichen Person enthält, müssen die für den bürgerlichen Namen natürlicher Personen

---

[448] Dieselbe Regel wie im Fall der Kollision gleichlautender Marken bzw. geschäftlicher Bezeichnungen mit räumlich begrenztem Schutzbereich gilt auch bei Kollisionen von gleichlautenden Marken bzw. geschäftlichen Bezeichnungen, die für unterschiedliche Branchen geschützt sind (siehe S. 141f.).

[449] Bei der Fallgestaltung, daß mit einem Internetauftritt der um den Domain-Namen streitenden Parteien keine unzulässige Störung des jeweils anderen räumlich begrenzt geschützten Kennzeichens einhergeht, ist es beiden Unternehmen nicht versagt, ihren Namen als Domain-Namen zu verwenden. Eigentlich haben beide das Recht, ihren Namen als Domain-Namen zu verwenden. Da es aber einen speziellen Domain-Namen immer nur einmal geben kann, kann nur der erste, der den Domain-Namen für sich eintragen läßt dieses Recht auch realisieren. Da der andere kein besseres Recht hat, kann er dem Inhaber des Domain-Namens diesen nicht entziehen.

geltenden Gleichnamigengrundsätze direkt angewendet werden, da eine Anwendung des nur auf Familiennamen anwendbaren § 23 Nr. 1, 1. Alt. MarkenG ausscheidet. Die Wertungen und das Ergebnis bleiben jedoch gleich.

bbb) Koexistenzfälle bei nicht aus Personennamen gebildeten Kennzeichen – Gleichgewichtslagen sowie Fälle örtlich begrenzten Kennzeichenschutzes

Fälle, in denen sich der Inhaber des Domain-Namens auf ein eigenes Kennzeichenrecht berufen kann, liegen nicht nur bei Gleichnamigkeit vor, sondern auch dann, wenn zwischen zwei Unternehmen, deren Kennzeichen nicht aus Personennamen gebildet oder abgeleitet sind, eine Gleichgewichtslage besteht, oder wenn zwei Unternehmen aufgrund des örtlich begrenzten Schutzbereichs der Kennzeichen berechtigt sind, gleiche Kennzeichen im Geschäftsverkehr zu führen.

(1) Gleichgewichtslagen bei nicht aus Personennamen gebildeten Kennzeichen

Die für Gleichgewichtslagen in echten Gleichnamigkeitsfällen – also Fällen, in denen mindestens ein Kennzeichen aus einem Personennamen gebildet oder abgeleitet wurde – entwickelten Grundsätze der Interessenabwägung bei Veränderungen finden auch entsprechende Anwendung auf Gleichgewichtslagen, bei denen die koexistierenden Kennzeichen nicht aus Personennamen gebildet oder abgeleitet wurden[450]. Diese Gleichsetzung rechtfertigt sich daraus, daß an die Stelle des persönlichen Rechts auf Führung des eigenen Personennamens, das für die Bildung der Grundsätze im Gleichnamigen-Regelfall maßgeblich ist, im Gleichnamigen-Sonderfall der Gleichgewichtslage ein Namensführungsrecht kraft Besitzstandes tritt[451]. Im Falle einer Gleichgewichtslage bei nicht aus Personennamen gebildeten Kennzeichen gelten für den Streit um den Domain-Namen somit die gleichen Regeln wie bei Gleichnamigen-Gleichgewichtslagen, so daß auch hier derjenige, der den Domain-Namen als erster zugeteilt bekommt, diesen nur dann behalten und benutzen darf, sofern die Benutzung nicht eine unzulässige Störung der Gleichgewichtslage darstellt.

[450] *Großkommentar UWG-Teplitzky*, § 16 Rn. 413; *Ingerl/Rohnke*, Markengesetz, § 23 Rn. 32; BGH, GRUR 1984, 378 (378) – Hotel Krone.
[451] *Großkommentar UWG-Teplitzky*, § 16 Rn. 413.

(2) Fälle örtlich begrenzten Kennzeichenschutzes bei nicht aus Personennamen gebildeten Kennzeichen

Auch in Fallgestaltungen, bei denen zwei Kennzeicheninhaber aufgrund eines räumlich begrenzten Schutzes ihrer nicht aus Personennamen gebildeten Kennzeichen berechtigt sind, in dem entsprechenden räumlichen Gebiet ihr Kennzeichen zu benutzen, gelten die Wertungen, die für die Fälle, in denen das Kennzeichen aus einem Personennamen gebildet wurde, aufgestellt wurden, entsprechend[452]. Auch hier darf derjenige, der den Domain-Namen als erster zugeteilt bekommt, diesen auch behalten und benutzen, sofern die Benutzung nicht eine unzulässige Störung des gleichlautenden, in einem anderen Gebiet geschützten Kennzeichens darstellt.

d) Rechtsfolgen der kennzeichenrechtlichen Ansprüche

aa) Unterlassungsanspruch gemäß §§ 14 V, 15 IV MarkenG

Nach §§ 14 V, 15 IV MarkenG besteht beim Vorliegen von Wiederholungsgefahr[453] oder Erstbegehungsgefahr[454] bezüglich der Begehung einer Markenrechtsverletzung gemäß § 14 II bis III MarkenG beziehungsweise der Verletzung einer geschäftlichen Bezeichnung gemäß § 15 II, III MarkenG ein Unter-

---

452 Vgl. S. 103ff. Anderer Ansicht *Wagner*, ZHR 162 (1998), 701 (715ff.), der auch bei der hier gegebenen Fallgestaltung seine auf S. 104f. (vgl. Fn. 444) angeführte Lösung anwendet.

453 Wiederholungsgefahr ist gegeben, wenn eine in der Vergangenheit begangene Kennzeichenverletzung die Besorgnis begründet, daß in Zukunft dieselbe oder eine im Kern gleichartige Verletzungshandlung begangen wird (*Ingerl/Rohnke*, Markengesetz, Vor §§ 14-19 Rn. 20).

454 Erstbegehungsgefahr ist gegeben, wenn die erstmalige Begehung der Kennzeichenverletzung ernstlich und unmittelbar zu besorgen ist. Zur Annahme von Erstbegehungsgefahr genügen sowohl typische Vorbereitungshandlungen als auch die Berühmung, zur Zeichenbenutzung berechtigt zu sein (*Ingerl/Rohnke*, Markengesetz, Vor §§ 14-19 Rn. 25f.).
Bezüglich der bis zum 31.01.1997 möglichen Reservierung eines Domain-Namens wird zum Teil vertreten, daß die Reservierung ohne weiteres Erstbegehungsgefahr der tatsächlichen Benutzung des Domain-Namens begründe (*Kur*, CR 1996, 325 (327); *Ingerl/Rohnke*, Markengesetz, Vor §§ 14-19 Rn. 28). Nach anderer Ansicht (*Strömer*, Online-Recht, S. 65f.; *Schwarz-Poeck*, Recht im Internet, Kap. 4-2.2 S. 12ff.; *Ubber*, WRP 1997, 497 (504)) sei mit Rücksicht darauf, daß die Reservierung ohne Angabe der Art der Verwendung erfolge, eine vorbeugende Unterlassungsklage nur dann erfolgreich, wenn der Inhaber des Kennzeichenrechts beweisen kann, daß die Benutzung des Domain-Namens im geschäftlichen Verkehr erfolgen wird und auch Verwechslungsgefahr gegeben sein wird. Ein vorbeugender Rechtsschutz setze nämlich voraus, daß sich die drohende Verletzungshandlung in tatsächlicher Hinsicht so konkret abzeichnet, daß für das angerufene Gericht eine zuverlässige rechtliche Beurteilung möglich ist.

lassungsanspruch des Kennzeicheninhabers gegen die zukünftige rechtsverletzende Benutzung seines Kennzeichens. Der Kennzeicheninhaber kann dann verlangen, daß der Inhaber des Domain-Namens es unterläßt, den Domain-Namen selbst zu benutzen oder Dritten durch Überlassung die Nutzung des Domain-Namens zu ermöglichen[455].

bb) Beseitigungsanspruch gemäß §§ 14, 15, 18 III MarkenG, § 1004 BGB analog

Als Ergänzung der Unterlassungsansprüche gemäß §§ 14 V, 15 IV MarkenG besteht nach § 18 III MarkenG, § 1004 BGB analog[456] ein Beseitigungsanspruch, durch den der Kennzeichenverletzer zur Beseitigung des geschaffenen Störungszustandes verpflichtet ist. In den Fällen, in denen die Nichtbeseitigung gleichbedeutend mit der Fortsetzung der Verletzungshandlung ist, läuft der Beseitigungsanspruch parallel mit dem Unterlassungsanspruch[457]. Der Kennzeicheninhaber kann vom verletzenden Inhaber des Domain-Namens jedenfalls gemäß §§ 14, 15, 18 III MarkenG, § 1004 BGB analog verlangen, daß er gegenüber der Vergabestelle DE-NIC auf den ihm überlassenen Domain-Namen verzichtet. Umstritten ist jedoch, ob der Kennzeicheninhaber gemäß §§ 14, 15, 18 III MarkenG, § 1004 BGB analog auch verlangen kann, daß der Inhaber des Domain-Namens gegenüber dem DE-NIC seine Zustimmung zur Übertragung des Domain-Namens an den Kennzeicheninhaber erklärt.

Teilweise wird vertreten, daß der Kennzeicheninhaber im Rahmen des Beseitigungsanspruchs eine Übertragung des Domain-Namens auf sich selbst verlangen könne[458]. Bei einer Verurteilung des Verletzers zur Abgabe einer bloßen Verzichtserklärung bestünde das Risiko, daß Dritte sich den freigewordenen Domain-Namen sichern, und der Kennzeicheninhaber dagegen neue gerichtliche Schritte einleiten muß. Insofern stelle eine Verurteilung zur Übertragung des Domain-Namens direkt auf den Kennzeicheninhaber die bessere Lösung dar[459].

---

455 Vgl. LG Düsseldorf, GRUR 1998, 159 (163) – epson.de.

456 Nach *Ingerl/Rohnke*, Markengesetz, Vor §§ 14-19 Rn. 55 bedarf es des Rückgriffs auf eine Analogie zu § 1004 BGB nicht mehr, vielmehr sei Anspruchsgrundlage die gewohnheitsrechtliche Verankerung des Beseitigungsanspruchs als Ergänzung des Unterlassungsanspruchs nach §§ 14 V, 15 IV MarkenG.

457 *Baumbach/Hefermehl*, Wettbewerbsrecht, UWG Einl. Rn. 307; LG Düsseldorf, GRUR 1998, 159 (163) – epson.de.

458 LG Frankfurt, MMR 1998, 151 (153) – lit.de; LG Hamburg, CR 1999, 47 (49) – eltern.de; LG Hamburg, K&R 2000, 613 (613) – audi-lamborghini.net/org jedenfalls für den Fall, daß es sich um ein sog. Domain-Grabbing handele; *Schwarz-Poeck*, Recht im Internet, Kap. 4-2.2 S.31f.; *Hoeren*, Rechtsfragen des Internet, S.31.

459 *Hoeren*, Rechtsfragen des Internet, S.31.

Außerdem sei die Übertragung des Domain-Namens unter den gegebenen organisatorischen Verhältnissen von DE-NIC die einfachste und schnellste Form, den verletzten Kennzeicheninhaber wieder so zu stellen, als ob sein Antrag auf Überlassung des Domain-Namens nicht an der entgegenstehenden Domain-Namen-Zuteilung zugunsten des Verletzers gescheitert wäre[460].

Nach anderer Ansicht umfaßt der Beseitigungsanspruch keinen Anspruch auf Übertragung des Domain-Namens, sondern lediglich einen Anspruch auf Verzichtserklärung[461]. Der Beseitigungsanspruch führe nämlich nur dazu, daß der Verletzer den Störungszustand nicht aufrechterhalten dürfe. Er sei aber nicht verpflichtet, an einer Verbesserung der Rechtsstellung des Verletzten in kennzeichenmäßiger Hinsicht mitzuwirken[462].

Dieser zuletzt genannten Ansicht ist zuzustimmen. Einen Anspruch auf Übertragung eines Kennzeichens sieht das Markengesetz ausdrücklich nur in § 17 I MarkenG für den Fall der rechtswidrigen Anmeldung oder Eintragung einer Agentenmarke vor. Der Rechtsgrund des Übertragungsanspruchs beruht auf der Verletzung des Agenten- oder Vertreterverhältnisses durch die Anmeldung der Marke zur Eintragung[463]. Eine analoge Anwendung des § 17 I MarkenG ist denkbar für andere Fallgestaltungen, in denen der verletzte Kennzeicheninhaber darauf vertrauen durfte, daß Markenschutz für ihn beantragt werden würde, so daß es einer eigenen Anmeldung nicht bedürfe[464]. Im Falle der Verwendung eines fremden Kennzeichens als Domain-Name durch einen beliebigen Dritten liegt jedoch kein Vertrauensverhältnis zwischen Kennzeicheninhaber und Inhaber des Domain-Namens vor, und außerdem handelt es sich nicht um die Anmeldung einer Marke zur Eintragung, so daß eine analoge Anwendung des § 17 I MarkenG ausscheidet. Auch aus dem Wesen des Beseitigungsanspruchs läßt sich kein Anspruch auf Übertragung des Domain-Namens herleiten. Der Beseitigungsanspruch zielt nämlich auf die Beseitigung der Störungsquelle, um fortdauernde Störungen zu vermeiden[465]. Er ist lediglich ein Gefahrenbeseitigungsanspruch und umfaßt nicht die Wiedergutmachung der Folgen der Verletzung[466]. Um die verletzende Benutzung des Domain-Namens durch den Dritten (also die konkrete Störungsquelle) zu beseitigen, ist es ausreichend,

---

460 *Schwarz-Poeck*, Recht im Internet, Kap. 4-2.2 S.32.

461 OLG Hamm, CR 1998, 241 (243) – krupp.de; LG Düsseldorf, GRUR 1998, 159 (163) – epson.de; LG Hamburg, MMR 2000, 620 (622f.) – joop.de; *Ingerl/Rohnke*, Markengesetz, Vor §§ 14-19 Rn. 96f.; *Bettinger*, CR 1998, 243 (244).

462 OLG Hamm, CR 1998, 241 (243) – krupp.de.

463 *Fezer*, Markenrecht, § 17 Rn. 2.

464 Vgl. *Ingerl/Rohnke*, Markengesetz, Vor §§ 14-19 Rn. 96.

465 *Baumbach/Hefermehl*, Wettbewerbsrecht, UWG Einl. Rn. 308.

466 *Baumbach/Hefermehl*, Wettbewerbsrecht, UWG Einl. Rn. 308.

wenn der Dritte gegenüber der Vergabestelle DE-NIC auf den ihm überlassenen Domain-Namen verzichtet[467]. Eine Zustimmung des Inhabers des Domain-Namens gegenüber dem DE-NIC zur Übertragung des Domain-Namens an den Kennzeicheninhaber ist dagegen als Wiedergutmachung der Folgen der Verletzung nicht vom Beseitigungsanspruch umfaßt.

cc) Schadensersatzanspruch gemäß §§ 14 VI, 15 V MarkenG

Wird die Kennzeichenverletzung vorsätzlich oder fahrlässig begangen, dann besteht nach §§ 14 VI, 15 V MarkenG ein Schadensersatzanspruch gegen den Rechtsverletzer. Vorsätzlich handelt der Verletzer, wenn er das kollidierende Kennzeichenrecht kennt und weiß, daß die Benutzung eines mit diesem fremden Kennzeichen identischen Domain-Namens den Schutzumfang des fremden Kennzeichenrechts verletzt. Der Verletzer handelt fahrlässig, wenn er das fremde Kennzeichenrecht infolge Nichtbeachtung der im Verkehr erforderlichen Sorgfalt (§ 276 BGB) nicht kennt, und wenn er im Falle der Kenntnis des kollidierenden fremden Kennzeichenrechts die Rechtswidrigkeit der Benutzung eines mit dem fremden Kennzeichen identischen Domain-Namens hätte erkennen können. Dabei stellt die Rechtsprechung an die Fahrlässigkeit keine hohen Anforderungen. Fahrlässig handelt etwa, wer vor Aufnahme der Benutzung eines Kennzeichens auf dem Markt keine professionelle Recherche nach eingetragenen Marken und in den Handelsregistern verzeichneten Firmennamen anstellt beziehungsweise bezüglich nicht eingetragener Kennzeichen die in der jeweiligen Branche zur Verfügung stehenden Möglichkeiten der Ermittlung nicht eingetragener Kennzeichenrechte nutzt[468].

Bei Benutzung eines mit einer fremden Marke oder geschäftlichen Bezeichnung identischen Domain-Namens durch ein Konkurrenzunternehmen, welches sich nicht auf ein eigenes Kennzeichenrecht berufen kann, liegt in der Regel mindestens Fahrlässigkeit vor, da sich das Konkurrenzunternehmen vorher durch entsprechende Recherchen in Registern oder Nachschlagewerken darüber informieren kann, ob die als Domain-Name verwendete Bezeichnung geschützt ist oder nicht[469]. Auch der mögliche Einwand des Verletzers, die Rechtslage sei noch ungewiß und höchstrichterlich nicht geklärt, kann nicht zu einer Entschuldigung führen. Es ist, auch wenn Einzelfragen zur Anwendung der Rechtsnor-

---

[467] Zur Möglichkeit des Kennzeicheninhabers, mittels eines sog. „WAIT-Eintrages“ sicherzustellen, daß der vom Dritten freigegebene Domain-Name nicht an andere Personen vergeben, sondern vom Kennzeicheninhaber selbst erlangt wird, siehe bei Fn. 453.

[468] BGH, GRUR 1960, 186 (188, 189) – Arctos; BGH, GRUR 1970, 87 (88f.) – Muschi-Blix.

[469] Siehe zum Verschulden bei Verwendung von Domain-Namen auch *Freitag*, MA 1996, 495 (497).

men umstritten sind, doch im Ergebnis unstreitig, daß ein Unternehmen, welches sich nicht selbst auf ein entsprechendes Kennzeichenrecht berufen kann, nicht das Kennzeichen eines Konkurrenzunternehmens in identischer Weise als Domain-Name im Internet benutzen darf, so daß die Rechtslage grundsätzlich zugunsten des Kennzeicheninhabers geklärt ist[470].

Der Schadensersatzanspruch gemäß §§ 14 VI, 15 V MarkenG ist auf Ersatz des durch die Kennzeichenverletzung entstandenen Schadens gerichtet. Ob sich als Schadensersatzanspruch ein Anspruch auf Übertragung des Domain-Namens auf den Kennzeicheninhaber begründen läßt, ist streitig. Zum Teil wird angenommen, daß der Schadensersatzanspruch ebenso wie der Beseitigungsanspruch keinen Anspruch auf Zustimmung zur Übertragung des Domain-Namens auf den Kennzeicheninhaber, sondern nur einen Anspruch auf Löschungserklärung umfaßt[471]. Denn ein Schadensersatzanspruch führe nur dazu, daß der Verletzer den Störungszustand nicht aufrechterhalte dürfe. Dagegen sei er nicht verpflichtet, an einer Verbesserung der Rechtsstellung des Verletzten mitzuwirken. Insofern müsse der Verletzer zwar seine Sperrposition, die er mit der Registrierung und Nutzung des Domain-Namens ausübt, aufgeben, er sei aber nicht verpflichtet, seinerseits dafür zu sorgen, daß nunmehr der Verletzte statt seiner den umstrittenen Domain-Namen erhält. Außerdem sei abgesehen von dem ausdrücklich in § 17 I MarkenG geregelten Übertragungsanspruch bei rechtswidriger Anmeldung oder Eintragung einer Agentenmarke ein Übertragungsanspruch dem deutschen Markenrecht fremd[472]. Nach anderer Ansicht kann mit dem Schadensersatzanspruch sehr wohl auch die Übertragung des Domain-Namens verlangt werden[473]. Unter den gegebenen organisatorischen Verhältnissen von DE-NIC stelle dies die einfachste Form dar, den Verletzten so zu stellen, wie er gestanden hätte, wenn nicht dessen Anmeldung des Domain-

[470] Auch für frühere Zeitpunkte scheidet ein entschuldigender Rechtsirrtum des Inhabers des Domain-Namens aus. Denn daß eine Freistellung derartiger Kennzeichenverwendungen im Internet zu Lasten der wahren Kennzeicheninhaber nicht in Betracht kommt, wurde schon in den ersten Stellungnahmen der Literatur zum Kennzeichenschutz im Internet überwiegend so vertreten (vgl. *Kur*, Festschrift für Beier, 265 (272); *Kur*, CR 1996, 325 (327f.); *Hoeren*, CR 1996, 355 (355); *Freitag*, MA 1996, 495 (496) – a. A. allerdings *Graefe*, MA 1996, 100 (101f.) bezüglich der Verwendung des Domain-Namens als bloße Zielkennung im Internet) und in den ersten auf §§ 14, 15 MarkenG gestützten Entscheidungen so entschieden (vgl. LG Berlin, Beschluß vom 05.12.1996, AZ 16 O 602/96 – bally-wulff.de; LG Düsseldorf, WM 1997, 1444 (1446f.) – epson.de). Beim Handeln gegen so deutliche Tendenzen in Rechtsprechung und Lehre trägt der Inhaber eines Domain-Namens das Risiko der ungewissen Rechtslage, vgl. BGH, GRUR 1990, 474 (476) – Neugeborenentransporte.

[471] OLG Hamm, CR 1998, 241 (243) – krupp.de; *Bettinger*, CR 1998, 243 (244).

[472] *Bettinger*, CR 1998, 243 (244).

[473] LG München, WM 1997, 1455 (1458) – juris.de; *Ingerl/Rohnke*, Markengesetz, Vor §§ 14-19 Rn. 97.

Namens an der schon bestehenden Eintragung dieses Domain-Namens für den Verletzer gescheitert wäre[474].

Anders als der auf Beseitigung der Störungsquelle gerichtete Beseitigungsanspruch zielt der Schadensersatzanspruch auf Ausgleich des durch die Verletzung entstandenen Schadens[475]. Er bezweckt als Wiederherstellungsanspruch die Beseitigung der Folgen einer Verletzung[476]. Aufgrund der Benutzung des Domain-Namens durch den Dritten wurde der Kennzeicheninhaber daran gehindert, diesen Domain-Namen selbst zu erlangen. Zum Ausgleich dieses Schadens reicht die Löschung des Domain-Namens allein nicht aus, da die Gefahr besteht, daß Dritte sich den durch Löschung frei gewordenen Domain-Namen sichern, und der Kennzeicheninhaber, welcher ohne die Benutzung des Domain-Namens durch den Verletzer den Domain-Namen selbst erworben haben könnte, den Domain-Namen nicht erhält[477]. Insofern umfaßt der Schadensersatzanspruch gemäß §§ 14 VI, 15 V MarkenG den Anspruch auf Zustimmung zur Übertragung des Domain-Namens auf den Kennzeicheninhaber.

Darüber hinaus kann der Kennzeicheninhaber auch Ersatz seines tatsächlich erlittenen konkreten Vermögensschadens einschließlich des entgangenen Gewinns verlangen (z.B. des Gewinns, den er gemacht hätte, wenn er bereits zum Zeitpunkt seiner – wegen der Überlassung des Domain-Namens an den Verletzer – erfolglosen Beantragung den Domain-Namen erhalten hätte). Statt dessen kann der Kennzeicheninhaber aber auch Herausgabe des Gewinns des Inhabers des Domain-Namens oder Schadensersatz nach Lizenzanalogie verlangen.

dd) Ergänzung des Verzichtsanspruchs: Der „WAIT-Eintrag"

Ein Anspruch auf Übertragung des Domain-Namens besteht also nur im Rahmen des Schadensersatzanspruchs gemäß §§ 14 VI, 15 V MarkenG. Dies ist in der Regel unproblematisch, da in der ganz überwiegenden Zahl der Domain-Streitigkeiten, bei denen es sich beim Inhaber des Domain-Namens um ein Konkurrenzunternehmen handelt, welches sich nicht auf ein eigenes Kennzeichenrecht berufen kann, ein Verschulden vorliegt. Probleme ergeben sich nur, wenn mangels Verschuldens des Inhabers des Domain-Namens dem Kennzeicheninhaber kein Schadensersatzanspruch und somit kein Anspruch auf Über-

---

474 LG München, WM 1997, 1455 (1458) – juris.de.

475 *Baumbach/Hefermehl*, Wettbewerbsrecht, UWG Einl. Rn. 308.

476 *Baumbach/Hefermehl*, Wettbewerbsrecht, UWG Einl. Rn. 308.

477 Der Gefahr, daß ein freigegebener Domain-Name von einem Dritten erlangt wird, kann der Kennzeicheninhaber allerdings durch Veranlassung eines „WAIT-Eintrages" begegnen, siehe weiter unten auf dieser Seite.

tragung des Domain-Namens zusteht. Dann besteht für den Kennzeicheninhaber das Risiko, daß nach Freigabe des Domain-Namens durch den bisherigen Inhaber des Domain-Namens Dritte sich den frei gewordenen Domain-Namen sichern, mit der Folge, daß der Kennzeicheninhaber dagegen neue (gerichtliche) Schritte einlegen muß[478].

Der Kennzeicheninhaber kann das Eintreten einer solchen mißlichen Lage jedoch vermeiden, wenn er – möglichst schon vor Einleitung des gerichtlichen Verfahrens – bei der für die Vergabe der Domain-Namen zuständigen Registrierungsstelle DE-NIC den Domain-Namen mit einem sogenannten „WAIT-Eintrag" belegen läßt[479]. Um einen solchen WAIT-Eintrag zu erlangen, bedarf es zum einen der Versicherung gegenüber DE-NIC, daß man gegen den derzeitigen Inhaber des Domain-Namens auf Freigabe des Domain-Namens vorgehen wird. Zum anderen muß man gegenüber DE-NIC sein Recht an der in dem Domain-Namen enthaltenen Bezeichnung durch Kopie der Markenurkunde, des Handelsregisterauszugs etc. dokumentieren. Der WAIT-Eintrag bewirkt, daß bei Freigabe des Domain-Namens durch den bisherigen Inhaber der Domain-Name automatisch an den durch den WAIT-Eintrag Begünstigten fällt[480]. Der Kennzeicheninhaber kann sich somit durch Bewirken eines WAIT-Eintrags zu seinen Gunsten davor schützen, daß ihm Dritte zuvorkommen, wenn der bisherige Domain-Inhaber auf den Domain-Namen verzichtet.

2. Ergänzender wettbewerbsrechtlicher, deliktsrechtlicher, namensrechtlicher und handelsrechtlicher Schutz

§ 2 MarkenG bestimmt, daß der Schutz von Marken, geschäftlichen Bezeichnungen und geographischen Herkunftsangaben nach dem Markengesetz die Anwendung anderer Vorschriften zum Schutz dieser Kennzeichen nicht ausschließt. Ungeklärt ist, ob dies bedeutet, daß neben den Tatbeständen des Markengesetzes die außermarkengesetzlichen Tatbestände des Wettbewerbsrechts, Deliktsrechts, Namensrechts und Handelsrechts autonom und parallel in voll-

---

[478] *Bettinger*, CR 1998, 243 (244), stellt ab auf die Probleme des Kennzeicheninhabers für den Fall, daß der bisherige Inhaber des Domain-Namens den Domain-Namen während des (Rechts-) Streites an einen Dritten überträgt. Diese „Übertragungs-Problematik" stellt sich jedoch unabhängig davon, ob der Kennzeicheninhaber Freigabe oder aber Übertragung des Domain-Namens auf sich verlangt.

[479] Informationen über den WAIT-Eintrag können beim DE-NIC angefordert werden. Zum WAIT-Eintrag siehe auch die Anmerkung von *Bettinger*, CR 1998, 243 (244).

[480] Der WAIT-Eintrag bewirkt weiterhin, daß keine Änderungen an den Inhaberdaten des Domain-Namens mehr vorgenommen werden können, bis eine Klärung der Lage erfolgt. Dadurch wird eine Übertragung des Domain-Namens verhindert.

ständiger Anspruchskonkurrenz eingreifen, oder ob und inwieweit § 2 MarkenG einer einschränkenden Auslegung bedarf.

a) Wettbewerbsrechtlicher Schutz gemäß §§ 1, 3 UWG und deliktsrechtlicher Schutz gemäß §§ 823 I, II, 826 BGB

Inwieweit neben dem Schutz nach dem Markengesetz ein ergänzender wettbewerbsrechtlicher oder deliktsrechtlicher Schutz eingreift, ist umstritten.

Nach einer in der Literatur vertretenen Ansicht besteht vollständige Anspruchskonkurrenz zwischen dem markengesetzlichen Kennzeichenschutz und dem ergänzenden Kennzeichenschutz nach anderen Vorschriften als des Markengesetzes[481]. Die Schutztatbestände des Wettbewerbsrechts, Deliktsrechts, Namensrechts und Firmenrechts würden autonom und parallel immer dann eingreifen, wenn deren Tatbestandsvoraussetzungen gegeben seien. Die Verschiedenheit der Schutzzwecke, Schutzvoraussetzungen und Sanktionen der markengesetzlichen und der nicht markengesetzlichen Normen rechtfertige eine an dem normspezifischen Schutzzweck orientierte, autonome und parallele Anwendung aller Schutzvorschriften, wenn deren Tatbestandsvoraussetzungen gegeben sind. Eine Anspruchskonkurrenz scheide nur dann aus, wenn nach dem Normzweck eines Schutztatbestandes diesem eindeutig eine abschließende Regelung zukomme. Dies sei allerdings im Kennzeichenrecht allgemein nicht der Fall[482]. Die Annahme vollständiger Anspruchskonkurrenz ergebe sich bereits aus § 2 MarkenG, in dem ausdrücklich die Anwendbarkeit, nicht die Nichtanwendbarkeit anderer Vorschriften neben dem Markengesetz normiert werde[483]. Auch die Regel der Konkurrenzlehre „lex specialis derogat legi generali“, die allein dazu diene, Widersprüche zwischen verschiedenen Gesetzen zu vermeiden, um die Einheit und Widerspruchslosigkeit der Rechtsordnung zu gewährleisten, sei hier nicht einschlägig[484]. Im übrigen sprächen auch rechtspraktische Gründe für die Annahme vollständiger Anspruchskonkurrenz. Denn wenn eine Prüfung der nicht markengesetzlichen Vorschriften in der ersten Instanz unterbliebe, dann bestünde in den Rechtsmittelinstanzen die Gefahr, daß bei einer abweichenden Beurteilung der markengesetzlichen Vorschriften eine Zurückverweisung erforderlich werde, da die nicht markengesetzlichen Vorschriften

[481] *Fezer*, Markenrecht, § 2 Rn.2ff.; *Fezer*, WRP 2000, 863 (869ff.); *Deutsch*, WRP 2000, 854 (856f.). Ähnlich *Rößler*, GRUR 1994, 559 (569) sowie *Althammer/Ströbele/Klaka-Klaka*, Markengesetz, 5. Auflage, § 2 Rn. 1ff., der aber in der aktuellen 6. Auflage diese Ansicht aufgegeben hat.

[482] *Fezer*, Markenrecht, § 2 Rn. 4; *Fezer*, WRP 2000, 863 (870).

[483] *Fezer*, WRP 2000, 863 (865); *Fezer*, Markenrecht, § 2 Rn. 4; *Deutsch*, WRP 2000, 854 (856).

[484] *Fezer*, WRP 2000, 863 (870f.)

einer Prüfung nicht unterzogen worden seien[485]. Schließlich sei auch die Rechtsprechung des EuGH dahin zu verstehen, daß es sich bei Art. 5 der Markenrichtlinie nicht um eine abschließende Regelung handelt[486]. Danach wäre also ein ergänzender Kennzeichenschutz nach nicht markengesetzlichen Normen – und insofern auch gemäß §§ 1, 3 UWG, 823 I, II, 826 BGB – möglich, wenn die Voraussetzungen der jeweiligen Tatbestände gegeben sind.

Diese Rechtsansicht entspricht der ganz herrschenden Ansicht zum früheren Recht, die annahm, daß das Warenzeichengesetz beziehungsweise § 16 UWG a.F. keine abschließenden Regelungen des Kennzeichenschutzes darstellten, sondern andere Vorschriften zum ergänzenden Kennzeichenschutz parallel in Anspruchskonkurrenz anwendbar seien[487].

Der Bundesgerichtshof hat allerdings in einigen neueren Entscheidungen[488] das Verhältnis des markengesetzlichen Schutzes zum Schutz nach § 1 UWG und § 823 BGB bezüglich bekannter Kennzeichen dahingehend bestimmt, daß § 1 UWG und § 823 BGB grundsätzlich nicht parallel zum markengesetzlichen Schutz anwendbar sind. Wettbewerbsrechtliche oder deliktsrechtliche Vorschriften könnten für einen ergänzenden Schutz bekannter Kennzeichen nämlich nur dann herangezogen werden, wenn der Schutz nach dem Markengesetz versage[489]. Allerdings reiche allein das Nichtvorliegen irgendeiner Voraussetzung der §§ 14 II Nr. 3, 15 III MarkenG nicht aus[490]. Vielmehr komme auch bei Nichteingreifen des Markengesetzes ein ergänzender Schutz aufgrund wettbewerbsrechtlicher oder bürgerlich-rechtlicher Vorschriften nur in einem sehr be-

---

485 *Fezer*, WRP 2000, 863 (871).

486 *Fezer*, WRP 2000, 863 (871) unter Verweis auf EuGH, GRUR Int. 1999, 438ff. – BMW.

487 Es war im früheren Recht allgemein anerkannt, daß §§ 1, 3 UWG, 823, 826 BGB in Anspruchskonkurrenz parallel zum Warenzeichengesetz beziehungsweise § 16 UWG a.F. anwendbar sind, vgl. RGZ 170, 137 (153) – Bayer-Kreuz; BGH, GRUR 1991, 862 (865) – Rückfahrkarte; BGH, GRUR 1992, 130 (132) – Bally/BALL; *Baumbach/Hefermehl*, Wettbewerbsrecht, 17. Aufl., § 16 Rn. 3, 156. Bezüglich § 12 BGB nahm die herrschende Ansicht ebenfalls eine parallele Anwendung an, vgl. BGH, GRUR 1966, 623 (624) – Kupferberg; BGH, GRUR 1977, 503 (505) – Datenzentrale; *Baumbach/Hefermehl*, Wettbewerbsrecht, 17. Aufl., § 16 Rn. 5. Zur früheren Rechtslage siehe auch Amtl. Begr., BT-Drucks. 12/6581 vom 14.01.1994, S. 64; *Fezer*, Markenrecht, § 2 Rn. 1; *Ingerl/Rohnke*, Markengesetz, § 2 Rn. 1. Diese Ansicht wurde auch nach Inkrafttreten des Markengesetzes in der Rechtsprechung zum Teil zunächst so vertreten, vgl. OLG München, GRUR 1996, 63 (66) – McDonald`s.

488 BGH, GRUR 1999, 161 (162) – MAC Dog; BGH, WRP 1999, 931 (935) – BIG PACK; BGH, WRP 1990, 1279 (1283) – SZENE; BGH, WRP 200, 529 (532) – ARD-1.

489 BGH, GRUR 1999, 161 (162) – MAC Dog; BGH, WRP 1999, 931 (935) – BIG PACK; BGH, WRP 1990, 1279 (1283) – SZENE; BGH, WRP 200, 529 (532) – ARD-1.

490 Dies ergibt sich schon daraus, daß in den Entscheidungen „BIG PACK", „SZENE" und „ARD-1" Ansprüche aus den §§ 14 II Nr. 3 und 15 III MarkenG abgelehnt wurden und gleichwohl der Bundesgerichtshof die Anwendung von §§ 1, 3 UWG, 823 BGB ausschloß.

schränkten Umfang in Betracht, so insbesondere bei Beeinträchtigungen aus Verwendungen, die mangels Benutzung im Sinne des § 15 III MarkenG kennzeichenrechtlich nicht erfaßbar seien oder aus dem außergeschäftlichen Verkehr stammten[491].

Zur Begründung führt der Bundesgerichtshof aus, daß sich der Schutz bekannter Kennzeichen seit dem Inkrafttreten des Markengesetzes in erster Linie aus §§ 9 I Nr. 3, 14 II Nr. 3, 15 III MarkenG ergebe. Der Schutz bekannter Kennzeichen im Markengesetz stelle sich als eine umfassende, spezialgesetzliche Regelung dar, mit der der bislang in der Rechtsprechung entwickelte Schutz fixiert und ausgebaut werden sollte. Diese Regelung sei an die Stelle des bisherigen von der Rechtsprechung entwickelten Schutzes getreten und lasse in ihrem Anwendungsbereich für eine gleichzeitige Anwendung des § 1 UWG oder des § 823 BGB grundsätzlich keinen Raum. Nur ein solches Verständnis werde der mit der gesetzlichen Festlegung verbundenen Begrenzungsfunktion gerecht. So enthalte beispielsweise § 30 III, IV MarkenG eine eingehende Regelung dazu, wer im Falle der Lizenzerteilung gegen eine Markenverletzung durch einen Dritten vorgehen könne. Diese Regelung würde weitgehend ins Leere gehen, wenn auch im Anwendungsbereich der gesetzlichen Regelung parallel der Schutz des § 1UWG oder § 823 I BGB generell begründet werden könnte. Die Bestimmung des § 2 MarkenG stehe dem nicht entgegen. Denn vor allem § 1 UWG könne für einen ergänzenden Schutz herangezogen werden, wenn der Schutz nach dem Markengesetz versage.

Dieser Ansicht des Bundesgerichtshofs hat ein Teil der Literatur[492] zugestimmt, wobei allerdings die Frage, in welchen begrenzten Ausnahmefällen ein ergän-

---

491 Diese zusätzliche Ausführung des Bundesgerichtshofs findet sich nur in der den Schutz eines bekannten Werktitels betreffenden „SZENE"-Entscheidung (BGH, WRP 1999, 1279 (1283) – SZENE). Außerdem wird der schon in der „MAC Dog"-Entscheidung und in der „BIG PACK"-Entscheidung sowohl bezüglich des Bekanntheitsschutzes von Marken als auch bezüglich des Bekanntheitsschutzes von geschäftlichen Bezeichnungen formulierte Rechtssatz zum Konkurrenzverhältnis des Markengesetzes zum UWG und zum BGB in der „SZENE"-Entscheidung ausdrücklich auf den Schutz der bekannten geschäftlichen Bezeichnung angewendet.

492 Vgl. *Palandt-Thomas*, BGB, Einf v § 823 Rn. 7; *Helm*, GRUR 2001, 291 (291, 293); *Althammer/Stöbele/Klaka-Klaka*, Markengesetz, § 2 Rn. 3; *Erdmann*, GRUR 2001, 609 (610). Ähnlich bezüglich des Verhältnisses der §§ 14, 15 MarkenG zu § 1 UWG: *Köhler/Piper-Köhler*, UWG, Einf Rn.57, und *Baumbach/Hefermehl*, Wettbewerbsrecht, § 1 Rn. 483: Da der wettbewerbsrechtliche Schutz eine nur ausnahmsweise Ergänzung des immaterialgüterrechtlichen Sonderschutzes darstelle, könne ein ergänzender wettbewerbsrechtlicher Schutz bei Kennzeichen nur dann in Betracht kommen, wenn ein zeichenrechtlicher Sonderschutz nicht eingreift. Ähnlich auch *Schwarz-Peschel*, Recht im Internet, Kap. 5-2.1 S. 3f.

zender wettbewerbsrechtlicher oder deliktsrechtlicher Kennzeichenschutz anzunehmen ist, unterschiedlich beantwortet wird.

Die genannten Entscheidungen des Bundesgerichtshofs betrafen ausschließlich den Schutz bekannter Kennzeichen. Allerdings hat der Bundesgerichtshof in einer weiteren, neueren Entscheidung auch bereits bezüglich des Konkurrenzverhältnisses des Schutzes geographischer Herkunftsangaben nach den §§ 126ff. MarkenG zum Wettbewerbsrecht bestimmt, daß §§ 126ff. MarkenG als lex specialis anzusehen seien, neben denen §§ 1, 3 UWG nur noch ergänzend für Sachverhalte herangezogen werden könnten, die nicht unter §§ 126ff. MarkenG fallen würden[493]. Es ist anzunehmen, daß auch in zukünftigen Entscheidungen des Bundesgerichtshofs zum ergänzenden Schutz nicht bekannter Kennzeichen vergleichbar entschieden werden wird, wie zum ergänzenden Schutz bekannter Kennzeichen.

Entsprechend der erstgenannten Literaturansicht ist anzunehmen, daß gemäß § 2 MarkenG grundsätzlich andere als markenrechtliche Normen in Anspruchskonkurrenz zum markenrechtlichen Kennzeichenschutz herangezogen werden können. Dafür spricht bereits der eindeutige Wortlaut des § 2 MarkenG. Außerdem wäre § 2 MarkenG funktionslos und überflüssig, wenn er allein normieren würde, daß andere als markengesetzliche Vorschriften auf einen kennzeichenrechtlichen Sachverhalt nur dann anzuwenden seien, wenn das als abschließende Regelung verstandene Markengesetz auf diesen Sachverhalt keine Anwendung findet. Denn die Aussage, ein Gesetz sei auf einen Sachverhalt anwendbar, den ein anderes Gesetz nicht regelt, ist eine Selbstverständlichkeit[494].

Entgegen der erstgenannten Literaturansicht ist allerdings davon auszugehen, daß § 2 MarkenG der einschränkenden Auslegung bedarf. Denn es muß vermieden werden, daß die markengesetzlichen Regelungen durch eine ergänzende Anwendung andere Regelungen unterlaufen werden[495]. Falls durch die Anwendung einer nicht markengesetzlichen Norm die Aushöhlung einer markengesetz-

---

Nach anderer Ansicht in der Literatur (*Stark*, MarkenR 2000, 73 (74); *Teplitzky*, Wettbewerbsrechtliche Ansprüche, Kap. 4 Rn. 10) gehen die markenrechtlichen Normen als Spezialtatbestände grundsätzlich den Generalklauseln des Wettbewerbsrechts vor, letztere seien aber subsidiär – d.h. immer wenn die Tatbestandsvoraussetzungen der markengesetzlichen Normen nicht vorliegen – ohne weiteres wieder anwendbar.

493 BGH, GRUR 1999, 252 (253) – Warsteiner II. Nach der Rechtslage vor Inkrafttreten des Markengesetzes waren geographische Herkunftsangaben in erster Linie nach dem wettbewerbsrechtlichen Irreführungsverbot des § 3 UWG geschützt, vgl. *Fezer*, Markenrecht, Vorb § 126 Rn. 2; *Ingerl/Rohnke*, Markengesetz, Vor 126-138 Rn 1, 2.

494 Vgl. *Fezer*, WRP 2000, 863 (865).

495 Vgl. *Ingerl/Rohnke*, Markengesetz, § 2 Rn. 1.

lichen Regelung droht, ist der markengesetzlichen Norm als lex specialis Vorrang einzuräumen mit der Folge der Nichtanwendbarkeit der nicht markengesetzlichen Norm. Es ist daher im Einzelfall zu beurteilen, ob, wenn eine markenrechtliche Norm tatbestandsmäßig erfüllt ist, die dieser Bestimmung zugrunde liegenden Wertungen durch eine parallele Anwendung einer nicht markengesetzlichen Norm unterlaufen würden. Und für den Fall, daß eine markenrechtliche Norm tatbestandsmäßig nicht erfüllt ist, gilt es die Reichweite deren Sperrwirkung zu bestimmen, also den Bereich, in dem diese markengesetzliche Norm eine abschließende Regelung trifft. Denn auch eine solche Sperrwirkung darf nicht durch den Rückgriff auf nicht markenrechtliche Normen unterlaufen werden.

Bezüglich des ergänzenden wettbewerbsrechtlichen und deliktsrechtlichen Kennzeichenschutzes bedeutet dies, daß die gesetzlich definierten Tatbestandsmerkmale der markenrechtlichen Ansprüche nicht durch den Rückgriff auf weitgehend offene wettbewerbsrechtliche oder deliktsrechtliche Ansprüche ausgehöhlt werden dürfen[496]. Insofern ist eine Berufung auf Generalklauseln des Wettbewerbsrechts oder des Deliktsrechts[497] ausgeschlossen, wenn dadurch markenrechtlich geregelte Gesichtspunkte unterlaufen würden[498].

Daraus ergibt sich:

aa) Schutz gemäß § 1 UWG

§ 1 UWG ist gemäß § 2 MarkenG grundsätzlich anwendbar, jedoch ist § 2 MarkenG insoweit einschränkend auszulegen, als ein ergänzender Schutz nach § 1 UWG ausscheidet, wenn sich die Wettbewerbswidrigkeit gerade aus Handlungen ergibt, für die das Markengesetz spezielle abschließende Regelungen getroffen hat[499].

Gemäß der Generalklausel des § 1 UWG kann auf Unterlassung und Schadensersatz in Anspruch genommen werden, wer im geschäftlichen Verkehr zu

---

[496] Vgl. *Ingerl/Rohnke*, Markengesetz, § 2 Rn. 1, bezüglich der wettbewerbsrechtlichen Ansprüche.
[497] Letztlich handelt es sich auch bei §§ 823 I, II, 826 BGB um ein „System von drei „kleinen" Generalklauseln", da § 823 I BGB bezüglich des Merkmals der „fahrlässigen rechtswidrigen Verletzung", § 823 II BGB bezüglich des Begriffs des „Schutzgesetzes" und § 826 BGB bezüglich des Erfordernisses der „Sittenwidrigkeit" Elemente beinhalten, die in hohem Maße konkretisierungsbedürftig sind, vgl. *Larenz/Canaris*, Schuldrecht II/2, S. 355.
[498] Vgl. *Ingerl/Rohnke*, Markengesetz, § 2 Rn. 1, bezüglich des Wettbewerbsrechts.
[499] Vgl. *Ingerl/Rohnke*, Markengesetz, § 2 Rn. 1; ähnlich OLG München, MMR 2000, 100 (101) – buecherde.com.

Zwecken des Wettbewerbs Handlungen vornimmt, die gegen die guten Sitten verstoßen. Bei Benutzung eines mit der Marke oder geschäftlichen Bezeichnung eines Unternehmens identischen Domain-Namens durch ein Konkurrenzunternehmen liegt grundsätzlich eine Handlung im geschäftlichen Verkehr zu Zwekken des Wettbewerbs vor. Die Sittenwidrigkeit der Handlung kann sich dabei sowohl aufgrund einer wettbewerbswidrigen Behinderung als auch wegen Verschaffung eines Vorsprungs durch Rechtsbruch ergeben. Benutzt das Konkurrenzunternehmen den dem fremden Kennzeichen entsprechenden Domain-Namen, um es dem Kennzeicheninhaber durch Blockade des Domain-Namens unmöglich zu machen, sich unter seinem Kennzeichen im Internet zu präsentieren, so ist eine Sittenwidrigkeit aufgrund wettbewerbswidriger Behinderung gegeben. Verstößt das Konkurrenzunternehmen mit der Benutzung des Domain-Namens bewußt gegen §§ 14, 15 MarkenG, um sich einen Wettbewerbsvorteil vor dem Kennzeicheninhaber zu verschaffen, so liegt Sittenwidrigkeit aufgrund der Verschaffung eines Vorsprunges durch Rechtsbruch vor. Da in diesen Fällen die Benutzung des Domain-Namens durch das Konkurrenzunternehmen sowohl bezüglich der behindernden Wirkung als auch bezüglich der Absicht der Vorteilsverschaffung über den durch die kennzeichenrechtlichen Sondervorschriften geschützten Tatbestand hinausgeht, ist eine Anwendung des § 1 UWG nicht durch das Eingreifen markenrechtlicher Normen gesperrt[500].

bb) Schutz gemäß § 3 UWG

Bezüglich § 3 UWG ist § 2 MarkenG dahingehend einschränkend auszulegen, dass eine Anwendbarkeit von § 3 UWG ausscheidet, wenn sich die Irreführung lediglich auf die betriebliche Herkunft bezieht[501].

Nach der „kleinen Generalklausel" des § 3 UWG kann derjenige, der im geschäftlichen Verkehr zu Zwecken des Wettbewerbs irreführende Angaben über geschäftliche Verhältnisse macht, auf Unterlassung der Angaben in Anspruch genommen werden. Die Gefahr einer Irreführung des Verkehrs über geschäftliche Verhältnisse im Sinne des § 3 UWG liegt allerdings erst dann vor, wenn über die Beeinträchtigung der Identifizierungsfunktion der Kennzeichnung hinaus inhaltlich täuschende Angaben, zum Beispiel über besondere betriebliche

---

500 Vgl. *Bettinger*, GRUR Int. 1997, 402 (410). So auch OLG München, MMR 2000, 100 (101) – buecherde.com, bezüglich der Möglichkeit, § 1 UWG neben § 15 II MarkenG zum ergänzenden Schutz einer geschäftlichen Bezeichnung heranzuziehen, falls eine Behinderung des Kennzeicheninhabers gegeben ist.

501 Anders kann dies sein, wenn mit der betrieblichen Herkunft bestimmte Qualitätsvorstellungen verbunden werden, vgl. *Ingerl/Rohnke*, Markengesetz, § 2 Rn. 1.

Verhältnisse oder die Qualität von Waren, gemacht werden[502]. Das wird bei identisch übernommenen Kennzeichen als Domain-Namen nur im Falle einer gewissen Bekanntheit des Kennzeichens der Fall sein. Liegt ausnahmsweise eine solche, über die reine Herkunftstäuschung hinausgehende Irreführung vor, so ist § 3 UWG anwendbar.

cc) Schutz gemäß §§ 823 I, II, 826 BGB

Deliktsrechtlicher Schutz gemäß §§ 823 I[503], II[504], 826 BGB besteht beim Vorliegen der entsprechenden Voraussetzungen nur dann in Anspruchskonkurrenz zum markenrechtlichen Schutz, wenn nicht markengesetzlich speziell geregelte Gesichtspunkte maßgeblich sind.

Bezüglich des Rückgriffs auf das Recht am eingerichteten und ausgeübten Gewerbebetrieb, welches von der herrschenden Ansicht als sonstiges Recht im Sinne des § 823 I BGB anerkannt ist[505], muß beachtet werden, daß dieses Recht nach herrschender Ansicht immer nur subsidiär eingreift, um bestehende Rechtsschutzlücken auszufüllen[506]. Soweit eine Haftung bereits nach anderen gesetzlichen Vorschriften, etwa nach dem Markengesetz, dem Gesetz gegen den unlauteren Wettbewerb, § 823 I BGB (Eigentum) oder § 824 BGB begründet ist, kann auf das Recht am Gewerbebetrieb gemäß § 823 I BGB als Anspruchsgrundlage nicht – auch nicht ergänzend – zurückgegriffen werden[507].

---

[502] *Ingerl/Rohnke*, Markengesetz, § 2 Rn. 8; *Köhler/Piper-Piper*, UWG, § 3 Rn. 110; *Baumbach/Hefermehl*, Wettbewerbsrecht, § 3 Rn. 261, 263f.; BGH, GRUR 1966, 267 (270) – White Horse.

[503] Das Namensrecht ist als sonstiges Recht im Sinne des § 823 I BGB anerkannt, vgl. *MüKo-Mertens*, BGB, § 823 Rn. 154. Auch die gewerblichen Schutzrechte, wie etwa das Markenrecht, sind als sonstiges Recht im Sinne des § 823 I BGB anerkannt. Allerdings sind diese Rechte nur subsidiär durch § 823 I BGB geschützt, also nur soweit, als nicht spezialgesetzliche Vorschriften abschließende Regelungen treffen. Vorrangig sind daher §§ 14, 15 MarkenG zu prüfen, vgl. *Staudinger-Hager*, BGB, § 823 Rn. B 137.

[504] In Betracht kommt etwa ein Rückgriff auf § 823 II BGB i.V.m. § 12 BGB als Schutzgesetz, sofern das gemäß § 823 II S. 2 BGB erforderliche Verschulden vorliegt.

[505] Vgl. BGHZ 3, 270 (278f.); BGHZ 45, 296 (307); BGHZ 105, 346 (350); *K. Schmidt*, Handelsrecht, S. 194f.; *Palandt-Thomas*, BGB, § 823 Rn. 19.
Gegen die Anerkennung eines Rechts am eingerichteten und ausgeübten Gewerbebetrieb als sonstiges Recht im Sinne des § 823 I BGB vgl. *Kötz/Wagner*, Deliktsrecht, Rn. 82; *Larenz/Canaris*, Schuldrecht II/2, S. 544ff.

[506] BGHZ 38, 200 (204); BGH, NJW 1992, 1312 (1313); BGH, NJW 1998, 2141 (2142); *Palandt-Thomas*, BGB, § 823 Rn. 19; *MüKo-Mertens*, BGB, § 823 Rn. 484; *K. Schmidt*, Handelsrecht, S. 199.

[507] Vgl. BGH, NJW 1992, 1312 (1313); *MüKo-Mertens*, BGB, § 823 Rn. 484; *K. Schmidt*, Handelsrecht, S. 199.

Eine Anwendung des § 826 BGB kommt etwa in Betracht bei vorsätzlicher sittenwidriger Rufschädigung eines nicht bekannten Kennzeichens[508]. Denn hierbei handelt es sich um eine echte Schutzlücke des Markengesetzes jenseits des Verwechslungstatbestandes[509].

b) Namensrechtlicher Schutz gemäß § 12 BGB

Nach § 12 BGB kann der zum Gebrauch eines Namens Berechtigte, wenn sein Recht zum Namensgebrauch von einem anderen bestritten wird oder sein Interesse dadurch verletzt wird, daß ein anderer unbefugt den gleichen Namen gebraucht, von dem anderen Beseitigung der Beeinträchtigung und bei Wiederholungsgefahr Unterlassung verlangen.

aa) Anwendbarkeit des § 12 BGB

Nach der bisher herrschenden Ansicht zum neuen[510] beziehungsweise früheren Recht[511] besteht Anspruchskonkurrenz zwischen dem Kennzeichenschutz nach dem Markengesetz beziehungsweise § 16 UWG a. F. und dem ergänzenden Schutz gemäß § 12 BGB.

Der Bundesgerichtshof führt allerdings in einer neueren Entscheidung aus, der Schutz eines als Marke oder Firmenbestandteil eingesetzten Namens gemäß § 12 BGB sei zwar neben dem kennzeichenrechtlichen Schutz nicht grundsätzlich ausgeschlossen, er setze jedoch einen Eingriffstatbestand voraus, der nicht bereits von den spezielleren Normen des Markengesetzes erfaßt oder freigestellt

---

508 Vgl. *Ingerl/Rohnke*, Markengesetz, § 14 Rn. 524.

509 Vgl. *Ingerl/Rohnke*, Markengesetz, § 14 Rn. 524: Im Falle gezielter Rufschädigungen bestehe Schutzwürdigkeit und –bedürftigkeit nicht nur bei Bekanntheit, sondern auch für nicht bekannte Marken.

510 LG Düsseldorf, NJW-RR 1998, 979 (980) – epson.de; *Jauernig-Jauernig*, BGB, § 12 Rn. 7; *Althammer/Ströbele/Klaka-Klaka*, Markengesetz, § 2 Rn. 7; *Fezer*, Markenrecht, § 2 Rn.2ff.; *Fezer*, WRP 2000, 863 (869ff.); *Deutsch*, WRP 2000, 854 (856); *Ingerl/Rohnke*, Markengesetz, Nach § 15 Rn. 5.

511 ; BGH, GRUR 1966, 623 (624) – Kupferberg; BGH, GRUR 1977, 503 (505) – Datenzentrale; BGH, NJW-RR, 1991, 1260 (1261) – Transatlantische; BGHZ 120, 103 (106f.) – Columbus *Staudinger-Weick/Habermann*, BGB, § 12 Rn. 235f.; *Soergel-Heinrich*, BGB, § 12 Rn. 117.

werde[512]. Danach stellt das Markengesetz ein Spezialgesetz dar, das in seinem Anwendungsbereich den zivilrechtlichen Namenschutz ausschließt[513].

Nach der hier vertretenen Ansicht besteht gemäß § 2 MarkenG grundsätzlich Anspruchskonkurrenz zwischen markengesetzlichem und nicht markengesetzlichem Schutz[514]. Eine einschränkende Auslegung des § 2 MarkenG kommt nur in Betracht, wenn eine Umgehung der markengesetzlichen Regelungen droht. § 12 BGB reicht jedoch im geschäftlichen Verkehr inhaltlich nicht weiter als der Anspruch aus § 15 MarkenG[515]. Insofern werden durch die Anwendung des § 12 BGB markengesetzliche Regelungen nicht ausgehöhlt. Sind die Voraussetzungen sowohl von § 15 MarkenG als auch von § 12 BGB gegeben, besteht daher Anspruchskonkurrenz[516].

bb) Name

Als grundlegende Norm für den gesamten zivilrechtlichen Bezeichnungsschutz umfaßt § 12 BGB neben dem Namen natürlicher und juristischer Personen insbesondere auch alle namensartigen Kennzeichen wie Abkürzungen und Schlagworte, sofern diese originäre oder durch Verkehrsgeltung erlangte Namensfunktion haben[517]. Namensfunktion erfüllt eine Bezeichnung, wenn sie geeignet ist, eine Person oder ein Unternehmen mit sprachlichen Mitteln unterscheidungskräftig zu bezeichnen[518]. Unternehmenskennzeichen im Sinne des § 5 II MarkenG[519] fallen als unternehmensidentifizierende Unterscheidungszeichen unter den weiten Namensbegriff des § 12 BGB und genießen damit unabhängig von § 15 MarkenG namensrechtlichen Schutz. Wenn eine Marke im Verkehr als Name des Unternehmensinhabers oder als Bezeichnung seines Unternehmens

---

512 BGH, NJW 1998, 2045 (2046) – Rolex.

513 Ähnlich bereits *MüKo-Schwerdtner*, BGB, § 12 Rn. 60, zum Verhältnis von § 16 UWG a.F. zu § 12 BGB.

514 Siehe S. 119f. Vgl. auch *Ingerl/Rohnke*, Markengesetz, § 2 Rn. 1, Nach § 15 Rn. 5.

515 Vgl. *Ingerl/Rohnke*, Markengesetz, Nach § 15 Rn. 5. Zur identischen Frage des Verhältnisses zwischen § 16 UWG a.F. und § 12 BGB vgl. BGHZ 120, 103 (106) – Columbus; BGH, GRUR 1971, 517 (518) – SWOPS; *Staudinger-Weick/Habermann*, BGB, § 12 Rn. 235. Siehe dazu auch S. 128f.

516 Vgl. *Ingerl/Rohnke*, Markengesetz, Nach § 15 Rn. 5.

517 *Palandt-Heinrichs*, BGB, § 12 Rn. 1, 10f.; *MünchKomm-Schwerdtner*, BGB, § 12 Rn. 21, 29, 42ff.

518 *Palandt-Heinrichs*, BGB, § 12 Rn. 11.

519 Als Unternehmenskennzeichen gemäß § 5 MarkenG sind Zeichen, die im geschäftlichen Verkehr als Name, als Firma, als besondere Bezeichnung oder als Geschäftsabzeichen eines Geschäftsbetriebes benutzt werden, soweit sie von Hause aus unterscheidungskräftig sind oder ihnen aufgrund des Erwerbs von Verkehrsgeltung Unterscheidungskraft zukommt.

verstanden wird, dann besteht ebenfalls Namensschutz gemäß § 12 BGB[520]. Auch ein Werktitel, der sich im Verkehr als namensmäßige Bezeichnung eines Unternehmens durchgesetzt hat, ist als Name nach § 12 BGB geschützt[521].

cc) Namensleugnung, § 12 S. 1, 1. Alt. BGB

Eine Namensleugnung liegt vor, wenn jemand dem Namensträger das Recht zum Gebrauch des Namens bestreitet (§ 12 S. 1, 1. Alt. BGB) und damit den Rechtsbestand des Namensrechts in Frage stellt. Man kann ausdrücklich durch Worte oder durch schlüssiges Verhalten bestreiten, wie etwa dadurch, daß ein eigenes Recht an dem Namen in Anspruch genommen wird[522].

In der bis Anfang 1997 in Deutschland möglichen Reservierung eines Domain-Namens mit der Top-Level-Domain „.de“ ist ein Bestreiten des Namensrechts zu sehen, sofern in dem Domain-Namen ein fremder Name als Bestandteil enthalten ist[523]. Denn durch die Reservierung des Domain-Namens gibt der Antragsteller gegenüber DE-NIC zu verstehen, daß er für sich das Recht in Anspruch nimmt, sich unter dem Namen im Internet zu präsentieren[524]. In Anbetracht dessen, daß Reservierungen von Domain-Namen unter der Top-Level-Domain „.de“ seit dem 01.02.1997 nicht mehr möglich sind[525], verliert diese Fallgruppe jedoch zunehmend an Relevanz.

Vereinzelt wird allerdings vertreten, daß auch die Benutzung eines einen fremden Namen enthaltenden Domain-Namens einen Fall der Namensbestreitung gemäß § 12 S. 1, 1. Alt. BGB darstelle[526]. Denn durch die Benutzung des Domain-Namens werde aufgrund der mit der Benutzung verbundenen Blockadewirkung das von § 12 S. 1, 1. Alt. BGB geschützte Recht des Namensträgers, seinen Namen als Domain-Namen zu verwenden, bestritten. Diese Ansicht ist jedoch abzulehnen. Im Unterschied zur Namensanmaßung nach § 12 S. 1, 2. Alt. BGB erschöpft sich das Bestreiten in dem negativen Angriff auf die Berechti-

---

[520] *Fezer*, Markenrecht, § 15 Rn. 36.

[521] *Fezer*, Markenrecht, § 15 Rn. 35; BGH, GRUR 1979, 564 (565) – Metall-Zeitung mit Anm. *Fezer*. Namensfunktion kommt einem Werktitel jedoch nur dann zu, wenn er nicht nur das Werk (z.B. die Zeitung, Zeitschrift etc.), sondern auch das herstellende Unternehmen bezeichnet.

[522] *Fezer*, Markenrecht, § 15 Rn. 54; *Ingerl/Rohnke*, Markengesetz, Nach § 15 Rn. 12.

[523] *Ingerl/Rohnke*, Markengesetz, Nach § 15 Rn. 12; *Ubber*, WRP 1997, 497 (507); LG Frankfurt aM., CR 1997, 287 (287). Offengelassen in LG Lüneburg, GRUR 1997, 470 (472).

[524] *Ubber*, WRP 1997, 497 (507).

[525] Bis zu diesem Zeitpunkt vorgenommene Reservierungen blieben bis maximal zum Ablauf ihrer eingetragenen Frist (im Normalfall sind dies sechs Monate) bestehen.

[526] *Ernst*, NJW-CoR 1997, 426 (427). Ebenso wohl auch *Ubber*, WRP 1997, 497 (507).

gung des Verletzten[527], ohne daß der Name von dem Bestreitenden für sich oder für seinen Geschäftsbereich namensmäßig gebraucht wird. Somit ist, wenn der Domain-Namen vom Inhaber benutzt wird, keine Namensleugnung gegeben, sondern es muß das Vorliegen einer Namensanmaßung gemäß § 12 S. 1, 2. Alt. BGB geprüft werden[528].

dd) Namensanmaßung, § 12 S. 1, 2. Alt. BGB

Eine Namensanmaßung ist gegeben, wenn ein anderer unbefugt den gleichen Namen gebraucht und dadurch ein schutzwürdiges Interesse des Namensträgers verletzt (§ 12 S. 1, 2. Alt. BGB).

aaa) Namensgebrauch

Als Namensgebrauch im Sinne des § 12 BGB ist nach der Rechtsprechung des Bundesgerichtshofes nicht jede Form der Verwendung eines fremden Namens anzusehen, sondern nur solche Namensverwendungen, die geeignet sind, eine namensmäßige Identitäts- oder Zuordnungsverwirrung hervorzurufen[529]. Eine solche Identitäts- oder Zuordnungsverwirrung setzt keinen kennzeichenmäßigen Gebrauch im engen Sinne der deutschen Rechtsprechung zum Warenzeichengesetz voraus. Ausreichend sind vielmehr auch nicht kennzeichenmäßige Verwendungsweisen, durch die der Namensträger zu bestimmten Einrichtungen, Gütern

---

[527] Vgl. *Soergel-Heinrich*, § 12 Rn. 170.

[528] Mit vollständig anderer Argumentation im Ergebnis ebenso: *Loewenheim/Koch-Kur*, Praxis des Online-Rechts, 325 (361) und *Wegner*, CR 1999, 250 (253).
Nach Ansicht von *Kur* läßt sich die Anwendung der sehr eng auszulegenden Fallgruppe der Namensbestreitung schon heute kaum halten angesichts der Tatsache, daß es eine Vielzahl nationaler Top-Level-Domains gibt, auf die der Namensträger ausweichen könne, wenn und solange ihm der Weg über die „eigene“ nationale Top-Level-Domain versperrt ist. Dies verstärke sich noch, wenn künftig die Anzahl der organisatorischen Top-Level-Domains steige.
Wegner argumentiert, daß ein Inhaber eines Domain-Namens – abgesehen von Fällen der Domain-Erpressung – nicht konkludent erkläre, der Namensträger sei nicht zum Gebrauch des Namens als Domain-Name berechtigt. Der redliche Inhaber eines Domain-Namens bestreite daher nicht konkludent das Namensrecht des Namensträgers, sondern er erkläre lediglich, daß er den Domain-Namen nutzen will und sich hierzu für berechtigt hält. Die Unmöglichkeit der Nutzung des Domain-Namens für den Namensträger folge hingegen aus den technischen Gegebenheiten des Internet, auf die der Inhaber des Domain-Namens keinen Einfluß habe.

[529] BGHZ 30, 7 (10) – Caterina Valente; BGHZ 91, 117 (120) – Mordora; BGH, GRUR 1993, 151 (153) – Universitätsemblem

oder Erzeugnissen in Beziehung gesetzt wird, mit denen er nichts zu tun hat[530], oder durch die im Verkehr der unrichtige Eindruck entsteht, der Namensträger habe dem Benutzer ein Recht zur Namensverwendung erteilt[531].

In der Verwendung eines Kennzeichens als Domain-Name ist eine kennzeichenmäßige Benutzung des entsprechenden Kennzeichens im engen Sinne der deutschen Rechtsprechung zum Warenzeichengesetz zu sehen[532]. Bei der Verwendung eines mit einem fremden Namen identischen Domain-Namens wird ein Großteil der Internetnutzer davon ausgehen, daß es sich um einen Domain-Namen des Namensträgers handelt, und daß es sich bei dem unter dem Domain-Namen bezeichneten Internet-Angebot um ein Angebot des Namensträgers handelt. Von den betroffenen Verkehrskreisen wird der den Namen enthaltende Domain-Name somit als Hinweis auf den dahinterstehenden Namensträger verstanden. Es liegt somit eine Namensverwendung vor, die geeignet ist, namensmäßige Identitäts- oder Zuordnungsverwirrung hervorzurufen[533]. Ein Namensgebrauch im Sinne des § 12 BGB ist daher gegeben.

bbb) Fehlende Befugnis

Unbefugt[534] ist der Gebrauch eines Namens, wenn ein eigenes Benutzungsrecht nicht gegeben ist, ferner wenn sich die Unrechtmäßigkeit aus anderen Vorschriften, vor allem aus §§ 1, 3 UWG, 823 I, 826 BGB ergibt[535]. Das eigene Benutzungsrecht kann insbesondere auf einem prioritätsälteren Namens- oder sonstigen Kennzeichenrecht oder auf einer vertraglichen Gestattung beruhen[536]. Für den Fall der Gleichnamigkeit sind allerdings die oben im Rahmen des § 23 MarkenG erörterten Regeln des Rechts der Gleichnamigkeit zu berücksichtigen[537]. Soweit dem Inhaber des Domain-Namens keine besondere Befugnis zur Verwendung des Namens zusteht, oder er mit der Namensverwendung gegen

---

530 BGHZ 30, 7 (10) – Caterina Valente; BGH, GRUR 1964, 38 (40) – Dortmund grüßt; BGH, GRUR 1993, 151 (153) – Universitätsemblem; *Soergel-Heinrich*, BGB, § 12 Rn. 172; *Ingerl/Rohnke*, Markengesetz, Nach § 15 Rn. 14.

531 *Palandt-Heinrichs*, BGB, § 12 Rn. 22; BGH, GRUR 1994, 844 (846) – Rotes Kreuz; BGH, GRUR 1993, 151 (153) – Universitätsemblem.

532 Siehe oben zu §§ 14, 15 MarkenG bei Fn. 267.

533 Für die Bejahung eines Namensgebrauchs im Sinne des § 12 BGB spricht sich auch der ganz überwiegende Teil der Rechtsprechung und der Literatur aus, siehe Fn. 251f.

534 „Unbefugt" ist gleichbedeutend mit widerrechtlich im Sinne des § 823 I BGB.

535 *Soergel-Heinrich*, BGB, § 12 Rn. 179; *Ingerl/Rohnke*, Markengesetz, Nach § 15 Rn. 18.

536 *Ingerl/Rohnke*, Markengesetz, Nach § 15 Rn. 18.

537 Vgl. *Palandt-Heinrichs*, BGB, § 12 Rn. 21 wonach im Rahmen des Prüfung des § 12 BGB in Domain-Namen-Fällen bei Gleichnamigen die allgemeinen Gleichnamigenregeln gelten. Ebenso OLG Hamm, NJW-RR, 1998, 909 (910) – krupp.de.

§§ 1, 3 UWG oder gegen die guten Sitten verstößt, ist der Namensgebrauch somit unbefugt.

ccc) Interessenverletzung

Der unbefugte Namensgebrauch muß das Interesse des Berechtigen verletzen. Der Begriff des Interesses ist dabei grundsätzlich weit auszulegen. Bei den im Geschäftsleben geführten Namen ist allerdings nur ein geschäftliches Interesse schutzwürdig, das sich aber auch aus ideellen Belangen ergeben kann[538]. Schutzwürdig ist dabei vor allem das Interesse, nicht mit anderen Unternehmen verwechselt zu werden[539]. Liegt eine Verwechslungsgefahr im Sinne der §§ 14 II Nr. 2, 15 II MarkenG vor, so impliziert diese eine Interessenverletzung gemäß § 12 S. 1 BGB. Wird, wie vorausgesetzt[540], das namensartige Kennzeichen eines kennzeichenberechtigten Unternehmens durch ein Konkurrenzunternehmen in identischer Weise als Domain-Name verwendet, besteht Verwechslungsgefahr im Sinne der §§ 14 II Nr. 2, 15 II MarkenG[541]. Somit ist in diesem Fall zugleich eine Interessenverletzung im Sinne des § 12 S. 1 BGB gegeben.

dd) Rechtsfolgen der Ansprüche aus dem Namensrecht

§ 12 S. 2 BGB gewährt dem Verletzten beim Vorliegen von Wiederholungs- oder Erstbegehungsgefahr[542] einen Unterlassungsanspruch. Der Namensberechtigte kann damit verlangen, daß der Inhaber des Domain-Namens es unterläßt, den Domain-Namen selbst zu benutzen oder Dritten durch Überlassung die Nutzung des Domain-Namens zu ermöglichen. Außerdem besteht gemäß § 12 S. 1 BGB für den Namensberechtigten ein Anspruch auf Beseitigung der bestehenden Beeinträchtigung. Im Unterschied zum deliktsrechtlichen Beseitigungsanspruch bei Namensrechtsverletzungen, der zusätzlich ein Verschulden voraussetzt, kann mit § 12 S.1 BGB nicht Ersatz des Schadens, den die Verletzung des Namens zur Folge hat, verlangt werden, sondern nur die Beseitigung des durch die Handlung des Verletzers eingetretenen störenden Zustandes verlangt werden[543]. Der Namensberechtigte hat somit gegen den Inhaber des Domain-Namens lediglich einen Anspruch darauf, daß dieser gegenüber der Vergabestel-

---

538 *MüKo-Schwerdtner*, BGB, § 12 Rn. 128; *Soergel-Heinrich*, BGB, § 12 Rn. 187; *Palandt-Heinrichs*, BGB, § 12 Rn. 29.

539 *Palandt-Heinrichs*, BGB, § 12 Rn. 29.

540 Siehe S. 46.

541 Genauer zur Verwechslungsgefahr i.S.d. §§ 14 II Nr. 2, 15 II MarkenG siehe bei Fn. 495.

542 *MünchKomm-Schwerdtner*, BGB, § 12 Rn. 140; *Ingerl/Rohnke*, Markengesetz, Nach § 15 Rn. 24.

543 *Soergel-Heinrich*, BGB, § 12 Rn. 199; *MünchKomm-Schwerdtner*, BGB, § 12 Rn. 142.

le DE-NIC auf den überlassenen Domain-Namen verzichtet, nicht aber einen Anspruch auf Übertragung des Domain-Namens auf sich selbst[544].

ee) Ergebnis

Liegt eine kennzeichenmäßige Benutzung des mit einer Marke oder geschäftlichen Bezeichnung eines Dritten identischen Domain-Namens im geschäftlichen Verkehr vor, so überschneiden sich die Anwendungsbereiche des Namensschutzes nach § 12 BGB und des Kennzeichenschutzes gemäß §§ 14, 15 MarkenG. Da auch die Rechtsfolgen nach § 12 BGB nicht über die Verletzungsansprüche nach §§ 14, 15, 18 III MarkenG hinausgehen, kommt den namensrechtlichen Ansprüchen hier grundsätzlich[545] keine eigenständige Bedeutung gegenüber den Verletzungsansprüchen nach dem Markengesetz zu.

---

[544] Ein weitergehender Übertragungsanspruch besteht somit ebensowenig wie beim Beseitigungsanspruch gemäß §§ 14, 15, 18 III MarkenG, § 1004 BGB analog.
Gegen die Annahme eines aus § 12 BGB folgenden Übertragungsanspruchs auch LG Hamburg, MMR 2000, 620 (623) – joop.de.
Ebenso das OLG München im Fall „rollsroyce.de" (OLG München, BB 1999, 2421 (2422) – rollsroyce.de). Das OLG München stellte fest, daß dem in seinem Namensrecht Verletzten gemäß § 12 BGB lediglich ein Anspruch auf Beseitigung der Beeinträchtigung, mithin ein Anspruch auf Mitwirkung an der Löschung der Registrierung zustehe. Dies bedeute, daß der Domain-Namen-Inhaber seine Sperrposition, die er mit der Registrierung und Nutzung des Domain-Namens ausübt, aufgeben muß, ohne daß es darauf ankäme, ob und in welcher Weise der Namensberechtigte das ihm zustehende Namensrecht zu nutzen gedenkt. (Soweit nach der – diesbezüglich nicht ganz eindeutigen – Ansicht des Gerichts darüber hinaus auch ein Schadensersatzanspruch gemäß §§ 823 I, 12 BGB nur auf Mitwirkung an der Löschung der Registrierung, nicht aber auf Übertragung des Domain-Namens an den Namensberechtigten gerichtet sein soll, muß dem allerdings widersprochen werden. Zum Umfang eines Schadensersatzanspruchs in Domain-Namen-Fällen siehe S. 113f.)
Eine andere Ansicht vertrat das OLG München allerdings in der Entscheidung „shell.de" (OLG München, BB 1999, 1287 (1287f.) – shell.de). Mit Blick auf die Regelungen in § 8 I S. 2 PatG und § 894 BGB sprach das Gericht dem Namensberechtigten wegen der Verletzung seines Namensrechts gemäß § 12 S. 1 BGB einen Anspruch gegen den Domain-Namen-Inhaber auf Einwilligung in die Übertragung des Domain-Namens Zug um Zug gegen Erstattung der Registrierungskosten zu. Dem zustimmend, *Palandt-Heinrichs*, BGB, § 12 Rn. 33.
Beim Vorliegen von Verschulden kann sich allerdings ein Übertragungsanspruch als Schadensanspruch aus §§ 823 II, 12, 249 BGB ergeben, siehe S. 113f. zum Schadensersatzumfang.

[545] Eine eigenständige Bedeutung kann sich möglicherweise unter dem Aspekt der Vermeidung der Zuständigkeit der Kennzeichengerichte ergeben, vgl. § 140 MarkenG.

c) Handelsrechtlicher Schutz gemäß § 37 II HGB

Da die registerrechtlichen Regelungen des formellen Firmenrechts grundsätzlich von dem außerhalb und unabhängig von der Handelsregistereintragung entstehenden, materiellen Kennzeichenrecht an der Firma unabhängig sind, kann die Vorschrift des § 37 II HGB bei Vorliegen ihrer Voraussetzungen neben den kennzeichenrechtlichen Vorschriften zur Anwendung kommen[546]. Nach § 37 II HGB kann sich insofern bei einem den firmenrechtlichen Vorschriften widersprechenden Firmengebrauch ein Unterlassungsanspruch ergeben. Da gemäß § 30 I HGB Verletzer und Firmeninhaber am gleichen Ort ansässig sein müssen[547], ist die Bedeutung des § 37 II HGB für Domain-Namen-Streitigkeiten allerdings recht gering[548].

II. Benutzung des Domain-Namens durch ein branchenfremdes Unternehmen

Im Internet kann ein Kennzeichen auch dann mit einem Domain-Namen in Konflikt geraten, wenn der Kennzeicheninhaber und der Inhaber des Domain-Namens in verschiedenen Branchen tätig sind.

1. Schutz nach dem Markengesetz gemäß §§ 14, 15 MarkenG

a) Identitätsschutz der Marke und der geschäftlichen Bezeichnung gemäß §§ 14 II Nr. 1, 15 II MarkenG

Wird der mit einer Marke oder geschäftlichen Bezeichnung identische Domain-Name nicht von einem Konkurrenten des Kennzeicheninhabers, sondern von einem branchenfremden Unternehmen verwendet, so scheidet eine Identitätsverletzung gemäß §§ 14 II Nr. 1, 15 II MarkenG aus, da es an der dafür erforderlichen Zeichenverwendung für identische Waren oder Dienstleistungen beziehungsweise an der erforderlichen Branchenidentität zwischen dem Inhaber des Domain-Namens und dem Kennzeicheninhaber fehlt[549].

---

546 *Ingerl/Rohnke*, Markengesetz, § 2 Rn. 6, Nach § 15 Rn. 28.

547 Vgl. *Staudinger-Weick/Habermann*, BGB, § 12 Rn. 227; *Soergel-Heinrich*, BGB, § 12 Rn. 165.

548 Vgl. *Loewenheim/Koch-Kur*, Praxis des Online-Rechts, 325 (365); *Wegner*, CR 1999, 250 (254).

549 Vgl. *Kur*, Festschrift für Beier, 265 (273); *Schwarz-Poeck*, Recht im Internet, Kap. 4-2.2 S. 21.

b) Verwechslungsschutz der Marke und der geschäftlichen Bezeichnung gemäß §§ 14 II Nr. 2, 15 II MarkenG

Der Verwechslungsschutz der Marke gemäß §§ 14 II Nr. 2 MarkenG setzt voraus, daß wegen der Identität oder Ähnlichkeit des verwendeten Zeichens mit der Marke und der Identität oder Ähnlichkeit der durch die Marke und das Zeichen erfaßten Waren oder Dienstleistungen für das Publikum die Gefahr von Verwechslungen besteht, einschließlich der Gefahr, daß das Zeichen mit der Marke gedanklich in Verbindung gebracht wird[550]. Neben den in § 14 II Nr. 2 MarkenG ausdrücklich genannten beiden Voraussetzungen „Identität oder Ähnlichkeit des Zeichens mit der Marke" und „Identität oder Ähnlichkeit der Waren oder Dienstleistungen" hängt die Verwechslungsgefahr maßgeblich von einem ungeschriebenen dritten Faktor ab, nämlich der Kennzeichnungskraft[551] der geltend gemachten Marke[552]. Die drei Faktoren stehen zueinander in flexibler Wechselwirkung[553]. Je stärker ausgeprägt ein Parameter ist, desto weniger ausgeprägt können die anderen sein[554]. Dabei ist es eine Frage des konkreten Falles, welcher Grad des einen Faktors zum Ausgleich der Schwäche eines anderen Faktors geeignet ist[555]. Zu beachten ist jedoch, daß die Verwechslungsgefahr in allen Fällen „wegen" der Zeichenidentität bzw. -ähnlichkeit „und" der Waren- oder Dienstleistungsidentität bzw. -ähnlichkeit bestehen muß, also die Wechselwirkung nicht so weit gehen kann, daß eine dieser beiden Voraussetzungen ganz entfallen und von den anderen Faktoren vollständig kompensiert werden könnte[556].

---

[550] Während im früheren Warenzeichengesetz die Warengleichartigkeit und die Verwechslungsgefahr zwei eigenständige Schutzschranken darstellten, die in zwei voneinander unabhängigen Prüfungsschritten festzustellen waren (vgl. *Baumbach-Hefermehl*, WZG, 12. Aufl., § 31 Rn. 17), handelt es sich im Markengesetz bei der Nähe der Waren oder Dienstleistungen um einen der für die Verwechslungsgefahr maßgeblichen und in einer flexiblen Wechselbeziehung zueinander stehenden Parameter, vgl. BGH, GRUR 1995, 216 (219) – Oxygenol II; *Teplitzky*, GRUR 1996, 1 (3); *Will*, Der Markenschutz nach § 14 Markengesetz, S. 86ff.; *Marx*, Deutsches und europäisches Markenrecht, Rn. 183ff.

[551] Unter Kennzeichnungskraft versteht man die Eignung eines Zeichens, sich aufgrund seiner Eigenart und gegebenenfalls seines durch Benutzung erlangten Bekanntheitsgrades dem Publikum als Marke einzuprägen, das heißt in Erinnerung behalten und wiedererkannt zu werden, vgl. *Ingerl/Rohnke*, Markengesetz, § 14 Rn. 181.

[552] BGH, GRUR 1995, 50 (51) – Indorektal/Indohexal; *Ingerl/Rohnke*, Markengesetz, § 14 Rn. 180; *Fezer*, Markenrecht, § 14 Rn. 121; *Will*, Der Markenschutz nach § 14 Markengesetz, S. 106. Die Maßgeblichkeit der Kennzeichnungskraft war schon im früheren Recht anerkannt, siehe BGH, GRUR 1991, 609 (611) – SL; BGH, GRUR 1992, 110 (111) – dipa/dib.

[553] *Ingerl/Rohnke*, Markengesetz, § 14 Rn. 180.

[554] *Will*, Der Markenschutz nach § 14 Markengesetz, S. 116f.

[555] BGH, GRUR 1995, 216 (219) – Oxygenol II; *Ingerl/Rohnke*, Markengesetz, § 14 Rn. 180.

[556] Vgl. *Ingerl/Rohnke*, Markengesetz, § 14 Rn. 180; *Hoeren/Sieber-Viefhues*, Hdb. Multimedia-Recht, Teil 6 Rn. 86ff. So im Ergebnis auch BPatG, GRUR 1996, 204 (206) – Swing.

Für den Verwechslungsschutz der geschäftlichen Bezeichnung gemäß § 15 II MarkenG gelten dieselben Regeln, wobei jedoch statt „Identität oder Ähnlichkeit der Waren oder Dienstleistungen" das ungeschriebene Kriterium der „Branchennähe oder Branchenähnlichkeit" entscheidend ist[557].

Bei Verwendung eines eine fremde Marke enthaltenden Domain-Namens durch ein branchenfremdes Unternehmen fehlt es an der erforderlichen Verwendung für gleiche oder ähnliche Waren oder Dienstleistungen[558]. Ebenso fehlt es bei Verwendung eines eine fremde geschäftliche Bezeichnung enthaltenden Domain-Namens durch ein branchenfremdes Unternehmen an der erforderlichen Branchenidentität oder -ähnlichkeit[559]. Dies bedeutet, daß mangels Vorliegens einer Verwechslungsgefahr Ansprüche aus §§ 14 II Nr. 2, 15 II MarkenG eigentlich nicht gegeben sind.

Anderer Ansicht ist dagegen *Wagner* (ZHR 162 (1998), 701 (713)), der das Vorliegen von Verwechslungsgefahr auch bei gänzlich fehlender Ähnlichkeit der Waren oder Dienstleistungen in Betracht zieht. Zur Begründung verweist er auf die amtliche Begründung zum Markengesetz, wo ausgeführt wird: „Im Mittelpunkt steht ... der Begriff der Verwechslungsgefahr. ... Der Schutz der Marke reicht immer so weit, wie Verwechslungsgefahr gegeben ist." (Begründung zum Markengesetz, BT-Drucks. 12/6581 vom 14.01.1994, S. 71f.).
Dem ist jedoch entgegenzuhalten, daß nach dem eindeutigen Wortlaut des § 14 II Nr. 2 MarkenG (Verwechslungsgefahr muß „wegen" der Zeichenidentität bzw. -ähnlichkeit „und" der Identität oder Ähnlichkeit der erfaßten Waren oder Dienstleistungen bestehen) beim Fehlen von Waren- oder Dienstleistungsähnlichkeit keine Verwechslungsgefahr vorliegt. Dafür spricht auch die in der amtlichen Begründung unmittelbar vor den von Wagner angeführten Zitatstellen befindliche Feststellung, daß die Verwechslungsgefahr „im Hinblick auf die Identität oder Ähnlichkeit der Marken und die Identität oder Ähnlichkeit der Waren und Dienstleistungen" bestehen muß (Begründung zum Markengesetz, BT-Drucks. 12/6581 vom 14.01.1994, S. 71).

557 Siehe Begründung zum Markengesetz, BT-Drucks. 12/6581 vom 14.01.1994, S.76; *Fezer*, Markenrecht, § 15 Rn. 17; *Hoeren/Sieber-Viefhues*, Hdb. Multimedia-Recht, Teil 6 Rn. 86. Beim Titelschutz kommt es auf die Werkidentität oder –ähnlichkeit an. Anderer Ansicht wiederum *Wagner*, ZHR 162 (1998), 701 (714), der das Vorliegen von Verwechslungsgefahr auch bei völliger Branchenferne für möglich hält. (Vgl. dazu die vorherige Fußnote.)

558 So zum Beispiel auch im Fall „freundin.de" (LG München, CR 1997, 540 (541) – freundin.de) wo es an einer Produktähnlichkeit zwischen der Herausgabe und dem Vertrieb von Frauenzeitschriften auf der einen Seite und der Partnerschaftsvermittlung auf der anderen Seite fehlte. Vgl. auch *Schwarz-Poeck*, Recht im Internet, Kap. 4-2.2 S. 42f.

559 Das OLG Frankfurt (OLG Frankfurt, WRP 2000, 772 (773) – alcon.de) nahm etwa bezüglich dem Tätigkeitsfeld des Vertriebs von Pharmazeutika und Medizinprodukten für die Augenheilkunde einerseits und dem Tätigkeitsfeld der Vermögensverwaltung sowie Erwerb und Veräußerung von Beteiligungsgesellschaften andererseits absolute Branchenferne an und lehnte insofern das Bestehen von Verwechslungsgefahr ab. Vgl. auch *Schwarz-Poeck*, Recht im Internet, Kap. 4-2.2 S. 21.

Dieses Ergebnis führt jedoch zu Problemen[560]. Denn während in Deutschland außerhalb des Internet identische Marken und geschäftliche Bezeichnungen regelmäßig problemlos nebeneinander existieren können, solange sie für unterschiedliche Produkte verwendet werden beziehungsweise von branchenfremden Unternehmen geführt werden, kann im Internet eine bestimmte Bezeichnung als Second-Level-Domain unter der Top-Level-Domain „.de" nur ein einziges Mal existieren. Deshalb wird vorgeschlagen, den Anwendungsbereich des § 15 II MarkenG, in dem das Erfordernis des Vorliegens von Branchenidentität oder -ähnlichkeit nicht ausdrücklich erwähnt ist, für Domain-Namen-Fälle dergestalt zu erweitern, daß eine Verwechslungsgefahr auch bei Branchenverschiedenheit vorliegen kann[561]. Für eine solche Annahme der Verwechslungsgefahr trotz Branchenverschiedenheit spräche nach dieser Ansicht, daß das Betätigungsfeld des Unternehmens aus dem Domain-Namen selbst nicht hervorgehe und sich auch bei der Kontaktaufnahme im Internet nicht eindeutig ergeben müsse[562].

---

[560] Vgl. dazu auch *Bechtold*, ZUM 1997, 427 (442).

[561] *Kur*, Festschrift für Beier, 265 (272f.). Eine entsprechende Erweiterung des Anwendungsbereichs des § 14 II Nr. 2 MarkenG lehnt die Autorin jedoch wegen des im Wortlaut des § 14 II Nr. 2 MarkenG ausdrücklich erwähnten Erfordernisses der Verwendung des Zeichens für identische oder ähnliche Waren ab.
Ähnlich auch *Wagner*, ZHR 162 (1998), 701 (713f.), der allerdings nicht nur für Domain-Namen-Fälle, sondern prinzipiell die Möglichkeit des Vorliegens von Verwechslungsgefahr trotz völliger Branchenverschiedenheit für möglich hält.
Nach Ansicht von *Marwitz*, WRP 2001, 9 (10f.), sei bei Domain-Namen-Fällen unabhängig vom Waren- oder Dienstleistungsbereich stets eine systemimmanente Verwechslungsgefahr anzunehmen. Denn bei Eingabe eines Domain-Namens – welche grundsätzlich ohne einen sachlichen Zusammenhang erfolge – bestehe grundsätzlich eine anfängliche Verwechslungsgefahr, die sich bei Aufruf der Seite verwirklichen oder auflösen könne. Außerdem seien Änderungen der Webseiten in kürzester Zeit möglich, so daß insofern auch stets eine latente Verwechslungsgefahr bestehe. Dem ist jedoch entgegenzuhalten, daß die Eingabe eines Domain-Namens durch den Internetnutzer keine Verwendung des Domain-Namens durch den Anbieter der Webseiten darstellt. Auf diese Handlung kann daher nicht abgestellt werden. Die Vermutung, daß ein Webseitenanbieter allein wegen der einfachen Umgestaltungsmöglichkeiten bezüglich der Webseiteninhalte unter dem streitigen Domain-Namen zukünftig Waren oder Dienstleistungen aus der Branche des Kennzeicheninhabers anpreisen könnte, ist eher fernliegend und bedürfte hinreichender konkreter Anhaltspunkte, um vorbeugend dagegen vorgehen zu können.
Bottenschein, MMR 2001, 286 (289), vertritt die Auffassung, daß den von der ICANN neu eingeführten branchenbezogenen generic Top-Level-Domains, wie etwa „.museum", „.aero", ausnahmsweise eine – wenn auch nur geringe – Kennzeichnungskraft zukomme. Dementsprechend sei es geboten, bei der Prüfung der Verwechslungsgefahr ausnahmsweise den tatsächlichen Inhalt der Webseiten unberücksichtigt zu lassen und stattdessen auf seiten des Domain-Namen-Inhabers auf die durch den branchenspezifischen Top-Level-Domain bezeichnete Branche abzustellen.

[562] *Kur*, Festschrift für Beier, 265 (272); *Wagner*, ZHR 162 (1998), 701 (714).

Gegen diesen Vorschlag ist jedoch einzuwenden, daß sowohl bei Domain-Namen als auch bei herkömmlichen Arten der Zeichenverwendung allein aus dem Zeichen als solchem nur in den seltensten Fällen das Betätigungsfeld eines Unternehmens zu erkennen ist[563]. Bei Verwendung eines Domain-Namens in Geschäftspapieren etc. läßt sich die Branche des Unternehmens in der Regel leicht ersehen. Ebenso läßt sich bei Verwendung eines Domain-Namens im Internet regelmäßig aufgrund von Inhalt und Gestaltung der Homepage problemlos erkennen, in welcher Branche ein Unternehmen tätig ist. Auch kann auf das Erfordernis des Vorliegens von Branchenidentität oder -ähnlichkeit nicht mangels ausdrücklicher Erwähnung in § 15 II MarkenG verzichtet werden. Die Berücksichtigung der Branchennähe innerhalb des Rechtsschutzes der Unternehmenskennzeichen war schon nach der Rechtslage vor Inkrafttreten des Markengesetzes anerkannt und gilt nach der amtlichen Begründung auch im neuen Markengesetz fort[564]. Der Vorschlag ist daher abzulehnen.

Im Ergebnis bestehen somit bei Verwendung eines fremden Kennzeichens als Domain-Name durch ein branchenfremdes Unternehmen keine Ansprüche gemäß §§ 14 II Nr. 2, 15 II MarkenG[565].

2. *Ergänzender Kennzeichenschutz*

a) *Wettbewerbsrechtlicher Schutz gemäß §§ 1, 3 UWG*

Für den Fall, daß eine Anwendung der §§ 1, 3 UWG nicht ausgeschlossen ist[566], ist zu prüfen, ob die Voraussetzungen dieser Normen gegeben sind.

Wettbewerbsrechtliche Ansprüche gemäß §§ 1, 3 UWG setzen das Vorliegen eines Handelns zum Zwecke des Wettbewerbs voraus. Das heißt, die Handlung muß objektiv geeignet sein, den eigenen oder fremden Absatz auf Kosten eines Mitbewerbers zu fördern, und muß subjektiv von einer entsprechenden Absicht

---

563 Anders ist dies allerdings bei bekannten Kennzeichen. Bei diesen ist dem Verkehr i.d.R. auch das Betätigungsfeld des kennzeicheninnehabenden Unternehmens bekannt. Zum Schutz der bekannten Kennzeichen, die auch jenseits des Vorliegens von Verwechslungsgefahr geschützt sind, vgl. S. 154ff.

564 Siehe Begründung zum Markengesetz, BT-Drucks. 12/6581 vom 14.01.1994, S. 76. Vgl. auch *Fezer*, Markenrecht, § 15 Rn. 17.

565 Dieses Ergebnis steht auch im Einklang mit der auf S. 141f. (vgl. auch Fn. 601) vertretenen Lösung. Denn solange Branchenferne gegeben ist – also der Domain-Namen-Inhaber seine Geschäftstätigkeit nicht auch auf die Branche des gleichlautenden Kennzeichens erstreckt – darf er den Domain-Namen trotz Zeichenidentität mit dem Kennzeichen eines branchenfremden Unternehmens nutzen.

566 Genauer zum Anwendungsausschluß siehe oben unter 116ff.

getragen sein[567]. Nach der Rechtsprechung ist die objektive Voraussetzung nur zu bejahen, wenn zwischen dem durch die fragliche Handlung betroffenen und dem durch sie begünstigten Unternehmen ein Wettbewerbsverhältnis besteht[568]. An das Vorliegen eines Wettbewerbsverhältnisses werden allerdings keine hohen Anforderungen gestellt, insbesondere wird Branchengleichheit der in Frage stehenden Unternehmen nicht notwendigerweise vorausgesetzt[569]. Zwar besteht zwischen Unternehmen verschiedener Branchen von Haus aus kein Wettbewerbsverhältnis, wie es unter Unternehmen gleicher oder verwandter Branchen gewöhnlich besteht. Da es aber für die Anwendung der §§ 1, 3 UWG nur auf die konkret beanstandete Wettbewerbshandlung ankommt, reicht es aus, wenn die Parteien auch nur durch diese in Wettbewerb getreten sind, im übrigen aber ihre Unternehmen verschiedenen Branchen angehören[570]. Ein Wettbewerbsverhältnis kann also auch ad hoc durch eine konkrete Handlung gegenüber dem Betroffenen begründet werden[571]. Es genügt insofern, wenn sich der Verletzer durch seine Verletzungshandlung im konkreten Fall in irgendeiner Weise in Wettbewerb zu dem betroffenen Unternehmen stellt, was auch dadurch geschehen kann, daß der Verletzer durch den Gebrauch des fremden Kennzeichens dessen wirtschaftlich verwertbaren besonderen Ruf für sich auszunutzen sucht[572].

Zwischen dem Inhaber des Domain-Namens und dem branchenfremden Kennzeicheninhaber besteht somit nicht von vorneherein ein Wettbewerbsverhältnis,

---

567 *Emmerich*, Das Recht des unlauteren Wettbewerbs, S. 24; *Baumbach/Hefermehl*, Wettbewerbsrecht, Einl UWG Rn. 215, 232.

568 BGHZ 93, 96 (97).

569 BGH, GRUR 1985, 550 (552) – Dimpel; BGH, GRUR 1972, 553 (553) – Statt Blumen ONKO-Kaffee; *Baumbach/Hefermehl*, Wettbewerbsrecht, Einl UWG Rn. 228; *Emmerich*, Das Recht des unlauteren Wettbewerbs, S. 19.

570 BGH, GRUR 1985, 550 (552) – Dimpel; BGH, GRUR 1972, 553 (553) – Statt Blumen ONKO-Kaffee; *Baumbach/Hefermehl*, Wettbewerbsrecht, Einl UWG Rn. 228.

571 BGH, GRUR 1972, 553 (553) – Statt Blumen ONKO-Kaffee; *Baumbach/Hefermehl*, Wettbewerbsrecht, Einl UWG Rn. 228. Vgl. auch *Emmerich*, Das Recht des unlauteren Wettbewerbs, S. 19, der anführt, daß die Unternehmen in einer Wettbewerbsordnung letztlich mit ihren Aktionen ihre Wettbewerbsbeziehungen selbst definieren würden.

572 BGH, GRUR 1985, 550 (552) – Dimpel; *Baumbach/Hefermehl*, Wettbewerbsrecht, Einl UWG Rn. 229b.
Weitere Möglichkeiten, wie ein Unternehmen durch sein konkretes Verhalten in Wettbewerb zu einem anderen branchenverschiedenen Unternehmen treten kann, sind, etwa dieselben Kunden gezielt mit der Substitutionsmöglichkeit der branchenverschiedenen Waren zu umwerben (vgl. BGH, GRUR 1972, 553 (553) – Statt Blumen ONKO-Kaffee) oder sich an den Ruf und das Ansehen einer fremden Ware zur Förderung des Absatzes der eigenen, andersartigen Waren anzuhängen oder die Hersteller beziehungsweise Händler einer fremden Ware unmittelbar anzugreifen, vgl. *Baumbach/Hefermehl*, Wettbewerbsrecht, Einl UWG Rn. 228.

da zunächst regelmäßig keinerlei wirtschaftliche Beziehungen zwischen beiden bestehen. Auch für den Fall, daß der Domain-Namen erworben wurde, um diesen dem kennzeicheninhabenden Unternehmen zu hohem Preis zu verkaufen, wird man ein Wettbewerbsverhältnis nicht annehmen können[573]. Ein solches „Domain-Grabbing“ ist zwar geeignet, dem Inhaber des Domain-Namens finanzielle Vorteile zu verschaffen, doch tritt der Inhaber des Domain-Namens dadurch nicht in Wettbewerb mit dem kennzeicheninhabenden Unternehmen, denn es geht nicht um ein kompetitives Verhalten bezüglich des Abschlusses von Geschäften mit dritten Marktpartnern[574].

Allerdings kann das Vorliegen eines Wettbewerbsverhältnisses bejaht werden, wenn der Inhaber des Domain-Namens durch Verwendung des fremden Kennzeichens als Domain-Namen einen fremden, wirtschaftlich verwertbaren, besonderen Ruf für sich auszunutzen sucht, indem er zum Beispiel versucht, mittels des Domain-Namens Internetnutzer auf seine Webseiten zu locken, um dies für den Absatz seiner ungleichartigen Produkte auszunutzen, oder indem er versucht, den Domain-Namen gegen Gebühr Dritten zur Nutzung zu überlassen. Der Inhaber des Domain-Namens tritt dann mit seiner Handlungsweise in Konkurrenz mit dem Kennzeicheninhaber bei der wirtschaftlichen Auswertung des Kennzeichens und seines Rufs[575]. Kommt dann subjektiv noch die Absicht hinzu, den eigenen oder fremden Wettbewerb zu fördern, wofür bei Vorliegen der objektiven Komponente eine tatsächliche Vermutung spricht, ist ein Handeln zu Zwecken des Wettbewerbs gegeben. Diese Fälle setzten allerdings voraus, daß der auszunutzende Ruf so überragend ist, daß eine wirtschaftlich sinnvolle Verwertung in Betracht kommt[576]. Dies wird hauptsächlich bei bekannten

[573] Anderer Ansicht, LG Düsseldorf, GRUR 1998, 159 (164) – epson.de. Offengelassen von *Loewenheim/Koch-Kur*, Praxis des Online-Rechts, 325 (359); *Schwarz-Poeck*, Recht im Internet, Kap. 4-2.2 S. 53ff. und *Bettinger*, GRUR Int. 1997, 402 (411f.).

[574] Nach der abweichenden Ansicht des LG Düsseldorf (GRUR 1998, 159 (164) – epson.de) ergibt sich das Vorliegen des Wettbewerbsverhältnisses daraus, daß der Domain-Grabber durch sein Verhalten erkläre, berechtigt zu sein, mit beliebigen Dritten – oder auch dem Kennzeicheninhaber – einen Überlassungsvertrag für die Nutzung des Domain-Namens abschließen zu können. Dadurch trete er in Wettbewerb mit dem Kennzeicheninhaber bezüglich der wirtschaftlichen Nutzung des Rufwertes des Kennzeichens. Gegen diese Ansicht ist jedoch anzuführen, daß zwar für den Fall der Überlassung des Domain-Namens an Dritte ein Wettbewerbsverhältnis angenommen werden kann, nicht aber wenn der Domain-Name nur dem Kennzeicheninhaber zum Kauf angeboten wird. In diesem Fall kommt ein Wettbewerbsverhältnis nicht in Betracht, da sich der Inhaber des Domain-Namens und der Kennzeicheninhaber nicht gegenseitig den Abschluß von Geschäften mit Dritten streitig machen.

[575] Der Kennzeicheninhaber könnte den Ruf seines Kennzeichens ja auch selbst, zum Beispiel durch Lizenzvergabe, verwerten.

[576] BGH, GRUR 1985, 550 (552) – Dimpel; *Baumbach/Hefermehl*, Wettbewerbsrecht, Einl UWG Rn. 229b.

Kennzeichen der Fall sein, für die Sonderregeln gelten, die unten näher erörtert werden[577].

Falls also das branchenfremde Unternehmen durch Verwendung des fremden Kennzeichens als Domain-Namen nicht einen fremden, wirtschaftlich verwertbaren, besonderen Ruf für sich auszunutzen sucht, scheiden wettbewerbsrechtliche Ansprüche gemäß §§ 1, 3 UWG mangels Vorliegens eines Wettbewerbsverhältnisses aus.

b) Deliktsrechtlicher Schutz gemäß §§ 823 I, II, 826 BGB

Das Recht am eingerichteten und ausgeübten Gewerbebetrieb ist nach herrschender Ansicht als „sonstiges Recht" im Sinne des § 823 I BGB anerkannt[578]. Der Unternehmensschutz durch Schutz des Rechts am eingerichteten und ausgeübten Gewerbebetrieb ist allerdings subsidiär. Es handelt sich um einen „Auffangtatbestand", auf den Ansprüche nur gestützt werden können, um eine sonst bestehende Lücke im Rechtsschutz zu schließen. Auf das Recht am eingerichteten und ausgeübten Gewerbebetrieb kann daher nicht zurückgegriffen werden, wenn eine Haftung bereits nach anderen Vorschriften besteht[579]. Aber auch dann, wenn für einen spezifischen Eingriffstatbestand in anderen Vorschriften Haftungsmaßstäbe aufgestellt sind, diese aber unter den gegebenen Umständen nicht ausreichen, um eine Haftung zu bejahen, besteht im Zweifel kein Anspruch aus § 823 I BGB wegen Verletzung des Rechts am eingerichteten und ausgeübten Gewerbebetrieb[580].

Bei Benutzung des Domain-Namens durch ein branchenfremdes Unternehmen kommen insofern Ansprüche nach § 823 I BGB wegen Verletzung des Rechts am Gewerbebetrieb nicht in Betracht, wenn die Voraussetzungen der §§ 1, 3 UWG, 12 BGB vorliegen. Ein Rückgriff auf § 823 BGB scheidet aber auch für den Fall, daß keine Ansprüche gegen den branchenfremden Inhaber des Domain-Namens bestehen, regelmäßig aus, da vermieden werden muß, daß die besonderen Voraussetzungen des Kennzeichenrechts (Vorliegen einer Ver-

---

[577] Siehe S. 154ff.

[578] Vgl. BGHZ 45, 296 (307); *K. Schmidt*, Handelsrecht, S. 194f.; *Palandt-Thomas*, § 823 Rn. 19; zur Gegenansicht siehe S. 122 unter Fn. 505.

[579] Siehe S. 122.

[580] BGH, NJW 1980, 881 (882); *Palandt-Thomas*, BGB, § 823 Rn. 19; *RGRK-Steffen*, BGB, § 823 Rn. 37. Nur wenn der Zusammenhang der auf dem jeweiligen Rechtsgebiet geltenden Normen ergibt, daß eine Lücke besteht, ist für eine Haftung aus dem Recht am eingerichteten und ausgeübten Gewerbebetrieb nach § 823 I BGB Raum, vgl. *RGRK-Steffen*, BGB, § 823 Rn. 37.

wechslungsgefahr im Sinne der §§ 14 II Nr. 2 , 15 II MarkenG)[581], des Wettbewerbsrechts (Vorliegen von Rufausbeutung)[582] sowie des Namensrechts (Vorliegen von namensrechtlicher Verwechslungsgefahr oder Rufausbeute)[583] umgangen werden.

Im Falle einer vorsätzlichen sittenwidrigen Schädigung kommt ein Schadensersatzanspruch nach § 826 BGB in Betracht. Dieser umfaßt insbesondere die Fälle der Verwendung des Domain-Namens zur Rufausbeute und die Fälle des Domain-Grabbings. Da der Anspruch aus § 826 BGB nicht weiter reicht als die Ansprüche aus §§ 1 UWG, 12 i.V.m. 823 II BGB im Falle der Rufausbeutung und der Anspruch aus §§ 12 i.V.m. 823 II BGB im Falle des Domain-Grabbings, kommt § 826 BGB bei Verwendung des Domain-Namens durch ein branchenfremdes Unternehmen keine große Bedeutung zu.

c) Namensrechtlicher Schutz gemäß § 12 BGB

Namensrechtlicher Schutz gemäß § 12 BGB kommt in Frage, falls es sich bei dem als Domain-Name verwendeten Kennzeichen um ein Unternehmenskennzeichen handelt oder um eine Marke, die im Verkehr als Name des Unternehmensinhabers oder als Bezeichnung seines Unternehmens verstanden wird[584].

Die Benutzung des Domain-Namens durch das branchenfremde Unternehmen stellt allerdings nur dann eine Namensanmaßung gemäß § 12 S. 1, 2. Alt. BGB dar, wenn der Namensgebrauch unbefugt ist. Das ist der Fall, sofern dem branchenfremden Unternehmen kein eigenes Benutzungsrecht (insbesondere kein prioritätsälteres Namens- oder Kennzeichenrecht) zusteht, oder sofern die Namensverwendung gegen eine gesetzliche Vorschrift (insbesondere gegen §§ 1, 3 UWG oder §§ 823, 826 BGB) verstößt. Kann sich der Inhaber des Domain-

---

581 Vgl. BGHZ 8, 387 (394f.) – Fernsprechnummern; *Larenz/Canaris*, Schuldrecht II/2, S.540f. Der Inhaber eines Kennzeichens könne dessen Verwendung durch einen Dritten nicht mit Hilfe seines Rechts am Gewerbebetrieb nach § 823 I BGB verhindern, wenn das Zeichen in den Anwendungsbereich von § 16 UWG a.F. falle, im konkreten Fall aber mangels Verwechslungsgefahr nicht nach dieser Vorschrift geschützt sei. Nach *Larenz/Canaris*, Schuldrecht II/2, S.540, komme darin die vernünftige Wertung zum Ausdruck, daß der Umfang des deliktsrechtlichen Schutzes von Einzelgütern nicht allein deshalb größer sein könne, weil ihr Träger zugleich Inhaber eines Gewerbebetriebs ist.

582 Vgl. BGH, NJW 1973, 2285 (2285); *RGRK-Steffen*, BGB, § 823 Rn. 37; *MüKo-Mertens*, BGB, § 823 Rn. 484: Ein Verhalten in Wettbewerbsabsicht löse grundsätzlich keine Haftung aus dem Recht am Gewerbebetrieb aus, da insoweit die Frage der Zulässigkeit und der Folgenregelung dem UWG vorbehalten sei.

583 Vgl. *Staudinger-Hager*, BGB, § 823 Rn. D 21.

584 Außerdem ist auch ein Werktitel, der sich im Verkehr als namensmäßige Bezeichnung eines Unternehmens durchgesetzt hat, als Name geschützt.

Namens nicht auf ein eigenes Benutzungsrecht berufen oder verstößt er mit der Namensverwendung gegen gesetzliche Vorschriften, wie zum Beispiel gegen § 1 UWG wegen Verwendung des Domain-Namens zur Rufausbeute, so ist der Namensgebrauch unbefugt.

Der unbefugte Gebrauch des Namens müßte das Interesse des Berechtigten verletzen. Da es sich hier um im Geschäftsleben geführte Namen handelt, kommt nur ein geschäftliches Interesse in Betracht. Das geschäftliche Interesse kann sich allerdings auch aus ideellen Belangen ergeben[585]. Erforderlich ist, daß das geschäftliche Interesse des Berechtigten schutzwürdig ist. Bei der Prüfung der Schutzwürdigkeit des Interesses müssen auch entgegenstehende Interessen berücksichtigt werden. Im Falle des Widerstreits verschiedener Interessen kommt es darauf an, welchem Interesse der Vorrang gebührt[586].

Nach einer Ansicht ergibt sich eine Verletzung schutzwürdiger Interessen des Namensinhabers bereits aus dem Umstand, daß dieser aufgrund der Verwendung des Domain-Namens durch den Dritten nicht die Möglichkeit hat, seinen Namen unter der gleichen Top-Level-Domain registrieren zu lassen[587]. Das schutzwürdige geschäftliche Interesse des Namensinhabers läge danach darin, den eigenen Namen als Domain-Namen führen zu dürfen, und eine Beeinträchtigung dieses Interesses würde immer eine Interessenverletzung darstellen. Dies ist vom Ansatz her nicht gänzlich von der Hand zu weisen. Denn in der Tat resultiert aus dem Namensrecht die Befugnis zur Namensführung auch im geschäftlichen Verkehr[588]. Es ist jedoch zu bedenken, daß wenn man allein den Gebrauch des fremden Namens als Domain-Name für eine Interessenverletzung im Sinne des § 12 S. 1 BGB ausreichen läßt, der Namensträger ohne weiteres den Gebrauch seines Namens unter sämtlichen Top-Level-Domains (oder jedenfalls unter der nationalen Top-Level-Domain „.de“[589]) verbieten könnte, selbst wenn er ein besonderes Interesse an einem Internetauftritt gerade unter seinem Namen und

[585] *Palandt-Heinrichs*, BGB, § 12 Rn. 29.

[586] *Soergel-Heinrich*, BGB, § 12 Rn. 188; *Fezer*, Markenrecht, § 15 Rn. 68.

[587] *Ubber*, WRP 1997, 497 (508) und LG München I, WM 1997, 1455 (1458) – juris.de, wonach die Interessenverletzung sich bereits daraus ergebe, daß dem Namensinhaber die Verwendung seines Namens als Domain-Name unter der nationalen Top-Level-Domain „.de“ verwehrt werde, er somit gehindert werde, sich des Domain-Namens zu bedienen, der für ihn nach den Regeln von DE-NIC den „natürlichsten“ Domain-Namen darstelle, mit dem es ein Internetnutzer in der Tat zuerst versuchen werde, wenn er den Domain-Namen des Namensträgers noch nicht kennt, und daß dieser Beeinträchtigung keinerlei schützenswerte Interessen auf seiten des Dritten gegenüberstünden.

[588] Vgl. *MüKo-Schwerdtner*, BGB, § 12 Rn. 122; *Kur*, CR 1996, 590 (594); *Loewenheim/Koch-Kur*, Praxis des Online-Rechts, 325 (362); *Wegner*, CR 1999, 250 (252).

[589] Anders als *Ubber* bezieht sich das Landgericht München I lediglich auf die Benutzung des eigenen Namens unter der Top-Level-Domain „.de“.

gerade unter der entsprechenden Top-Level-Domain gar nicht hätte[590]. Dies würde den durch das Erfordernis der Eindeutigkeit jedes Domain-Namens begrenzten Namensraum im Internet sehr stark einengen und die Möglichkeiten anderer Internetteilnehmer bei der Auswahl eines Domain-Namens stark beschränken[591]. Eine solch starke Einengung des Namensraumes und Beschränkung anderer Internetteilnehmer kann nicht allein aufgrund des Interesses des Namensinhabers an der Verwendung seines Namens als Domain-Name gerechtfertigt werden[592]. Allein aufgrund dessen, daß dem Namensinhaber die Möglichkeit genommen wird, seinen Namen unter der gleichen Top-Level-Domain registrieren zu lassen, ergibt sich somit noch nicht eine Interessenverletzung im Sinne des § 12 S. 1 BGB.

Eine Interessenverletzung im Sinne des § 12 S. 1 BGB kommt jedoch beim Vorliegen von Verwechslungsgefahr in Betracht. Als geschäftliches Interesse schutzwürdig ist nämlich vor allem das Interesse, nicht mit anderen Unternehmen verwechselt zu werden. Das Vorliegen einer Verwechslungsgefahr im Sinne von §§ 14 II Nr. 2, 15 II MarkenG begründet stets eine Interessenverletzung[593]. Eine Verwechslungsgefahr unter Berücksichtigung der Ähnlichkeit der Produkte oder der Branchennähe, wie sie für §§ 14 II Nr. 2, 15 II MarkenG erforderlich ist, liegt hier jedoch nicht vor, da der Domain-Name von einem branchenfremden Unternehmen verwendet wird. Der Anwendungsbereich des § 12 BGB reicht jedoch über den der §§ 14 II Nr. 2, 15 II MarkenG hinaus, die den besser berechtigten Benutzer nur gegen Verwechslungsgefahr unter Berücksichtigung der Ähnlichkeit der Produkte oder der Branchennähe schützen[594]. Für eine Verwechslungsgefahr im Sinne des Namensrechts kann auch schon eine ohne Kenntnisnahme des konkreten Angebots erfolgende Fehlzurechnung ausreichend sein[595].

Der Internetnutzer trifft auf einen Domain-Namen nicht nur bei Aufruf der entsprechenden Homepage, wo er dann bei branchenfremden Unternehmen in der Regel schnell erkennt, daß es sich bei dem unter dem Domain-Namen

---

590 Vgl. *Wegner*, CR 1999, 250 (252).

591 Von *Schwarz-Poeck*, Recht im Internet, Kap. 4-2.2 S.50 und *Loewenheim/Koch-Kur*, Praxis des Online-Rechts, 325 (362) wird außerdem angemahnt, daß es zu einer ungeheuren Ausweitung des Namensschutzes nach § 12 BGB führen würde.

592 Vgl. *Loewenheim/Koch-Kur*, Praxis des Online-Rechts, 325 (362); *Wegner*, CR 1999, 250 (252).

593 *Palandt-Heinrichs*, BGB, § 12 Rn. 30.

594 Vgl. *Loewenheim/Koch-Kur*, Praxis des Online-Rechts, 325 (362); *MüKo-Schwerdtner*, BGB, § 12 Rn. 131. Jedoch ist zu beachten, daß eine Zuordnungsverwirrung im Sinne des Namensrechts bei völliger Produkt- oder Branchenverschiedenheit oftmals nicht gegeben sein wird.

595 *Loewenheim/Koch-Kur*, Praxis des Online-Rechts, 325 (362).

abrufbaren Internetangebot nicht um ein Angebot des erwarteten beziehungsweise gesuchten Namensinhabers handelt. Vielmehr begegnen dem Internetnutzer auch in anderen Bereichen Domain-Namen, zum Beispiel in Presseerzeugnissen, in der Werbung, in den von Suchmaschinen oder Themenkatalogen erstellten Übersichten etc. In all diesen Fällen besteht für den Internetnutzer nicht die Möglichkeit, unmittelbar festzustellen, ob der Domain-Name dem erwarteten Namensinhaber zuzurechnen ist. In diesen Fällen unterliegen die angesprochenen Verkehrskreise bereits bei Kenntnisnahme des Domain-Namens einer Identitäts- oder Zuordnungsverwirrung, sofern von ihnen in hinreichendem Umfang eine Internetpräsenz des Namensinhabers gerade unter diesem speziellen Domain-Namen vermutet wird[596].

Eine Interessenverletzung ist weiterhin auch im Fall der Rufbeeinträchtigung gegeben[597]. Bei rufschädigenden oder rufausbeutenden Verwendungen des Namens des Namensinhabers als Domain-Name liegt somit eine Verletzung schutzwürdiger Interessen des Namensinhabers vor.

Im Ergebnis liegt nicht bei jeder Verwendung eines einen fremden Namen enthaltenden Domain-Namens eine Verletzung schutzwürdiger Interessen des Namensinhabers vor. Bei Verwendung des den fremden Namen enthaltenden Domain-Namens durch ein branchenfremdes Unternehmen ist vielmehr nur dann eine Interessenverletzung im Sinne des § 12 S. 1 BGB zu erblicken, wenn die angesprochenen Verkehrskreise eine Internetpräsenz des Namensträgers gerade unter dem entsprechenden Domain-Namen erwarten oder bei einer rufausbeutenden, beziehungsweise rufschädigenden Verwendung. Nur in diesen Fällen kommt also ein Anspruch des Namensinhabers gegen den branchenfremden Inhaber des Domain-Namens auf Unterlassung gemäß § 12 S. 1 BGB in Betracht.

In Gleichnamigenfällen sind die Regeln des Gleichnamigenrechts anwendbar. Bei der Kollision von gleichlautenden Kennzeichen branchenfremder Unternehmen[598] handelt es sich um einen internetspezifischen Sonderfall, da außerhalb des Internet identische Kennzeichen für unterschiedliche Produkte oder branchenfremde Unternehmen in der Regel problemlos nebeneinander existieren können. So können zum Beispiel eine für Textilprodukte geschützte Marke „Berger“ und eine gleichlautende, für Softwareprodukte geschützte Marke im

---

[596] So auch *Wegner*, CR 1999, 250 (252f.). Ähnlich auch *Loewenheim/Koch-Kur*, Praxis des Online-Rechts, 325 (362), die allerdings auf den Zeitpunkt der versuchsweisen Eingabe des Domain-Namens abstellt.

[597] *Palandt-Heinrichs*, BGB, § 12 Rn. 29.

[598] Dabei ist es egal, ob die Kennzeichen aus dem eigenen Namen abgeleitet worden sind oder nicht.

herkömmlichen Geschäftsverkehr konfliktfrei koexistieren. Der Domain-Name „berger.de“ kann dagegen nur einem Kennzeicheninhaber zustehen. Beide Kennzeicheninhaber sind zur Verwendung ihres Kennzeichens gleichermaßen legitimiert. Die Priorität bezüglich des Erwerbs des Kennzeichenrechts spielt bei branchenfremden Kennzeicheninhabern keine Rolle. Hier ist genauso wie in dem internetspezifischen Sonderfall der Kollision räumlich begrenzt geschützter, sich außerhalb des Internet nicht tangierender Kennzeichen[599] zu verfahren. Entsprechend den Regeln für Gleichgewichtslagen bei Gleichnamigen[600] besteht somit eine wechselseitige Tolerierungspflicht. Der eine Kennzeicheninhaber kann dem anderen die Verwendung seines Kennzeichens – auch als Domain-Name – grundsätzlich nicht verbieten[601]. Im Ergebnis kann somit grundsätzlich derjenige, der den begehrten Domain-Namen als erster für sich registrieren ließ, diesen auch weiterhin benutzten. Der andere, branchenfremde Kennzeicheninhaber muß dann für seinen Internet-Auftritt auf einen anderen Domain-Namen ausweichen[602].

III. Benutzung des Domain-Namens durch eine Privatperson

Einige der ersten bekannt gewordenen Domain-Namen-Fälle, in die Privatpersonen verwickelt waren, wurden außergerichtlich geregelt.

---

[599] Siehe S. 103ff.

[600] Siehe S. 93ff.

[601] Eine Ausnahme ist jedoch zu machen für den Fall, daß der Domain-Namen-Inhaber seinen Internet-Auftritt dazu nutzt, seine Geschäftstätigkeit auch auf die Branche des anderen, im Streit um den Domain-Namen unterlegenen Kennzeicheninhabers auszudehnen. Dann liegt nämlich eine unzulässige Störung des anderen Kennzeicheninhabers vor.

[602] *Wagner*, ZHR 162 (1998), 701 (715f.) dagegen vertritt die Auffassung, daß bei Konkurrenz gleichberechtigter Kennzeicheninhaber um einen Domain-Namen der Konflikt auf andere Weise zu lösen sei. Entweder sei der begehrte Domain-Name zu „sozialisieren“, d.h. beiden Kennzeicheninhabern sei das Recht einzuräumen, unter dem begehrten Domain-Namen einen Hyperlink anzubringen, der den Internetnutzer dann automatisch auf eine vom Kennzeicheninhaber allein unterhaltene Webseite führt, oder aber der begehrte Domain-Name (z.B. „mueller.de“) habe frei zu bleiben und beide Kennzeicheninhaber müßten die branchenmäßige Beschränkung des eigenen Kennzeichens im Domain-Namen zum Ausdruck bringen (z.B. „muellermilch.de“ und „muellerstahl.de“). Jedoch ist nicht einzusehen, warum unter gleichermaßen legitimierten Kennzeicheninhabern nicht derjenige, der als erster den begehrten Domain-Namen beantragte, diesen auch behalten darf. Der als zweiter ins Internet drängende Kennzeicheninhaber hat kein besseres Recht als der Domain-Namen-Inhaber und kann diesen daher nicht verdrängen.

MTV Networks ./. Adam Curry[603]:
1993 ließ sich der damals beim Video-Clip-Sender MTV tätige Video-Disc-Jockey Adam Curry den Domain-Namen „mtv.com“ registrieren. Unter diesem Domain-Namen betrieb er mit Wissen seines Arbeitgebers MTV unter anderem verschiedene Klatsch- und Unterhaltungsbulletins. Nach seinem Ausscheiden bei MTV im April 1994 benutzte Curry den Domain-Namen weiter. Daraufhin wurde er vom Sender, der nun den Domain-Namen beanspruchte, verklagt. Die Streitigkeit wurde schließlich außergerichtlich zu nicht bekannten Konditionen beigelegt.

Mc Donald`s Corp. ./. Josh Quittner[604]:
Bei der Suche nach Material für einen Artikel über bekannte Unternehmen, die ihre Kennzeichen nicht als Domain-Namen registrieren ließen, stellte der Journalist Josh Quittner fest, daß „mcdonalds.com“ noch nicht registriert war. Er fragte zunächst bei der Mc Donald`s Corp. nach, warum sie ihren bekannten Namen nicht im Internet benutze. Nachdem er keine Antwort erhalten hatte, ließ er diesen Domain-Namen für sich selbst registrieren. Auf seiner unter „mcdonalds.com“ erreichbaren Homepage veröffentlichte er Beiträge über „Domain-Grabbing“, und er fragte die Leser seiner Kolumne über Internet-Themen, was er mit dem Domain-Namen tun solle. Im Ergebnis verzichtete Quittner auf seinen Domain-Namen gegen eine Spende von Mc Donald`s in Höhe von 3.500,00 US $ an eine Schule zur Einrichtung eines Internet-Anschlusses.

In nachfolgenden Domain-Namen-Konflikten zwischen Privatleuten und Kennzeicheninhabern erfolgte dagegen oftmals keine außergerichtliche Einigung. Dabei handelt es sich insbesondere um Fälle, in denen Privatpersonen – geleitet von der irrigen Vorstellung, das Internet sei ein rechtsfreier Raum – eine Vielzahl an Kennzeichen großer Unternehmen für sich als Domain-Namen registrieren ließen und sie den Kennzeicheninhabern anschließend zu hohem Preis zum „Kauf“ anboten.

Einer der bekanntesten dieser sogenannten „Cyber-Squatters“ ist der Amerikaner Dennis Toeppen, der sich neben mehr als 100 anderen Kennzeichen großer Unternehmen (z.B. Air Canada, Lufthansa, Delta Airlines) die Marke „panavisi-

---

603 MTV Networks ./. Adam Curry, 867 F. Supp. 202 (SDNY 1994). Abrufbar unter http://www.jmls.edu/cyber/cases/mtv.txt.
Vgl. auch *Burk*, Trademarks along the Infobahn, unter: MTV v. Curry; *Kur*, Festschrift für Beier, 265 (270); *Stratmann*, BB 1997, 689 (690); *Ubber*, WRP 1997, 497 (500); *Kilches*, ÖJZ 1999, 329 (331).

604 Vgl. *Burk*, Trademarks along the Infobahn, unter: Mc Donald's v. Quittner; *Kur*, Festschrift für Beier, 265 (271); *Stratmann*, BB 1997, 689 (689); *Ubber*, WRP 1997, 497 (500); *Kilches*, ÖJZ 1999, 329 (331).

on“ des kalifornischen Unternehmens Panavision International L.P. als Domain-Namen hatte registrieren lassen. Toeppen bot diesen Domain-Namen Panavision für 13.000 US $ an[605]. Auf die Klage von Panavision hin verurteilte das kalifornische Federal District Court Toeppen zur Aufgabe des Domain-Namens wegen Markenverletzung[606].

Als Beispiel für einen entsprechenden deutschen Cyber-Squatter-Fall kann der Rechtsstreit „ufa.de“[607] herangezogen werden. Die klägerische Filmgesellschaft und Inhaberin der gleichlautenden Marke „UFA“ ging im Wege der Klage gegen die Reservierung des Domain-Namens „ufa.de“ vor, der neben über 500 weiteren Domain-Namen wie z. B. „ottowolff.de“, „satfunk.de“, „swatchuhren.de“ von einer Gesellschaft reserviert und anschließend auf deren geschäftsführenden Alleingesellschafter „übertragen“ wurde. Zu einer Freigabe des Domain-Namens erklärte sich der Domain-Namen-Inhaber nur gegen Zahlung von 12.000,00 DM bereit. Das Landgericht Düsseldorf entschied, daß der Klägerin aus § 12 BGB ein Anspruch auf Freigabe des Domain-Namens sowie auf Unterlassung dessen Benutzung zusteht.

1. Markengesetzlicher Schutz gemäß §§ 14, 15 MarkenG

Die gemäß §§ 14, 15 MarkenG erforderliche Kennzeichenverwendung im geschäftlichen Verkehr ist gegeben bei allen Handlungen, die auf Förderung eines beliebigen, eigenen oder fremden Geschäftszwecks gerichtet sind, wobei Gewinnabsicht, Entgeltlichkeit oder ein Wettbewerbsverhältnis nicht begriffsnotwendig sind[608]. Bei der Beurteilung, ob ein Domain-Name privat oder geschäftlich benutzt wird, ist zu beachten, daß anders als im Falle der Markeneintragung[609] die Registrierung eines Domain-Namens auch die Möglichkeit einer rein privaten Nutzung eröffnet[610]. Eine Benutzung im geschäftlichen Verkehr kann daher nicht ohne weiteres vermutet werden[611]. Ein gewisses Indiz für eine geschäftliche Nutzung kann sich möglicherweise aus der Verwendung der Top-

---

[605] Vgl. USA Today (Online-Archiv) vom 20.04.1998.

[606] Panavision International L.P. v. Dennis Toeppen, 938 F. Supp. 616 (C.D. Cal. 1996). Abrufbar unter: http://www.jmls.edu/cyber/cases/panavis.html. Vgl. auch *Bäumer*, CR 1998, 174 (176).
Auch die Berufung von Toeppen – gestützt auf die Behauptung der Unzuständigkeit des angerufenen Gerichts – blieb ohne Erfolg. Das Berufungsurteil ist abrufbar über http://www.findlaw.com. Vgl. dazu auch *Bettinger*, GRUR Int. 1998, 660 (664).

[607] LG Düsseldorf, Urteil vom 30.09.1997, Az. 4 O 179/97 – ufa.de.

[608] *Ingerl/Rohnke*, Markengesetz, § 14 Rn. 35.

[609] Vgl. *Ingerl/Rohnke*, Markengesetz, § 3 Rn. 17.

[610] *Kur*, Festschrift für Beier, 265 (237).

[611] *Stratmann*, BB 1997, 689 (692); *Kur*, Festschrift für Beier, 265 (237).

Level-Domain „.com" ergeben, da dieses Kürzel für kommerzielle Unternehmen vorgesehen ist[612]. Bei der hier relevanten, „neutralen" Top-Level-Domain „.de" besteht eine solche Indizwirkung allerdings nicht, so daß hier auf den Inhalt des unter dem Domain-Namen präsentierten Internetangebotes sowie auf die konkreten Arten der Verwendung des Domain-Namens außerhalb des Internet abgestellt werden muß[613].

Danach ergibt sich: Wird der Domain-Name ausschließlich zu rein privaten Zwecken benutzt, wie zum Beispiel zur Kennzeichnung der eigenen privaten E-Mail-Adresse oder Homepage, zur Eröffnung eines Forums zum privaten Meinungsaustausch etc.[614], so liegt keine Kennzeichenverwendung im geschäftlichen Verkehr vor[615]. Gleiches gilt auch für den Fall, daß eine Privatperson ein fremdes Kennzeichen als Domain-Name verwendet, um gezielte „Gegenpropaganda" zu verbreiten, also etwa um unter dem Domain-Namen „marlboro.de" auf die Gefahren des Rauchens aufmerksam zu machen[616]. Eine Benutzung im geschäftlichen Verkehr ist dagegen zu bejahen, wenn der Domain-Name verwendet wird, um darunter Produktwerbung[617] oder Handel zu betreiben, oder

---

[612] Vgl. *Schwarz-Poeck*, Recht im Internet, Kap. 4-2.2 S. 9; *Wegner*, CR 1999, 250 (254); *Kur*, Festschrift für Beier, 265 (237). Noch weitergehend: *Völker/Weidert*, WRP 1997, 652 (658), die der Ansicht sind, daß bei einem Domain-Namen mit der Top-Level-Domain „.com" regelmäßig von einem Handeln im geschäftlichen Verkehr auszugehen sei.

[613] Vgl. *Völker/Weidert*, WRP 1997, 652 (658).

[614] Auch im Fall Mc Donald`s Corp. ./. Josh Quittner (siehe bei Fn. 542), in dem der Journalist Quittner auf seinen unter dem Domain-Namen „mcdonalds.com" plazierten Webseiten Beiträge über Domain-Grabbing veröffentlichte und Internetnutzer befragte, was er mit dem Domain-Namen anfangen solle, liegt lediglich eine Nutzung zu privaten Zwecken vor. Denn Quittner verwendete seine Internetseiten, um Stoff für seinen Artikel über Domain-Namen zu erhalten und um darauf aufmerksam zu machen, daß das Risiko der Registrierung ihrer Kennzeichen als Domain-Namen bisher auch von bekannten Unternehmen häufig vernachlässigt wird (vgl. *Kur*, Festschrift für Beier, 265 (271). Anders wäre es wohl zu beurteilen, wenn Quittner unter dem Domain-Namen für die Presseprodukte, in denen seine (Internet-)Artikel erscheinen, Werbung gemacht hätte.

[615] So die herrschende Meinung, vgl. *Nordemann*, NJW 1997, 1891 (1893) *Schwarz-Poeck*, Recht im Internet, Kap. 4-2.2 S. 7; *Kur*, Festschrift für Beier, 265 (273f.); *Völker/Weidert*, WRP 1997, 652 (658). Anderer Ansicht allerdings das Landgericht München I (Urteil vom 17.09.1997, Az. 1 HKO 12216/97 – deutsches-theater.de, Leitsätze des Urteils unter NJW-CoR 1998, 111), wonach es sich bei Verwendung einer nach dem Markengesetz geschützten geschäftlichen Bezeichnung als Domain-Name im Internet in jedem Fall um eine Benutzung im geschäftlichen Verkehr handele.

[616] Vgl. *Kur*, Festschrift für Beier, 265 (274); *Schwarz-Poeck*, Recht im Internet, Kap. 4-2.2 S. 7; *Biermann*, WRP 1999, 997 (998). Hier kommt insofern nur ein Rückgriff auf §§ 12, 823 BGB in Betracht.

[617] Vgl. LG Hamburg, MMR 2000, 436 (437) – luckystrike.de, wonach jemand, der eine private Webseite unterhält und aus Kostengründen über diese Webseite Werbung eines anderen schaltet, nicht mehr nur zu privaten Zwecken handele, sondern sich gleichsam als

wenn der Domain-Name in Geschäftspapieren erwähnt wird[618]. Insbesondere liegt eine Benutzung im geschäftlichen Verkehr auch vor, wenn eine Privatperson einen ein Kennzeichen enthaltenden Domain-Namen erwirbt, um diesen sodann an Dritte zu lizenzieren oder zu veräußern, oder um den Domain-Namen dem Kennzeicheninhaber zum Erwerb anzubieten[619].

Das Internet dient nicht nur kommerziellen Zwecken, sondern wird auch von zahlreichen Privatpersonen für rein private Zwecke genutzt. Bei Verwendung eines Domain-Namens durch eine Privatperson wird in der überwiegenden Zahl der Fälle eine rein private Nutzung gegeben sein, so daß Ansprüche aus §§ 14, 15 MarkenG gegen den privaten Inhaber des Domain-Namens nicht in Betracht kommen. Selbst wenn jedoch im Hinblick auf eine Erwerbsabsicht des Inhabers des Domain-Namens ein Handeln im geschäftlichen Verkehr zu bejahen ist, fehlt es in der Regel mangels Benutzung des Domain-Namens für identische oder ähnliche Produkte, beziehungsweise mangels Branchennähe an der für Ansprüche aus §§ 14, 15 MarkenG erforderlichen Verwechslungsgefahr.

Gegen die Verwendung eines fremden Kennzeichens als Domain-Name durch Privatpersonen scheiden insofern Ansprüche gemäß §§ 14, 15 MarkenG regelmäßig aus.

2. Ergänzender Kennzeichenschutz

a) Wettbewerbsrechtlicher Schutz gemäß §§ 1, 3 UWG

Falls ein Handeln im geschäftlichen Verkehr nicht vorliegt, ist eine Anwendung der wettbewerbsrechtlichen Ansprüche gemäß §§ 1, 3 UWG zwar nicht wegen des Nichteingreifens der markengesetzlichen Ansprüche gesperrt, jedoch erfordern §§ 1, 3 UWG ebenfalls ein Handeln im geschäftlichen Verkehr. Dabei entspricht der Begriff des geschäftlichen Verkehrs im UWG der Verwendung dieses Begriffs im Markengesetz[620]. Benutzt die Privatperson den Domain-

Werbeträger im geschäftlichen Verkehr betätige. Ein Handeln im geschäftlichen Verkehr sei dann gegeben.

[618] Vgl. *Wegner*, CR 1999, 250 (254); *Reinhart*, WRP 2001, 13 (15); *Loewenheim/Koch-Kur*, Recht im Internet, 325 (344).

[619] Vgl. *Ingerl/Rohnke*, Markengesetz, § 14 Rn. 37; *Bücking*, Namens- und Kennzeichenrecht im Internet, S. 79; *Nordemann*, NJW 1997, 1891, 1893; *Reinhart*, WRP 2001, 13 (15); *Wegner*, CR 1999, 250 (254); *Kur*, CR 1996, 590 (591); *Hoeren/Sieber-Viefhues*, Hdb. Multimedia-Recht, Teil 6 Rn. 78; *Biermann*, WRP 1999, 997 (998). Offengelassen von *Bettinger*, GRUR Int. 1997, 402 (414).

[620] *Fezer*, Markenrecht, § 14 Rn. 40.

Namen, wie es in der Regel der Fall sein wird, nur für private Zwecke, so scheiden die wettbewerbsrechtlichen Ansprüche nach §§ 1, 3 UWG insofern aus. Falls eine Verwendung des Domain-Namens im geschäftlichen Verkehr gegeben sein sollte, so kommt ein Rückgriff auf §§ 1, 3 UWG nur in Betracht, wenn sich die Wettbewerbsrechtswidrigkeit aus Umständen ergibt, die nicht abschließend im Markengesetz geregelt sind[621]. Allerdings wird es im Regelfall bereits am Vorliegen eines Wettbewerbsverhältnisses zwischen dem Inhaber des Domain-Namens und dem kennzeicheninnehabenden Unternehmen fehlen. Gegen die Verwendung eines fremden Kennzeichens als Domain-Name durch Privatpersonen scheiden Ansprüche gemäß §§ 1, 3 UWG somit ebenfalls regelmäßig aus.

b) Deliktsrechtlicher Schutz gemäß §§ 823 I, II, 826 BGB

Ein Rückgriff auf den deliktsrechtlichen Schutz des Rechts am eingerichteten und ausgeübten Gewerbebetrieb gemäß § 823 I BGB kommt, auch wenn andere Anspruchsgrundlagen ausscheiden, grundsätzlich nicht in Betracht[622].

Die gezielte Registrierung fremder Kennzeichen als Domain-Name in der Absicht, den Kennzeicheninhaber an deren Benutzung als Internetadresse zu hindern, stellt allerdings eine vorsätzliche sittenwidrige Schädigung im Sinne des § 826 BGB dar.

Problematisch ist allerdings der Nachweis rechtswidrigen Handelns im Falle der Gleichnamigkeit. Verwendet die Privatperson ihren eigenen, befugtermaßen erworbenen bürgerlichen Namen als Domain-Namen, so kann ihr dies grundsätzlich nicht verwehrt werden. Es gelten dann die Regeln des Gleichnamigenrechts, wonach es im Regelfall dem prioritätsjüngeren Namensträger zuzumuten ist, die Gefahr von Namensverwirrungen mit geeigneten Mitteln auszuräumen. Oftmals wird das Kennzeichen des Unternehmens prioritätsälter sein. Ist dies nicht der Fall, so kann der Kennzeicheninhaber nicht verlangen, daß der Inhaber des Domain-Namens diesen aufgibt. Dem Unternehmen bleibt dann nur die Möglichkeit, auf einen anderen Domain-Namen auszuweichen oder sein Kennzeichen unter der Top-Level-Domain „.com“ registrieren zu lassen.

---

[621] Siehe dazu S. 120.

[622] Siehe S. 137. Wenn allerdings keine Kennzeichenbenutzung im geschäftlichen Verkehr vorliegt, kein Handeln in Wettbewerbsabsicht gegeben ist und auch § 12 BGB nicht eingreifen kann, da es sich bei dem verwendeten Kennzeichen nicht um einen Namen handelt, so kann das Vorliegen einer Lücke des geschriebenen Rechts angenommen werden und ausnahmsweise auf das Recht am eingerichteten und ausgeübten Gewerbebetrieb gem. § 823 I BGB zurückgegriffen werden.

Dieser Konflikt beruht auf dem Umstand, daß unter der Top-Level-Domain „.de“ nicht zwischen Privatpersonen und Unternehmen unterschieden wird, sondern nur eine identische Registrierung möglich ist. Wenn die Möglichkeit der Registrierung der bereits eingeführten neuen organisatorischen Top-Level-Domain „.name“ für Privatpersonen eröffnet wird, so würde dies möglicherweise zu einer kurzfristigen Entschärfung des Konfliktes zwischen Unternehmen und Privatpersonen führen. In Anbetracht der Vielzahl an Privatpersonen mit gleichlautenden Namen könnten allerdings viele Privatpersonen, selbst wenn sie wollten, ihren Namen nicht unter der neuen Top-Level-Domain „.name“ registrieren und würden somit doch weiterhin in Konkurrenz mit Unternehmen um die Registrierung ihres Namens unter der Top-Level-Domain „.de“ stehen.

c) Namensrechtlicher Schutz gemäß § 12 BGB

Sollte es sich bei dem von der Privatperson als Domain-Name verwendeten Kennzeichen um ein Unternehmenskennzeichen oder um eine Marke handeln, die im Verkehr als Name des Unternehmensinhabers oder als Bezeichnung seines Unternehmens verstanden wird, so ist ein Eingreifen des Namensschutzes gemäß § 12 BGB zu überprüfen. Der Namensschutz gemäß § 12 BGB scheitert jedoch regelmäßig am Fehlen einer Interessenverletzung[623]. Lediglich für den Fall, daß die Privatperson den Domain-Namen zur Rufausbeutung oder Rufschädigung verwendet, oder wenn eine Verwechslungsgefahr im Sinne von §§ 14 II Nr. 2, 15 II MarkenG oder eine Verwechslungsgefahr in dem Sinne vorliegt, daß die Internetnutzer einer Identitäts- oder Zuordnungsverwirrung unterliegen – was der Fall ist, wenn von ihnen in hinreichendem Umfang eine Internetpräsenz des Namensinhabers genau unter diesem speziellen Domain-Namen vermutet wird –, ist eine Interessenverletzung gegeben[624].

---

[623] Vgl. dazu auch LG Paderborn, MMR 2000, 49 (50) – A.de.

[624] In den oben auf S. 143 erwähnten Fällen MTV Networks ./. Adam Curry und Mc Donald`s Corp. ./. Josh Quittner handelt es sich bei den Bezeichnungen „MTV“ und „Mc Donald`s“ um Unternehmenskennzeichen, die im Verkehr als Unternehmensbezeichnung angesehen werden und damit einen Namen i.S.d. § 12 BGB darstellen. In beiden Fällen sind die Unternehmensbezeichnungen derart bekannt, daß Internetnutzer unter einem entsprechendem Domain-Namen eine Internetpräsenz des Namensinhabers erwarten. Wenn nun aber nicht die erwarteten Namensinhaber, sondern private Dritte unter dem Domain-Namen auftreten, ist eine Identitäts- oder Zuordnungsverwirrung der Internetnutzer und somit eine Interessenverletzung der Namensinhaber gegeben. Wären die Konfliktfälle nach deutschem Recht zu entscheiden, so könnten die Namensinhaber MTV Networks bzw. Mc Donald`s Corp. insofern gemäß § 12 BGB erfolgreich gegen die Domain-Namen-Inhaber vorgehen.

B. Schutz der Marke und der geschäftlichen Bezeichnung gegen die Benutzung eines ähnlichen Domain-Namens durch Dritte nach §§ 14, 15 MarkenG

Zu untersuchen sind nun die Fälle, in denen Dritte einen Domain-Namen verwenden, der mit einer fremden Marke oder geschäftlichen Bezeichnung lediglich ähnlich ist. In diesen „Ähnlichkeits-Fällen" besteht zwar keine Blockade des Kennzeicheninhabers, dennoch kommt es oftmals zu Konflikten. Ein solcher Konfliktfall ist zum Beispiel in den USA aufgetreten, als sich das texanische Unternehmen „Zero Micro Software" den Domain-Namen „micros0ft.com" (microsoft mit einer Null statt des zweiten „o") registrieren ließ[625].

Für den Fall, daß ein Dritter einen Domain-Namen verwendet, der Ähnlichkeit mit einem fremden Kennzeichen aufweist, kommt ein Verwechslungsschutz des Kennzeichens gemäß §§ 14 II Nr. 2, 15 II MarkenG in Betracht. Diese erfordern das Vorliegen einer Verwechslungsgefahr, die im konkreten Fall an Hand der in Wechselwirkung stehenden Faktoren Zeichenähnlichkeit, Kennzeichnungskraft sowie Produkt-/Branchenidentität oder -ähnlichkeit festgestellt werden muß.

Die Bewertung der Kennzeichnungskraft des Kennzeichens sowie die Bewertung der Produkt-/Branchenidentität oder -ähnlichkeit erfolgen nach allgemeinen kennzeichenrechtlichen Grundsätzen. Dabei ist zu beachten, daß bezüglich der Produkte, für die ein Domain-Name verwendet wird, abzustellen ist auf diejenigen Produkte, die auf den unter dem Domain-Namen abrufbaren Webseiten beschrieben, beworben oder zur Lieferung außerhalb des Internets angeboten werden, beziehungsweise auf diejenigen Produkte, die direkt über die Webseiten erbracht werden[626].

Fraglich ist allerdings, ob bezüglich der Bestimmung der Zeichenähnlichkeit zwischen Domain-Namen und Kennzeichen auf die allgemeinen kennzeichenrechtlichen Grundsätze zur Zeichenähnlichkeit zurückgegriffen werden kann[627].

---

[625] Vgl. *Bettinger*, GRUR Int. 1997, 402 (414).

[626] Siehe S. 78ff.

[627] Dies wird bejaht von *Apel/Große-Ruse*, WRP 200, 816 (819), da es sonst zu einer unerträglichen Diskrepanz gegenüber dem nicht-virtuellen Geschäftsverkehr komme.

Allgemein wird Zeichenähnlichkeit definiert als der sich bei Berücksichtigung aller der menschlichen Sinneswahrnehmung und Erinnerung zugänglichen äußerlichen und inhaltlichen Übereinstimmungen, aber auch Unterschiede der beiderseitigen Zeichen ergebende Grad der Übereinstimmung nach dem Gesamteindruck[628]. Dabei genügt grundsätzlich das Vorliegen einer Übereinstimmung in einer der drei Richtungen „klanglich", „(schrift-) bildlich" oder „begrifflich"[629]. Bezüglich des entscheidenden Gesamteindrucks ist zu beachten, daß unter bestimmten Umständen einem einzelnen Bestandteil eines Zeichens eine besondere, das Gesamtzeichen „prägende" Kennzeichnungskraft beigemessen werden kann, und deshalb bei Übereinstimmung einer Bezeichnung mit dem so geprägten Zeichen die Zeichenähnlichkeit bejaht werden kann[630]. Maßgebend zur Beurteilung des Gesamteindrucks ist das Verständnis eines nicht unerheblichen Teils der angesprochenen Verkehrskreise[631], wobei unter anderem zu berücksichtigen ist, daß Fachleute sorgfältiger zu prüfen und zu unterscheiden gewohnt sind[632].

Bezüglich der Domain-Namen-Fälle ist zunächst festzustellen, daß bei der Beurteilung einer Ähnlichkeit zwischen Kennzeichen und Domain-Namen die Top-Level-Domain sowie eventuelle Sub-Domains oder Verzeichnis- und Dateibezeichnungen nicht mitzuberücksichtigen sind, da diese, wie den Internetnutzern bekannt ist, keine kennzeichnungskräftigen Zusätze darstellen, sondern lediglich auf das Vergabeland oder die organisatorische Vergabekategorie des Domain-Namens beziehungsweise auf völlig zurücktretende Untergliederungen des Internetangebotes hinweisen[633].

---

628 *Ingerl/Rohnke*, Markengesetz, § 14 Rn. 311.

629 Vgl. BGH, GRUR 1952, 35 (36) – Ardia/Widia; BGH, GRUR 1959, 182 (185) – Quick; OLG Hamburg, GRUR 1997, 375 (376) – Crunchips/ran chips; *Fezer*, Markengesetz, § 14 Rn. 160; *Ingerl/Rohnke*, Markengesetz, § 14 Rn. 324.

630 *Ingerl/Rohnke*, Markengesetz, § 14 Rn. 388.

631 *Fezer*, Markenrecht, § 14 Rn. 149; *Ingerl/Rohnke*, Markengesetz, § 14 Rn. 320, 168.

632 BGH, GRUR 1993, 118 (119) – Corvaton/Corvasal; BGH, GRUR 1995, 808 (810) – P3-plastoclin; *Fezer*, Markenrecht, § 14 Rn. 152; *Ingerl/Rohnke*, Markengesetz, § 14 Rn. 326.

633 Ebenso bezüglich der Irrelevanz der Top-Level-Domain für die Prüfung der Zeichenidentität bzw. –ähnlichkeit, OLG München, MMR 2000, 100 (101) – buecherde.com, da die Top-Level-Domain im Internet der Second-Level-Domain zwingend hinzuzufügen sei.

Anderer Ansicht ist dagegen *Kur* (*Loewenheim/Koch-Kur*, Praxis des Online-Rechts, 325 (347f.)), die bezüglich der Bestimmung der Zeichenähnlichkeit nicht nur auf die Second-Level-Domain, sondern auch auf eine mögliche „Hintereinanderschaltung" mehrerer Sub-Domains abstellen und daher eine Zeichenähnlichkeit auch bei einem Domain-Namen, wie zum Beispiel „micro.soft.com", annimmt. Dem ist jedoch entgegenzuhalten, daß zur Bestimmung der Zeichenähnlichkeit nicht auf andere Komponenten des Domain-Namens abgestellt werden kann als bei der Bestimmung der Zeichenidentität.

Nach einer Ansicht können die herkömmlichen Grundsätze zur Beurteilung der Zeichenähnlichkeit auch auf Domain-Namen-Fälle angewandt werden[634]. In Anbetracht dessen, daß neben den organisatorischen Top-Level-Domains für jedes Land eine eigene Top-Level-Domain existiere, und dementsprechend in jedem Land die gleiche Buchstabenfolge als Second-Level-Domain erneut verwendet werden könne, stünden nämlich, auch unter weltweiten Maßstäben, nicht weniger Domain-Namen zur Verfügung als Wortmarken, so daß die Lage im Internet vergleichbar sei mit der Lage im „normalen" geschäftlichen Verkehr[635].

Dem ist jedoch entgegenzuhalten, daß die Anzahl der unter einer speziellen Top-Level-Domain zur Verfügung stehenden Domain-Namen sehr wohl geringer ist als die in einem Staat zur Verfügung stehenden Marken oder geschäftlichen Bezeichnungen, da anders als bei Marken oder geschäftlichen Bezeichnungen, welche für unterschiedliche Produkte oder Branchen und für verschiedene Regionen eines Staates mehrfach vergeben werden können, ein Domain-Name unter einer speziellen Top-Level-Domain immer nur ein einziges Mal vergeben werden kann. Zusätzlich zu der branchen- und regionsübergreifenden Ausschlußwirkung beschränken auch die Vergaberegeln, die vorsehen, daß ein Domain-Name aus maximal 24 Zeichen, und zwar nur aus Buchstaben, Zahlen oder dem Bindestrich bestehen darf, die Gestaltungsmöglichkeiten bei der Wahl eines Domain-Namens[636].

Weiterhin besteht bei Domain-Namen die Besonderheit, daß diese absolut fehlerfrei angegeben werden müssen, um die gewünschte Homepage zu erreichen. Dies ist dem Internetnutzer, der bei der Eingabe eines Domain-Namens auf eine korrekte Schreibweise achten muß, bekannt[637]. Der durchschnittliche Internetnutzer ist daher daran gewöhnt, auch geringfügige Unterschiede zu beachten[638]. Dies wird sich auch dann nicht ändern, wenn das Internet sich, wie zu erwarten ist, noch stärker durchsetzen und zu einem Massenmedium entwik-

---

Abweichend auch *Reinhart*, WRP 2001, 13 (18f.), der die Top-Level-Domain mitberücksichtigen möchte, wenn dieser im Einzelfall eine Unterscheidungskraft zukomme, wie dies etwa bei den generischen Top-Level-Domains „.com", „.net", „.org" der Fall sei.

[634] *Nordemann*, NJW 1997, 1891 (1894); *Schwarz-Poeck*, Recht im Internet, Kap. 4-2.2 S.24f.

[635] *Nordemann*, NJW 1997, 1891 (1894); *Schwarz-Poeck*, Recht im Internet, Kap. 4-2.2 S.24f.

[636] Vgl. *Bettinger*, GRUR Int. 1997, 402 (415); *Ubber*, WRP 1997, 497 (505); *Ingerl/Rohnke*, Markengesetz, § 15 Rn. 48.

[637] Vgl. OLG Dresden, CR 1999, 102 (103) – dresden-online; *Wegner*, CR 1999, 250 (254).

[638] Vgl. *Ubber*, WRP 1997, 497 (505); *Bettinger*, GRUR Int. 1997, 402 (415); *Jaeger-Lenz*, K&R 1998, 9 (13); *Wegner*, CR 1999, 250 (254); *Ingerl/Rohnke*, Markengesetz, § 15 Rn. 48.

keln wird[639]. Da sich an dem Erfordernis der Eindeutigkeit von Domain-Namen aus technischen Gründen nichts ändern wird, muß nämlich auch künftig genau auf die Schreibweise eines Domain-Namens geachtet werden, und es müssen dementsprechend auch kleinere Unterschiede der Schreibweise beachtet werden. Insofern ist die Lage der Internetteilnehmer vergleichbar mit der der Angehörigen bestimmter Fachkreise, bei denen im Kennzeichenrecht eine sorgfältigere Prüfung und eine genauere Beachtung auch kleinerer Unterschiede der Zeichen als bei Laien angenommen wird.

Mit Rücksicht auf die begrenzten Gestaltungsmöglichkeiten sowie auf die besondere Aufmerksamkeit der Internetnutzer sind daher entsprechend der herrschenden Ansicht in der Literatur bei Domain-Namen höhere Anforderungen an die Bejahung der Zeichenähnlichkeit zu stellen[640]. Der Bundesgerichtshof hat einen solchen Ansatz für Fernschreibkennungen bereits anerkannt[641].

Fraglich ist allerdings, inwieweit Domain-Name und Kennzeichen übereinstimmen müssen, um den erhöhten Anforderungen bezüglich des Vorliegens einer

---

639 Anderer Ansicht *Nordemann*, NJW 1997, 1891 (1894), der annimmt, daß bei einer stärkeren Durchsetzung des Internet, mit der Folge, daß die Benutzung des Internet nicht nur den mit Fachleuten vergleichbaren Computerfreaks vorbehalten bleibt, sondern auch dem vielbemühten Durchschnittsverbraucher offensteht, dieser auch im Internet nicht mehr oder weniger genau auf die Übereinstimmungen oder Unterschiede von Domain-Namen, Marken oder geschäftlichen Bezeichnungen achten werde, als er dies im nicht-virtuellen Geschäftsverkehr tue.

640 Vgl. *Jaeger-Lenz*, K&R 1998, 9 (13); *Ubber*, WRP 1997, 497 (505); *Wegner*, CR 1999, 250 (254); *Ingerl/Rohnke*, Markengesetz, § 15 Rn. 48; *Bücking*, Namens- und Kennzeichenrecht im Internet; S. 85f.; *Viefhues*, NJW 2000, 3239 (3241); *Reinhart*, WRP 2001, 13 (16f.); *Renck*, NJW 1999, 3587 (3591); *Bettinger*, GRUR Int. 1997, 402 (415) (allerdings nur für den Fall, daß der von ihm favorisierten Lösung über § 23 MarkenG nicht gefolgt wird). Soweit von *Kur*, CR 1996, 590 (593); *Loewenheim/Koch-Kur*, Praxis des Online-Rechts, 325 (348) und *Bettinger*, GRUR Int. 1997, 402 (415) vorgeschlagen wird, die Einschränkung der üblicherweise anzuwendenden Maßstäbe bei der Beurteilung der Zeichenähnlichkeit durch eine einzelfallorientierte Abwägung im Rahmen des § 23 MarkenG vorzunehmen, ist dies wegen der bereits oben festgestellten Unanwendbarkeit des § 23 Nr. 1, 2. Alt. MarkenG abzulehnen.

641 BGH, GRUR 1986, 475 (477) – Fernschreibkennung. In dieser Entscheidung führt der Bundesgerichtshof aus, daß bei Fernschreibkennungen, die notwendigerweise aus nur wenigen Buchstaben bestehen und daher nur begrenzt Gestaltungsmöglichkeiten bieten, im allgemeinen ein stärkeres Maß der Zeichenannäherung oder -überschneidung hinzunehmen sei und der Schutzbereich des § 16 I UWG a.F. enger zu fassen sei, als es sonst im Kennzeichenrecht der Fall sei.
Im Domain-Namen-Rechtsstreit „krupp.de“ konnte das Oberlandesgericht Hamm es dahinstehen lassen, ob die Besonderheiten des Internet es dem Beklagten gestatten, einen Domain-Namen zu wählen, dessen Abstand zum Firmenschlagwort der Klägerin normalerweise nicht genügen würde (OLG Hamm, CR 1998, 241 (243) – krupp.de).

Zeichenähnlichkeit gerecht zu werden. Dies muß im Einzelfall beurteilt werden, wobei die sich für den aufgrund der genannten Besonderheiten besonders aufmerksamen durchschnittlichen Internetnutzer unter Berücksichtigung der Überschneidungen und Unterschiede zwischen Domain-Name und Kennzeichen ergebende Übereinstimmung nach dem Gesamteindruck entscheidend ist.

Soweit vertreten wird, daß aufgrund der Besonderheiten bei Domain-Namen bereits die Abweichung eines einzigen Buchstabens ausreiche, um eine Zeichenähnlichkeit zu verneinen[642] – mit der Folge, daß ein Kennzeichenschutz gegen ähnliche Domain-Namen vollständig entfallen würde –, ist dies jedenfalls als zu weitgehend abzulehnen[643]. Allerdings wird im Internet in der Regel schon bei kleineren Abweichungen in der Schreibweise zwischen Kennzeichen und Domain-Name eine Zeichenähnlichkeit zu verneinen sein[644]. So dürfte in Domain-Namen-Fällen beispielsweise eine Zeichenähnlichkeit zwischen alpi/Alba Moda, Sana/Schosana, Crunchips/ran chips, apetito/apitta etc. anders als in der sonstigen Spruchpraxis[645] nicht gegeben sein. Dagegen wird als grundsätzlich nicht ausreichend zum Ausschluß der Zeichenähnlichkeit das bloße Hinzufügen oder Weglassen nicht unterscheidungskräftiger Kennzeichenelemente, wie zum Beispiel der Gesellschaftsform etc., anzusehen sein[646]. Gleiches dürfte für Domain-Namen gelten, die sich lediglich durch einen relativ naheliegenden „Tippfehler" von einem geschützten Kennzeichen unterscheiden, wie zum Beispiel die Domain-Namen lefers.de (statt leffers.de), spigel.de (statt spie-

---

642 *Hoeren*, Rechtsfragen des Internet, S. 24; *Ernst*, NJW-CoR 1998, 178 (178), nach dessen Ansicht allerdings im Falle werbemäßiger Herausstellung des Domain-Namens etwas anderes gelten soll; *Biermann*, WRP 1999, 997 (1000) (Verwechslungsgefahr sei nur bei identischen Zeichen zu bejahen). Wohl auch OLG Hamm, NJW-RR 1999, 631 (631) – pizza-direkt.de. Nach Ansicht des OLG Hamm reiche bereits die geringe Abweichung der Schreibweise zwischen der eingetragenen Marke „Pizza Direct" und dem Domain-Namen „pizza-direkt" aus, um die Verwechslungsgefahr auszuschließen, da keine Sperrposition gegenüber dem Markeninhaber bestehe bezüglich der Wahl eines Domain-Namens, der exakt seiner Marke entspricht. Gegen diese Entscheidung zu Recht *Renck*, NJW 1999, 3587 (3590f.).

643 Ebenso *Wegner*, CR 1999, 250 (254); *Reinhart*, WRP 2001, 13 (16); *Renck*, NJW 1999, 3587 (3590f.).

644 Vgl. *Ubber*, WRP 1997, 497 (505); *Wegner*, CR 1999, 250 (254f.); *Wagner*, ZHR 162 (1998), 701 (711).
Tendenziell anders wohl OLG München, MMR 2000, 277 (277) – intershopping.de, das zwischen der eingetragenen Marke „INTERSHOP" und dem Domain-Namen „intershopping.de" nur geringfügige Unterschiede sah und eine Verwechslungsgefahr bejahte, da die Begriffe für identische Waren- und Dienstleistungen verwendet wurden.

645 Vgl. BGH, GRUR 1990, 367 (368) – alpi/Alba Moda; BGH GRUR 1993, 972 (974) – Sana/Schosana; OLG Hamburg, GRUR 1997, 375 (376) – Crunchips/ran chips.

646 Vgl. LG Köln, AfP 1997, 655, (656) – karriere.de; *Ingerl/Rohnke*, Markengesetz, § 15 Rn. 48, *Wegner*, CR 1999, 250 (254f.). Anderer Ansicht, *Wagner*, ZHR 162 (1998), 701 (711).

gel.de), toschiba.de (statt toshiba.de), yaho.de (statt Yahoo.de)[647]. In diesen Fällen der Verwendung einer beim durchschnittlichen Internetnutzer häufig zu erwartenden abweichenden Schreibweise liegt also in der Regel Zeichenähnlichkeit vor.

Weiterhin ist bei Domain-Namen zu beachten, daß sie dem Verkehr fast ausschließlich in schriftlicher Form gegenüberstehen, somit eine klangliche Zeichenähnlichkeit eine nur geringe Rolle spielt. Allerdings kann man nicht die Bedeutung des Klangs bei Domain-Namen als gänzlich irrelevant einstufen[648]. Der Klang eines Wortes prägt nämlich das Erinnerungsbild mit und kann daher auch Verwechslungen im rein schriftlichen Verkehr bewirken[649].

C. Schutz der bekannten Marke und der bekannten geschäftlichen Bezeichnung gegen eine Benutzung als Domain-Name durch Dritte

I. Markengesetzlicher Schutz gemäß §§ 14 II Nr. 3, 15 III MarkenG

Häufig werden bekannte Marken oder bekannte geschäftliche Bezeichnungen von Dritten gezielt als Domain-Name registriert, um aus der Bekanntheit des Kennzeichens Profit zu schlagen. Jedoch sind auch Fallkonstellationen möglich, bei denen keine offensichtlich mißbräuchlichen Motive vorliegen. So zum Beispiel im Fall „krupp.de"[650].

---

647 Vgl. *Wegner*, CR 1999, 250 (254f.); *Reinhart*, WRP 2001, 13 (17).
648 So aber *Wegner*, CR 1999, 250 (254).
649 *Ingerl/Rohnke*, Markengesetz, § 14 Rn.331.
650 OLG Hamm, CR 1998, 241ff. – krupp.de.
Ein weiterer Beispielsfall ist der Fall „joop.de" (vgl. LG Hamburg, MMR 2000, 620ff. – joop.de). Klägerin war die von dem international renommierten Mode-Designer Wolfgang Joop gegründete „Joop! GmbH". Inhaber des beanstandeten Domain-Namens „joop.de" war ein Verwandter des Mode-Designers mit gleichem Nachnamen, der unter dem Domain-Namen Klaviere, Flügel, Noten und Tonträger vertrieb. Das Gericht gab der Unterlasungsklage statt, obwohl keine Branchennähe vorlag. Die Bekanntheit des klägerischen Unternehmenskennzeichens „Joop" begründe den Unterlassungsanspruch sowohl aus § 12 BGB als auch aus § 15 III, IV MarkenG. Bei der Lösung des Konflikts sei nach dem Recht der Gleichnamigen eine umfassende Interessenabwägung vorzunehmen. Das Kennzeichen „joop" sei bekannt im Sinne des § 15 III MarkenG und daher gegen Verwässerung geschützt, so daß das

Die Friedrich Krupp AG[651], die unter dem bekannten Firmenschlagwort „Krupp“ weltweit auf den Geschäftsfeldern Stahl und Maschinenbau tätig war, verklagte den Inhaber des Domain-Namens „krupp.de“ auf Überlassung dieses Domain-Namens an sich. Besonderheit war hier, daß der Beklagte selbst mit bürgerlichem Familiennamen „Krupp“ heißt, und daß er, bislang unbeanstandet, unter der eingetragenen Firma „W. E. Krupp Kommunikation“ eine Online-Agentur betreibt. Ohne markengesetzliche Anspruchsgrundlagen auch nur zu erwähnen[652], löste das Oberlandesgericht Hamm den Fall über § 12 BGB und verurteilte den Beklagten zur Aufgabe des Domain-Namens. Das Gericht führte aus, daß das eigene Namensrecht dem Beklagten nicht weiterhelfe, da dieses im Verhältnis zu dem schon zu Kaiserzeiten bekannten Firmenschlagwort der Klägerin prioritätsjünger sei[653].

Bei bekannten Marken und bekannten geschäftlichen Bezeichnungen sind – entgegen dem Vorgehen des Oberlandesgerichts Hamm – als leges speciales primär §§ 14 II Nr. 3, 15 III MarkenG zu prüfen[654]. Danach kann der Inhaber einer im Inland bekannten Marke oder geschäftlichen Bezeichnung Dritten untersagen, außerhalb des Bereichs der Waren- oder Dienstleistungsähnlichkeit beziehungsweise ohne Bestehen einer Verwechslungsgefahr im geschäftlichen Verkehr ohne seine Zustimmung ein mit seiner Marke oder geschäftlichen Bezeichnung identisches oder ähnliches Zeichen zu benutzen[655], sofern hier-

Interesse der Klägerin an dem Domain-Namen „joop.de“ überwiege. Dem Beklagten sei es dagegen zuzumuten, unter Hinzufügung unterscheidungskräftiger Zusätze im Internet aufzutreten (z.B. „jooppianohaus.de“).

[651] Die Friedrich Krupp AG fusionierte mittlerweile mit der Thyssen AG zur Thyssen Krupp AG. Mit Eintragung der neuen Thyssen Krupp AG in das Handelsregister Düsseldorf am 17.03.1999 wurde die letzte Hürde auf dem Weg zur Fusion genommen. Die Fusion erfolgte mit wirtschaftlicher Rückwirkung zum 01.10.1998. Vgl. dazu http://www.thyssenkrupp.com/ger/aktie/aktie1.html. Die Thyssen Krupp AG ist nunmehr unter dem Domain-Namen „thyssenkrupp.de“ im Internet erreichbar. Von dem Domain-Namen „krupp.com“ erfolgt eine automatische Überleitung zum Domain-Namen „thyssenkrupp.com“. Der Domain-Name „krupp.de“ ist derzeit nicht aktiviert.

[652] Dies wird zu Recht kritisiert von *Bettinger*, CR 1998, 243 (243); *Ernst*, NJW-CoR 1998, 177 (177) und *Wagner*, ZHR 1998, 701 (706). Ebenso wie das OLG Hamm zog auch das OLG München im Rechtsstreit „shell.de“ (OLG München, CR 1999, 382ff.) allein § 12 BGB zur Fallösung heran.

[653] OLG Hamm, CR 1998, 241 (242) – krupp.de.

[654] Vgl. *Bettinger*, CR 1998, 243 (243); *Wagner*, ZHR 162 (1998), 701 (706). § 12 BGB darf ungeachtet des § 2 MarkenG nicht dazu mißbraucht werden, alle kennzeichenrechtlichen Schutzvoraussetzungen und Schutzschranken zu unterlaufen, vgl. *Ingerl/Rohnke*, Markengesetz, Nach § 15 Rn. 6.

[655] § 14 II MarkenG liegt ein einheitlicher Benutzungsbegriff für alle drei Verletzungstatbestände zugrunde, der oben dargestellt wurde und auf den hier verwiesen wird.

durch die Unterscheidungskraft oder Wertschätzung seines bekannten Kennzeichens ohne rechtfertigenden Grund in unlauterer Weise ausgenutzt oder beeinträchtigt wird. Bekannte Marken und bekannte geschäftliche Bezeichnungen genießen somit einen erweiterten markengesetzlichem Schutz, der über die Fälle der Verwechslungsgefahr hinausgeht.

1. Bekannte Marke, bekannte geschäftliche Bezeichnung

Weder Markengesetz noch Markenrechtsrichtlinie enthalten nähere Anforderungen an die „Bekanntheit" der den erweiterten Schutz beanspruchenden Kennzeichen. Wie bekannt ein Kennzeichen sein muß, um den erweiterten Schutz der §§ 14 II Nr. 3, 15 II MarkenG in Anspruch nehmen zu können, muß im Einzelfall unter Berücksichtigung der jeweiligen Umstände entschieden werden[656]. Als prozentuale Untergrenze des Bekanntheitsgrades für den Regelfall werden in der Literatur überwiegend Werte um 30% angegeben[657]. Eine entsprechende Bekanntheit ist nicht in der Gesamtbevölkerung erforderlich, ausreichend ist vielmehr, daß die Bekanntheit im Inland in den vom Kennzeicheninhaber unmittelbar angesprochenen aktuellen und potentiellen Abnehmerkreisen gegeben ist[658].

2. Zeichenidentität, Zeichenähnlichkeit

Die Begriffe der Zeichenidentität und Zeichenähnlichkeit stimmen grundsätzlich mit den gleichlautenden Tatbestandsmerkmalen der §§ 14 II Nr. 1, 2, 15 II MarkenG überein[659]. Insofern ist der erweiterte Schutz nicht schon von vornherein auf einen engeren Zeichenähnlichkeitsbereich beschränkt[660]. Allerdings

---

[656] Vgl. *Pieper*, GRUR 1996, 429 (432); *Althammer/Ströbele/Klaka-Klaka*, Markengesetz, § 14 Rn. 8; *Ingerl/Rohnke*, NJW 1994, 1247 (1251).

[657] Vgl. *Pieper*, GRUR 1996, 429 (432f.) (30%); *Rößler*, GRUR 1994, 559 (562) (1/3); *Althammer/Ströbele/Klaka-Klaka*, Markengesetz, § 14 Rn. 35 (35%). Dagegen siedeln *Ingerl/Rohnke*, Markengesetz, § 14 Rn. 478 die unterste Schwelle bereits bei einem Bekanntheitsgrad ab 20% an. *Fezer*, Markenrecht, § 14 Rn. 420, wiederum spricht von einer Faustregel von 50%. Ähnlich LG Hamburg, MMR 2000, 620 (622) – joop.de, das einen Bekanntheitsgrad von ca. 30-40% in der Gesamtbevölkerung für ausreichend erachtet.

[658] *Althammer/Ströbele/Klaka-Klaka*, Markengesetz, § 14 Rn. 38, 40; *Pieper*, GRUR 1996, 429 (433); *Ingerl/Rohnke*, Markengesetz, § 14 Rn. 473.

[659] *Ingerl/Rohnke*, Markengesetz, § 14 Rn. 487, § 15 Rn. 68.

[660] *Fezer*, Markenrecht, § 14 Rn. 430; *Ingerl/Rohnke*, Markengesetz, § 14 Rn. 487, § 15 Rn. 68. Anderer Ansicht allerdings OLG München, GRUR 1996, 63 (65) – Mac Fash, das es für notwendig hält, daß der Zeichenabstand geringer ist.

werden Ausnutzung und Beeinträchtigung typischerweise nur bei einer besonders deutlichen Zeichenähnlichkeit bestehen[661].

3. Schutz der bekannten Marke innerhalb des Ähnlichkeitsbereichs der Waren oder Dienstleistungen

Während § 15 III MarkenG zur Abgrenzung des erweiterten Bekanntheitsschutzes vom Verwechslungsschutz auf die fehlende Verwechslungsgefahr abstellt, knüpft § 14 II Nr. 3 MarkenG für dieselbe Abgrenzung an die fehlende Waren- oder Dienstleistungsähnlichkeit, also nur an einen Faktor der Verwechslungsgefahr an. Im Hinblick auf diese Formulierung in § 14 II Nr. 3 MarkenG stellt sich die Frage nach dem Schutz der bekannten Marke innerhalb des Bereichs der Ähnlichkeit der Waren oder Dienstleistungen.

Zum Teil wird vertreten, daß aufgrund des eindeutigen Wortlautes des § 14 II Nr. 3 MarkenG dieser bei Ähnlichkeit der Waren oder Dienstleistungen nicht anwendbar sei. In Fällen, in denen trotz Waren- oder Dienstleistungsähnlichkeit eine Verwechslungsgefahr gemäß § 14 II Nr. 2 MarkenG nicht gegeben sei, komme daher ein Schutz der bekannten Marke nur nach Regelungen außerhalb des Markengesetzes in Betracht[662]. Eine andere Ansicht will dagegen durch stark extensive Auslegung des Begriffs der „gedanklichen Verbindung" in § 14 II Nr. 2 MarkenG der bekannten Marke bei vorliegender Waren- oder Dienstleistungsähnlichkeit über § 14 II Nr. 2 MarkenG Schutz gewähren[663]. Sachgerecht[664] ist demgegenüber eine aufgrund eines „Erst-recht-Schlusses" erfolgende analoge Anwendung von § 14 II Nr. 3 MarkenG. Denn wenn der Inhaber einer bekannten Marke schon die Verwendung seines Zeichens für nicht ähnliche Waren untersagen kann, so muß ihm dies erst recht für Waren erlaubt sein, die im Ähnlichkeitsbereich liegen[665]. Der Schutz der bekannten Marke innerhalb des

---

[661] *Ingerl/Rohnke*, Markengesetz, § 14 Rn. 487, § 15 Rn. 68.

[662] *Piper*, GRUR 1996, 429 (437); OLG Hamburg, GRUR 1996, 982 (983) – Für Kinder; und zunächst auch *Ingerl/Rohnke*, NJW 1994, 1247 (1251).

[663] *Sack*, GRUR 1995, 81 (86ff.).

[664] Die Analogie erscheit insofern als sachgerechter, als daß dann die dringenden Schutzfälle, bei denen eine Beeinträchtigung innerhalb des Waren- oder Dienstleistungsähnlichkeitsbereichs erfolgt, nicht wie von der erstgenannten Ansicht vertreten, aus dem Kennzeichenrecht ausgeklammert und damit von zusätzlichen wettbewerbsrechtlichen oder deliktischen Voraussetzungen abhängig gemacht werden. Außerdem kann durch die Analogie das von der an zweiter Stelle angeführten Ansicht vorgeschlagene, mit § 14 II Nr. 2 MarkenG wohl kaum mehr zu vereinbarende, sehr weite Verständnis des Begriffs der „gedanklichen Verbindung" vermieden werden.

[665] *Krüger*, GRUR 1995, 527 (529); *Ingerl/Rohnke*, Markengesetz, § 14 Rn.488f.; *Will*, Der Markenschutz nach § 14 Markengesetz, S.132f. Weitergehend *Fezer*, Markenrecht, § 14 Rn.

Ähnlichkeitsbereichs der Waren oder Dienstleistungen erfolgt somit über § 14 II Nr. 3 MarkenG analog.

4. Ausnutzung oder Beeinträchtigung der Wertschätzung oder der Unterscheidungskraft

§§ 14 II Nr. 3, 15 III MarkenG differenzieren zwischen vier Eingriffstatbeständen, denen jeweils selbständige Bedeutung zukommt, die sich allerdings auch häufig überschneiden. Dies sind die Tatbestände der Ausnutzung der Wertschätzung (Rufausbeutung), der Ausnutzung der Unterscheidungskraft (Aufmerksamkeitsausbeutung), der Beeinträchtigung der Wertschätzung (Rufschädigung) und der Beeinträchtigung der Unterscheidungskraft (Verwässerung).

a) Ausnutzung der Wertschätzung (Rufausbeutung)

Die Wertschätzung eines Kennzeichens umfaßt jede positive Assoziation, die der Verkehr mit dem Kennzeichen verbindet[666]. Sie kann aus konkreten Gütevorstellungen bezüglich der Produktqualität[667] oder aus allgemeineren Vorstellungen von Größe, Erfolg und Leistungsfähigkeit des herstellenden oder vertreibenden Unternehmens bestehen. Sie umfaßt aber auch Luxus-, Exklusivitäts- und Prestigevorstellungen[668] oder andersartige positive Markenimages, mit denen sich die Abnehmer identifizieren können[669]. Die Ausnutzung der Wertschätzung erfolgt durch die Verwertung der positiven Assoziationen des bekannten Kennzeichens zum eigenen Nutzen[670].

Hauptanwendungsfall der Rufausbeutung ist der unmittelbare Imagetransfer, d.h. der Verletzer leitet die aufgrund des bekannten Kennzeichens vermittelten positiven Assoziationen bezüglich eines Produktes oder Unternehmens auf sein eigenes Produkt oder Unternehmen über[671]. Ob ein solcher unmittelbarer Imagetransfer bei Verwendung eines bekannten Kennzeichens als Domain-Name

431, der für eine direkte Anwendung des § 14 II Nr. 3 MarkenG auch bei Ähnlichkeit der Waren oder Dienstleistungen eintritt, mit der Begründung, die Formulierung in § 14 II Nr. 3 MarkenG sei so zu verstehen, daß der Bekanntheitsschutz „selbst dann“ eingreife, wenn Ähnlichkeit der Waren oder Dienstleistungen nicht bestehe.

[666] *Ingerl/Rohnke*, Markengesetz, § 14 Rn. 498; *Eichmann*, GRUR 1998, 201 (203).

[667] Vgl. z.B. BGH, GRUR 1985, 550 (552) – DIMPLE: Lange Lagerzeit des Whiskys.

[668] Vgl. z. B. BGH, GRUR 1994, 732 (734) – McLaren: Erheblicher Prestigewert; BGH, GRUR 1985, 550 (552) – DIMPLE: Image einer Exklusivmarke.

[669] *Ingerl/Rohnke*, Markengesetz, § 14 Rn. 498.

[670] Vgl. *Fezer*, Markenrecht, § 14 Rn. 425.

[671] Vgl. *Fezer*, Markenrecht, § 14 Rn. 426; *Ingerl/Rohnke*, Markengesetz, § 14 Rn. 503.

stattfindet, hängt davon ab, inwieweit die mit dem bekannten Kennzeichen verbundenen positiven Assoziationen im Einzelfall auf Unternehmen oder Produkte, welche unter dem Domain-Namen im Internet präsentiert werden beziehungsweise welche mit dem Domain-Namen außerhalb des Internet in Zusammenhang gebracht werden, übertragbar sind[672]. Ist zum Beispiel mit dem bekannten Kennzeichen ein guter Ruf bezüglich der Qualität eines bestimmten Produktes verbunden, so kommt ein Transfer grundsätzlich nur in Betracht, wenn die Produkte, für die der Domain-Name verwendet wird, nicht vollkommen verschieden sind. Umfaßt der gute Ruf des bekannten Kennzeichens jedoch, wie in der Regel der Fall, auch Vorstellungen allgemeiner Qualitätsstandards oder Luxus-, Exklusivitäts-, Prestigevorstellungen etc., so kommt auch bei großer Produktentfernung ein Imagetransfer in Betracht, sofern die entsprechenden positiven Vorstellungen ihrer Art nach für die Produkte, für die der Domain-Name verwendet wird, Bedeutung gewinnen können[673]. Ob im Falle einer Domain-Namen-Verwendung eine Rufausbeutung durch unmittelbaren Imagetransfer anzunehmen ist, muß im Einzelfall anhand der genannten Kriterien entschieden werden.

Selbst wenn ein unmittelbarer Imagetransfer nicht gegeben ist, kann das Vorliegen einer Rufausbeutung noch nicht ausgeschlossen werden, da es sich bei dem unmittelbaren Imagetransfer zwar um den häufigsten, nicht aber um den einzigen Fall der Rufausbeute handelt. So wird eine Rufausbeutung auch dann angenommen, wenn der fremde gute Ruf aus anderen Gründen als dem einer unmittelbaren Übertragung auf das eigene Produkt oder Unternehmen eine wesentliche Voraussetzung für den Absatzerfolg ist[674]. Sie ist ferner gegeben,

---

[672] In diese Richtung geht auch die Äußerung von *Kur* (*Loewenheim/Koch-Kur*, Praxis des Online-Rechts, 325 (352)), die darauf abstellt, ob angesichts der Tätigkeitsbereiche der Parteien die Möglichkeit eines Imagetransfers besteht. Dagegen ist jedoch einzuwenden, daß es nicht allein auf die Nähe der Tätigkeitsbereiche ankommt, sondern vielmehr die Übertragbarkeit des guten Rufs das entscheidende Kriterium ist, welches unter bestimmten Umständen auch bei großer Entfernung der Tätigkeitsbereiche gegeben sein kann (siehe die folgenden Ausführungen im Text). Allgemein zum Zusammenhang zwischen Rufinhalt und Rufübertragbarkeit, vgl. *Rößler*, GRUR 1994, 559 (566f.).
Ganz anderer Ansicht sind dagegen *Wegner*, CR 1999, 250 (256) und *Viefhues*, MMR 1999, 123 (125f.), die die Annahme eines unmittelbaren Imagetransfers grundsätzlich ablehnen, da in Domain-Namen-Fällen der gute Ruf des verwendeten bekannten Kennzeichens nicht wirklich auf das eigene Produkt übergeleitet werde, sondern vielmehr nur dazu verwendet werde, den Internetnutzer auf die eigene Homepage zu locken, um dort dann mit den eigenen Produkten werben zu können.

[673] Exklusivitätsvorstellungen, wie sie im Verkehr mit der bekannten Whiskymarke „DIMPLE“ verbunden sind, haben zum Beispiel auch für Herrenkosmetikartikel Bedeutung, nicht aber für Putz- und Reinigungsmittel, vgl. BGH, GRUR 1985, 550 (552) – DIMLE.

[674] Vgl. z.B. BGH, GRUR 1994, 732 (734) – McLaren: Absatzermöglichung für Spielzeugautos durch Anlehnung an Original-Rennwagen.

wenn ein sich aus dem guten Ruf der Marken ergebender Aufmerksamkeits- oder Kontrasteffekt ausgenutzt wird[675]. Diese beiden Voraussetzungen sind bei Verwendung eines bekannten Kennzeichens als Domain-Name regelmäßig gegeben. Der Inhaber des Domain-Namens benutzt die Bekanntheit und den guten Ruf des Kennzeichens in der Regel dazu, um die Aufmerksamkeit der Internetnutzer zu erlangen und um diese zum Zwecke der Förderung des eigenen Produktabsatzes auf seine Webseiten zu locken[676].

Eine Rufausbeute ist allerdings nicht gegeben, wenn der Inhaber des Domain-Namens unter dem Domain-Namen im Internet nur eine „weiße" Seite präsentiert und den Domain-Namen auch außerhalb des Internets nicht verwendet. Dies kann insbesondere dann der Fall sein, wenn der Inhaber des Domain-Namens diesen einzig und allein zu dem Zweck erwarb, um ihn dem Kennzeicheninhaber zu „verkaufen"[677].

---

[675] Vgl. z.B. BGH, GRUR 1994, 808 (811) – Markenverunglimpfung I (MARS): Ausnutzung des Kontrasteffekts, der sich aus der Verbindung des guten Rufs mit einer gänzlich unpassenden Ware ergibt. *Ingerl/Rohnke*, Markengesetz, § 14 Rn. 503; *Piper*, GRUR 1996, 429 (434).

[676] So auch OLG Karlsruhe, Urteil vom 24.06.1998, Az. 6 U 247/97 - zwilling.de (Leitsatz siehe CR 1999, 389) sowie *Völker/Weidert*, WRP 1997, 652 (659); *Wagner*, ZHR 162 (1998), 701 (708) und *Wegner*, CR 1999, 250 (256).

[677] Im Falle der Verwendung eines Domain-Namens für eine „weiße" Seite liegt, da auf den unter dem Domain-Namen abrufbaren Webseiten keine Produkte beschrieben, beworben oder zur Lieferung angeboten werden, keine (kennzeichenmäßige) Benutzung des Domain-Namens für bestimmte Waren oder Dienstleistungen vor, so daß eine Anwendung des § 14 MarkenG ausscheidet. (Zur Bestimmung der durch einen Domain-Namen gekennzeichneten Ware oder Dienstleistung siehe S. 78ff.). Allerdings kann eine (kennzeichenmäßige) Benutzung i.S.d. § 15 MarkenG i.d.R. angenommen werden, da die Internetnutzer – trotz Präsentation einer „weißen" Seite – davon ausgehen werden, der ein bekanntes Kennzeichen widerspiegelnde Domain-Name diene als Hinweis auf das kennzeicheninnehabende Unternehmen, dessen Webseiten möglicherweise gerade im Aufbau sind oder einer technischen Störung unterliegen. Eine Kennzeichenverletzung gemäß § 15 III MarkenG wird allerdings i.d.R. ausscheiden, da mangels Erwähnung eines eigenen Produkts oder Unternehmens auf den Webseiten kein Image übergeleitet und kein Aufmerksamkeitseffekt ausgenutzt wird. Auch eine Rufschädigung des bekannten Kennzeichens allein durch Schaltung einer „weißen" Seite ist wohl abzulehnen. Im Falle der Verwendung eines bekannten Kennzeichens für eine „weiße" Seite ist der Kennzeicheninhaber somit auf ergänzenden, insbesondere wettbewerbsrechtlichen oder deliktischen Schutz angewiesen, welcher in dieser Fallgestaltung auch nicht ausgeschlossen ist (zum Ausschluß ergänzenden Kennzeichenschutzes vgl. S. 115ff.). Denn da hier in der Sache weniger kennzeichenrechtliche als wettbewerbsrechtliche Gesichtspunkte maßgebend sind, liegt eine Schutzlücke des Kennzeichenrechts vor.

b) Ausnutzung der Unterscheidungskraft (Aufmerksamkeitsausbeutung)

Unter Unterscheidungskraft im Sinne der §§ 14 II Nr. 3, 15 III MarkenG ist die kraft ursprünglicher Originalität des Zeichens und/oder durch Benutzung erlangte und durch die Verwendung von Drittzeichen schwächbare Kennzeichnungskraft eines Kennzeichens zu verstehen, also dessen Eignung, Merkbarkeit und Wiedererkennbarkeit als Mittel zur Unterscheidung von Produkten oder Unternehmen[678]. Eine Ausnutzung der Unterscheidungskraft ist immer schon gegeben, wenn aufgrund der Bekanntheit des Kennzeichens die Aufmerksamkeit des Publikums erreicht und dadurch die werbliche Kommunikation erleichtert, also ein Kommunikationsvorsprung erreicht werden kann[679]. Die Verletzungsvariante der Aufmerksamkeitsausbeutung erlangt insofern praktische Bedeutung, als daß sie in den bislang nur als Rufausbeutung behandelten Fallkonstellationen eine Untersagung ohne Feststellung einer bestimmten Wertschätzung ermöglicht, sofern feststeht, daß die Kennzeichnungskraft des bekannten Kennzeichens für fremde Zwecke ausgenutzt wird[680]. Wenn ein nicht autorisierter Dritter ein bekanntes Kennzeichen als Domain-Name verwendet, so liegt meist das Bestreben zugrunde, die mit diesem Kennzeichen verbundene Wertschätzung auszunutzen, so daß der Tatbestand der Rufausbeutung einschlägig ist. Die Ausnutzung der Unterscheidungskraft bildet jedoch einen Auffangtatbestand für die Fälle, in denen die Ausnutzung der Wertschätzung nicht mit ausreichender Sicherheit festgestellt werden kann.

c) Beeinträchtigung der Wertschätzung (Rufschädigung)

Eine Beeinträchtigung der Wertschätzung liegt vor bei Übertragung negativer Vorstellungen auf das bekannte Kennzeichen[681]. Dies kann auf unterschiedliche Weise geschehen. In Betracht kommt zum Beispiel eine Verwendung des

---

[678] *Ingerl/Rohnke*, Markengesetz, § 14 Rn. 506.

[679] *Ingerl/Rohnke*, Markengesetz, § 14 Rn. 520. Erfaßt werden damit auch diejenigen Fälle, in denen positive Assoziationen gerade nicht ausgelöst (und auch nicht angestrebt) werden, was insbesondere im Falle der Ausnutzung des bloßen Scherz- oder Kontrasteffekts oder bei wahlloser Verwendung mehrerer bekannter Marken zu dekorativen Zwecken in Betracht kommt.

[680] Vgl. *Eichmann*, GRUR 1998, 201 (204); *Ingerl/Rohnke*, Markengesetz, § 14 Rn. 520. Anderer Ansicht bezüglich der Einordnung der Fallgruppe der Ausnutzung der Unterscheidungskraft ist allerdings ein großer Teil der Literatur. So wird die Fallgruppe der Ausnutzung der Unterscheidungskraft teilweise mit der Rufausbeutung gleichgesetzt (*Piper*, GRUR 1996, 434; *Sack*, GRUR 1995, 81 (82f.) und teilweise als nicht sachgerechter beziehungsweise nicht sinnvoller und daher zu vernachlässigender Kollisionstatbestand eingestuft (*Fezer*, Markenrecht, § 14 Rn. 424; *Will*, Der Markenschutz nach § 14 Markengesetz, S. 155f.).

[681] *Ingerl/Rohnke*, Markengesetz, § 14 Rn. 504.

bekannten Kennzeichens für qualitativ minderwertige Produkte[682] oder für Produkte, die ihrer Art oder ihrem Image nach nicht zu den unter dem bekannten Kennzeichen vertriebenen Produkten passen (sog. inkompatibler Zweitgebrauch)[683]. Weiterhin werden negative Assoziationen zu Lasten des bekannten Kennzeichens auch durch die Verwendung des Kennzeichens in einer herabsetzenden Darstellungsform oder in Verbindung mit herabsetzenden beziehungsweise inkompatiblen oder obszönen Zusätzen, Werbesprüchen etc. ausgelöst[684], sowie bei Verwendung des bekannten Kennzeichens durch ein unseriöses Unternehmen, dessen schlechter Ruf auf das bekannte Kennzeichen durchschlägt[685]. Ob bei Verwendung eines bekannten Kennzeichens als Domain-Name eine Rufschädigung gegeben ist, muß jeweils im Einzelfall unter Berücksichtigung der genannten Kriterien entschieden werden. Dabei ist auf den Inhalt der unter dem Domain-Namen präsentierten Webseiten sowie auf Art und Weise der Verwendung des Domain-Namens außerhalb des Internet abzustellen[686].

d) Beeinträchtigung der Unterscheidungskraft (Verwässerung)

Unter „Beeinträchtigung der Unterscheidungskraft" ist die Minderung der Kennzeichnungskraft des bekannten Kennzeichens aufgrund der Benutzung eines identischen oder ähnlichen Zeichens durch einen Dritten zu verstehen[687]. Da theoretisch jede Drittverwendung eines identischen oder ähnlichen Zeichens die Kennzeichnungskraft eines bekannten Kennzeichens beeinträchtigt, muß Voraussetzung für eine Beeinträchtigung der Unterscheidungskraft im Sinne der §§ 14 II Nr. 3, 15 III MarkenG eine nicht nur theoretische, fernliegende, sondern eine konkret nachvollziehbare, gewissermaßen „greifbare" Beeinträchtigung sein[688].

---

682 *Sack*, GRUR 1995, 81 (83); *Ingerl/Rohnke*, Markengesetz, § 14 Rn. 504.
683 *Piper*, GRUR 1996, 429 (435); *Sack*, GRUR 1995, 81 (83); *Ingerl/Rohnke*, Markengesetz, § 14 Rn. 504. Vgl. z.B. BGH, GRUR 1994, 808 (811) – Markenverunglimpfung I (MARS): Verwendung einer Süßwarenmarke für Kondome; BGH, GRUR 1995, 57 (59) – Markenverunglimpfung II (NIVEA): Verwendung einer Kosmetikmarke für Kondome.
684 *Ingerl/Rohnke*, Markengesetz, § 14 Rn. 504. Vgl. z.B. BGH, GRUR 1994, 808 (812) – Markenverunglimpfung I (MARS): Mars macht mobil bei Sex-Sport und Spiel; BGH, GRUR 1995, 57 (59) – Markenverunglimpfung II (NIVEA): Es tut NIVEA als das erste Mal.
685 *Ingerl/Rohnke*, Markengesetz, § 14 Rn. 504.
686 Vgl. *Wegner*, CR 1999, 250 (256). Allein eine aus der Zuordnungsverwirrung folgende etwaige Verärgerung der Internetnutzer reicht nicht aus, da diese sich möglicherweise auch allein gegen den Inhaber des verwirrenden Domain-Namens richtet, so daß es nicht zu einer Übertragung negativer Vorstellungen auf das bekannte Kennzeichen kommt, vgl. *Viefhues*, MMR 1999, 123 (125).
687 *Ingerl/Rohnke*, Markengesetz, § 14 Rn. 509. Dies umfaßt den Schutz vor Verwässerung im Sinne der früheren Rechtsprechung zu §§ 823 I, 1004 BGB, ohne darauf beschränkt zu sein.
688 *Ingerl/Rohnke*, Markengesetz, § 14 Rn. 509.

Bei Verwendung eines bekannten Kennzeichens als Domain-Name durch einen Dritten kommt es in der Regel zu einer konkreten Beeinträchtigung der Unterscheidungskraft des bekannten Kennzeichens[689]. Internetnutzer, die auf den Ergebnisübersichten der Suchmaschinen oder Themenkataloge auf einen Domain-Namen, der ein bekanntes Kennzeichen enthält, stoßen und den entsprechenden Link verfolgen, sowie Internetnutzer, die gezielt durch Eingabe eines URL mit einem das bekannte Kennzeichen widerspiegelnden Domain-Namen versuchen, auf die Webseiten des Kennzeicheninhabers zu gelangen, erreichen nicht die Webseiten des Kennzeicheninhabers, sondern die eines Dritten. Sie registrieren somit, daß das bekannte Kennzeichen auch von Dritten verwendet wird. Dasselbe gilt, wenn der das bekannte Kennzeichen enthaltende Domain-Name außerhalb des Internet auf Geschäftsbriefen, in der Werbung etc. nicht vom Kennzeicheninhaber, sondern von Dritten verwendet wird.

e) In unlauterer Weise ohne rechtfertigenden Grund

Das Merkmal der Unlauterkeit ermöglicht eine abschließende Interessenabwägung unter Berücksichtigung aller Umstände des konkreten Einzelfalls[690]. Bekanntheitsgrad, Originalität und Wertschätzung des bekannten Kennzeichens, Nähe zwischen Domain-Name und dem bekannten Kennzeichen sowie Besonderheiten des jeweiligen Marktes sind Umstände, auf die es in diesem Zusammenhang ankommt[691]. Bei einer identischen Verwendung des bekannten Kennzeichens als Domain-Name wird Unlauterkeit in der Regel gegeben sein.

---

[689] Vgl. *Völker/Weidert*, WRP 1997, 652 (659); *Wagner*, ZHR 162 (1998), 701 (709); *Wegner*, CR 1999, 250 (256); *Ubber*, WRP 1997, 497 (506).
Ähnlich auch LG Hambug, MMR 2000, 620 (622) – joop.de, wonach Internetnutzer bei Eingabe des Domain-Namens „joop.de" erwarten, die Homepage des Modeunternehmens „Joop! GmbH" vorzufinden. Werde stattdessen unter diesem Domain-Namen die Homepage eines anderen Unternehmens erreicht, so bestehe Verwässerungsgefahr für das bekannte Unternehmenskennzeichen „Joop".
Anderer Ansicht ist allerdings das LG München I, CR 1997, 540 (541f.), welches im Rechtsstreit „freundin.de" der Herausgeberin der Frauenzeitschrift „freundin" einen Schutz nach § 15 MarkenG verwehrte, da es an einer konkreten Beeinträchtigung fehle. Das Gericht ließ offen, ob es sich bei den für die Klägerin eingetragenen Marken „freundin" und „FREUNDIN" um bekannte Marken handelt. Jedenfalls seien keine konkreten Umstände ersichtlich, aus denen auf die erforderliche konkrete Gefährdung der Werbekraft der Marken geschlossen werden könne.

[690] *Will*, Der Markenschutz nach § 14 Markengesetz, S. 181; *Althammer/Ströbele/Klaka-Klaka*, Markengesetz, § 14 Rn. 18.

[691] Vgl. *Wegner*, CR 1999, 250 (256).

Im Falle einer nur beiläufigen Verwendung des fremden Kennzeichens ohne sich aufdrängende Beziehung zur eigentlichen Werbeaussage wird im allgemeinen die Unlauterkeit verneint[692]. Daran anknüpfend wird vertreten, daß sich bei Verwendung eines ein bekanntes Kennzeichen enthaltenden Domain-Namens als bloße Zieladresse die Assoziation zum bekannten Kennzeichen lediglich beiläufig ergibt, mit der Folge, daß der erweiterte Schutz gemäß §§ 14 II Nr. 3, 15 III MarkenG ausscheidet[693]. Denn wenn auch aufgrund des Erscheinens des Domain-Namens im URL-Eingabefeld des Webbrowsers am oberen Rand der ausgedruckten Webseiten oder im Briefkopf der Gedanke an das bekannte Kennzeichen aufkomme, so handele es sich hierbei, anders als bei einer schlagwortartigen Herausstellung des Domain-Namens in den Printmedien oder der Werbung, nur um eine beiläufige Assoziation[694]. Diese Ansicht ist jedoch abzulehnen[695]. Von einer nur beiläufigen Verwendung des Domain-Namens kann nämlich auch in diesen Fällen nicht die Rede sein, da der Domain-Name gerade das entscheidende Element zum Auffinden und Zuordnen von Webseiten ist und dementsprechend vom Internetnutzer gerade besonders aufmerksam wahrgenommen wird[696].

Andere führen aus, daß sich die Unlauterkeit der Verwendung eines bekannten Kennzeichens als Domain-Name durch einen Dritten bereits daraus ergebe, daß der Kennzeicheninhaber dadurch daran gehindert werde, selbst sein bekanntes Kennzeichen als Domain-Name zu wählen[697]. Dem ist jedoch mit dem Landgericht München I im Rechtsstreit „freundin.de" entgegenzuhalten, daß dies eine Beurteilung als unlauter nicht begründen kann, da sich die Blockade des Domain-Namens allein aus den Gegebenheiten des Domain-Namen-Systems ergibt[698]. Unlauterkeit liegt allerdings in dem Fall des Domain-Grabbings vor, wenn der Inhaber des Domain-Namens den Domain-Namen wählte, um von dem guten Ruf des bekannten Kennzeichens zu profitieren, oder um den Kennzeicheninhaber an einem eigenen Internetauftritt unter seinem bekannten Kennzeichen zu hindern[699].

[692] *Will*, Der Markenschutz nach § 14 Markengesetz, S. 181f. Vgl. BGH, GRUR 1983, 247 (248) – Rolls-Royce.
[693] *Bettinger*, GRUR Int. 1997, 402 (412f.).
[694] *Bettinger*, GRUR Int. 1997, 402 (412f.).
[695] So auch *Ubber*, WRP 1997, 497 (506); *Loewenheim/Koch-Kur*, Praxis des Online-Rechts, 325 (352); *Wegner*, CR 1999, 250 (256).
[696] Vgl. *Wegner*, CR 1999, 250 (256).
[697] *Völker/Weidert*, WRP 1997, 652 (659).
[698] LG München I, CR 1997, 540 (542) – freundin.de.
[699] Vgl. *Wegner*, CR 1999, 250 (256); LG München I, CR 1997, 540 (542) – freundin.de.

Für den Fall, daß sich der Inhaber des Domain-Namens auf ein eigenes Namensrecht berufen kann, finden die Regeln des Gleichnamigenrechts Anwendung[700]. In der Regel wird – wie im Rechtsstreit „krupp.de“[701] – das Namensrecht des Inhabers des Domain-Namens prioritätsjünger sein als das Recht am bekannten Kennzeichen, so daß nach den Regeln des Gleichnamigenrechts grundsätzlich der prioritätsjüngere zum Ausweichen auf einen anderen Domain-Namen verpflichtet sein wird. Der bloße Umstand, daß die prioritätsältere Kennzeichnung gesteigerte Verkehrsgeltung (Bekanntheit) erlangt hat, führt nicht notwendig zur Unanwendbarkeit der Grundsätze des Gleichnamigenrechts, sondern allenfalls zu strengeren Anforderungen an den unterscheidungskräftigen Zusatz[702].

Schließlich ist noch zu erwähnen, daß der erweiterte Schutz bekannter Kennzeichen unter dem für das deutsche Recht selbstverständlichen Vorbehalt fehlender Rechtfertigungsgründe steht. Im Vordergrund stehen dabei nicht spezifisch kennzeichen- oder wettbewerbsrechtliche, sondern aus anderen Bereichen der Rechtsordnung folgende und dem Kennzeichenschutz aufgrund einer Abwägung im Einzelfall übergeordnete Rechtfertigungsgründe, zum Beispiel die Meinungs- und Pressefreiheit gemäß Art. 5 I GG sowie die Kunstfreiheit gemäß Art. 5 III GG[703].

II. Ergänzender Schutz bekannter Kennzeichen

Während ein Teil des Schrifttums unter Berufung auf § 2 MarkenG für eine vollständige Anspruchskonkurrenz zwischen den markengesetzlichen Regelungen und dem wettbewerbsrechtlichen Rufausbeutungsschutz sowie dem Verwässerungsschutz berühmter Marken aufgrund § 823 I BGB plädiert [704], lehnt der Bundesgerichtshof eine ergänzende Anwendung von § 1 UWG und § 823 BGB zum Schutz bekannter Kennzeichen grundsätzlich ab[705].

---

[700] Vgl. *Wagner*, ZHR 162 (1998), 701 (710f.) sowie OLG Hamm, CR 1998, 241 (243) – krupp.de, wobei das OLG Hamm den Fall allerdings nicht über § 15 III MarkenG, sondern unter Anwendung von § 12 BGB löste.
[701] OLG Hamm, CR 1998, 241 (241ff.) – krupp.de.
[702] Vgl. *von Schultz*, GRUR 1992, 487 (489); OLG Köln, GRUR 1983, 787 (788f.) – Tina Farina; BGH GRUR 1966, 623 (624f.) – Kupferberg.
[703] *Fezer*, Markenrecht, § 14 Rn. 429; *Ingerl/Rohnke*, Markengesetz, § 14 Rn. 497.
[704] *Fezer*, Markenrecht, § 14 Rn. 411a, 441; *Fezer*, WRP 2000, 863 (870f.); *Deutsch*, WRP 2000, 854 (856f.). Genauer dazu siehe S. 116f.
[705] Vgl. BGH, GRUR 1999, 161 (162) – MAC Dog. Genauer zur Ansicht des Bundesgerichtshofes siehe S. 117f.

Nach der hier vertretenen Ansicht können gemäß § 2 MarkenG andere als markenrechtliche Normen grundsätzlich zum ergänzenden Schutz von Kennzeichen herangezogen werden. Allerdings muß vermieden werden, daß die markengesetzlichen Regelungen unterlaufen werden[706]. Wettbewerbsrechtliche, deliktsrechtliche oder namensrechtliche Schutzvorschriften können daher in Ergänzung der §§ 14 II Nr. 3, 15 III MarkenG angewendet werden, sofern durch diese Anwendung keine Aushöhlung der markengesetzlichen Regelungen erfolgt.

In Anbetracht der Weite und Flexibilität der Voraussetzungen des Schutzes bekannter Kennzeichen nach §§ 14 II Nr. 3, 15 III MarkenG bleibt allerdings wenig Raum, in welchem dem ergänzenden Schutz durch nicht markenrechtliche Vorschriften einen eigene Bedeutung zukommen kann[707]. Eine solche eigenständige Bedeutung besteht etwa beim Schutz vor markengesetzlich von vorneherein nicht erfaßten, weil keine „Benutzung" im Sinne der §§ 14, 15 MarkenG darstellenden Handlungen[708]. Da allerdings die Verwendung von Domain-Namen im Internet oder außerhalb eine „Benutzung" im Sinne der §§ 14, 15 MarkenG darstellt[709], ist diese Fallgestaltung bei Domain-Namen-Fällen nicht relevant.

D. Schutz des Namens gegen eine Benutzung als Domain-Name durch Dritte gemäß § 12 BGB

In Anbetracht dessen, daß der Namensschutz der Marken und geschäftlichen Bezeichnungen, die aus einem Namen bestehen, bereits oben geprüft wurde, soll der Schutz des Namens gegen eine Benutzung als Domain-Name durch Dritte an dieser Stelle nur insoweit behandelt werden, als es um den Schutz des Namens

---

706 Siehe S. 119f.

707 *Ingerl/Rohnke*, Markengesetz, § 14 Rn. 523, schließen dagegen aus dem Umstand, daß der Schutz bekannter Kennzeichen nach §§ 14, 15 MarkenG so weit und flexibel sei, daß ein zwingender Bedarf für eine Anwendung nicht markengesetzlicher Normen in genereller Anspruchskonkurrenz nicht vorliege, und nicht markengesetzliche Normen daher nur in Ergänzung der als lex specialis anzusehenden §§ 14, 15 MarkenG anzuwenden seien.

708 Vgl. dazu auch *Ingerl/Rohnke*, Markengesetz, § 14 Rn. 523.

709 Siehe dazu S. 68ff.

von Privatpersonen, nicht geschäftlich tätigen Personenvereinigungen oder juristischen Personen des öffentlichen Rechts[710] geht.

Das erste deutsche Gerichtsurteil, das sich mit der Problematik der Domain-Namen zu befassen hatte, betraf den Schutz des Namens einer Stadt gegenüber der Verwendung als Domain-Name[711]. Im Wege der einstweiligen Verfügung begehrte die Stadt Heidelberg vor dem Landgericht Mannheim die Untersagung der Benutzung des Domain-Namens „heidelberg.de" durch ein Unternehmen der Computerbranche, welches unter diesem Domain-Namen eine Datenbank mit Informationen über die Region Rhein-Neckar kostenlos zum Abruf bereithielt.

Das Landgericht vertrat die Ansicht, daß die Stadt Heidelberg in ihrem Namensrecht gemäß § 12 BGB verletzt sei und Unterlassung der weiteren Benutzung des streitigen Domain-Namens durch das beklagte Computerunternehmen verlangen könne. Es nahm an, daß – insbesondere da die Bezeichnung „heidelberg" ohne jeden Zusatz verwendet wurde – ein nicht unwesentlicher Teil der Internetnutzer unter dem Domain-Namen „heidelberg.de" nicht nur Informationen *über*, sondern *von* der Stadt Heidelberg erwarte und den Domain-Namen „heidelberg.de" insofern mit der Stadt Heidelberg in Verbindung bringe[712]. Die Benutzung des Domain-Namens „heidelberg.de" durch das Computerunternehmen rufe insofern eine Zuordnungsverwirrung hervor und verletze schutzwürdige Interessen der Stadt Heidelberg. Da dem beklagten Computerunternehmen an der Bezeichnung „heidelberg" keine eigenen Rechte zustünden, sei der Namensgebrauch auch unbefugt. Ob und wie unter Umständen ein Interessenausgleich mit anderen Gemeinden oder mit natürlichen Personen namens Heidelberg aussehen müßte, brauchte nicht entschieden zu werden und wurde ausdrücklich offengelassen[713].

Diesem Urteil des Landgerichts Mannheim sind mittlerweile eine Reihe gleichgelagerter, ganz überwiegend im selben Sinne entschiedener Rechtsstreitigkeiten gefolgt[714].

---

[710] Vgl. den Fall „deutschland.de" (LG Berlin, MMR 2001, 57 (58) – deutschland.de), in dem die Bundesrepublik Deutschland als juristische Person des öffentlichen Rechts gestützt auf ihr Namensrecht klagte.

[711] LG Mannheim, CR 1996, 353 (353ff.) – heidelberg.de.

[712] LG Mannheim, CR 1996, 353 (354) – heidelberg.de.

[713] LG Mannheim, CR 1996, 353 (354f.) – heidelberg.de.

[714] LG Braunschweig, NJW 1997, 2687 (2687f.) – braunschweig.de; LG Lüneburg, GRUR 1997, 470 (470ff.) – celle.de/celle.com; LG Ansbach, NJW 1997, 2688 (2688) – ansbach.de; OLG Köln, K&R 1999, 234 (234ff.) – herzogenrath.de; OLG Köln, OLG Köln, Beschluß vom 18.01.1999, Az. 13 W 1/99 – alsdorf.de. Vgl. auch die Entscheidung LG Berlin, MMR 2001, 57 (58) – deutschland.de bezüglich des Rechts der Bundesrepublik Deutschland auf den Domain-Namen „deutschland.de" gemäß § 12 BGB.

1. Name

Als Name im Sinne des § 12 BGB werden neben dem bürgerlichen Namen oder dem Wahlnamen (Berufs- oder Künstlernamen) natürlicher Personen auch der Name juristischer Personen des Privatrechts oder des öffentlichen Rechts (insbesondere öffentlich-rechtlicher Körperschaften) sowie der Name aller von der Rechtsordnung anerkannten und unter einem Gesamtnamen auftretenden Personenvereinigungen, wie etwa nicht rechtsfähiger Vereine[715], Gewerkschaften[716], politischer Parteien, Gesellschaften des bürgerlichen Rechts etc. geschützt[717].

Kommunale Gebietskörperschaften führen vielfach als vollständigen Namen neben der geographischen Bezeichnung einen ihre besondere Form anzeigenden Zusatz, wie zum Beispiel „Stadt" oder „Landeshauptstadt". Nach § 12 BGB wird allerdings nicht nur ein vollständiger Name, sondern auch eine namensartige Kurzbezeichnung des Namensträgers geschützt, sofern diese unterscheidungskräftig ist und Namensfunktion besitzt[718]. Dementsprechend ist auch bei kommunalen Gebietskörperschaften nicht nur deren vollständiger Name (etwa „Landeshauptstadt Düsseldorf"[719]), sondern auch die reine Ortsbezeichnung ohne den Zusatz „Stadt" o.ä. schutzfähig, wenn diese für sich allein Hinweis- und Unterscheidungskraft besitzt[720], was bei deutschen Ortsbezeichnungen grundsätzlich anzunehmen ist[721].

Abweichend hat sich lediglich das Landgericht Köln in seinen Entscheidungen vom 17.12.1996 geäußert (LG Köln, BB 1997, 1121 (1121) – kerpen.de; GRUR 1997, 377 (377) – hürth.de; CR 1997, 291 (291f.) – pulheim.de). Nach Ansicht des Landgerichts Köln scheidet eine Verletzung des Namensrechts der Städte Kerpen, Hürth und Pulheim aus, da Domain-Namen keine Namensfunktion im Sinne des § 12 BGB erfüllten. Domain-Namen seien nämlich frei wählbar und könnten insbesondere auch – vergleichbar mit einer Telefonnummer, einer Bankleit- oder Postleitzahl – ohne erkennbaren Zusammenhang mit dem Namen des Benutzers stehen. Dieser Auffassung des Landgerichts Köln haben sich die zuvor genannten Entscheidungen jedoch zu Recht nicht angeschlossen. Für die Frage der namensmäßigen Benutzung eines Domain-Namens gilt insofern dasselbe, was oben bereits bezüglich der kennzeichenmäßigen Benutzung ausgeführt wurde.

715 RGZ 78, 101 (102) – Gesangsverein Germania.

716 BGHZ 43, 245 (252) – GdP.

717 Vgl. *Palandt-Heinrichs*, BGB, § 12 Rn. 9.

718 Vgl. *Palandt-Heinrichs*, BGB, § 12 Rn. 10.

719 Vgl. OLG Düsseldorf, DB 1963, 1391 (1392) – Landeshauptstadt Düsseldorf.

720 Vgl. BGH, NJW 1963, 2267 (2268) – Dortmund grüßt; OLG Köln, K&R 1999, 234 (235) – herzogenrath.de; OLG Köln, Beschluß vom 18.01.1999, Az. 13 W 1/99 – alsdorf.de; *Soergel-Heinrich*, BGB, § 12 Rn. 135. Abweichend *MüKo-Schwerdtner*, BGB, § 12 Rn. 35, nach dessen Ansicht für einen Schutz rein geographischer Bezeichnungen nach § 12 BGB zumindest zu verlangen ist, daß ein großer Teil des Verkehrs eine gedankliche Verbindung mit der Stadt herstellt.

2. *Namensanmaßung, § 12 S. 1, 2. Alt. BGB*

a) Namensgebrauch

Es müßte ein Namensgebrauch im Sinne des § 12 BGB vorliegen, also eine Verwendung eines fremden Namens, die geeignet ist, eine namensmäßige Identitäts- oder Zuordnungsverwirrung hervorzurufen[722]. Eine Verwirrung liegt vor, wenn der fremde Name in einer Weise verwendet wird, die auf den Namensträger als Urheber hinweist, aber auch bei Verwendungsweisen, durch die der Namensträger zu bestimmten Einrichtungen, Gütern oder Erzeugnissen in Beziehung gesetzt wird, mit denen er nichts zu tun hat[723], oder durch die im Verkehr der unrichtige Eindruck entsteht, der Namensträger habe dem Benutzer ein Recht zur Namensverwendung erteilt[724]. Dabei ist es für die Frage des Vorliegens eines Namensgebrauchs im Sinne des § 12 BGB unerheblich, ob der verwendete Name nur einen geringfügigen Bekanntheitsgrad oder einen begrenzten Bekanntheitsbereich aufweist[725].

In den allermeisten Fällen wählen Namensinhaber für ihren Auftritt im Internet einen Domain-Namen, der ihren Namen identisch widerspiegelt, sofern der

---

[721] Probleme tauchen allerdings auf, wenn mehrere deutsche Städte mit gleichlautender Kurzbezeichnung existieren, z.B. Frankfurt am Main/Frankfurt an der Oder oder Neustadt an der Waldnaab/Neustadt bei Coburg/Neustadt in Holstein etc. Unter dem Domain-Namen „frankfurt.de" tritt allein Frankfurt am Main auf. Unter dem Domain-Namen „neustadt.de" erscheinen die Webseiten von Neustadt an der Waldnaab, auf denen unter anderem deutlich angebrachte Hyperlinks zu den Webseiten der sonstigen im Internet vertretenen Gemeinden mit dem Namen Neustadt vorhanden sind. Nach einer Ansicht (*Kilches*, ÖJZ 1999, 329 (334)) steht keiner Stadt das Recht zu, unter einem ihrer Kurzbezeichnung entsprechenden Domain-Namen, wie etwa „heidelberg.de" oder „neustadt.de", aufzutreten. Die Städte hätten lediglich einen Anspruch auf einen ihrem vollen Namen entsprechenden Domain-Namen, wie z.B. „stadt-heidelberg.de" oder „heidelberg-stadt.de". Bei berechtigter Gleichnamigkeit habe niemand den Anspruch auf eine Namensführung ohne differenzierenden Zusatz. Dagegen ist jedoch einzuwenden, daß es unbefriedigend ist, gerade die kürzesten, einprägsamsten und damit begehrtesten Domain-Namen zurückzuhalten und keinem zur Verfügung zu stellen. Es erscheint vielmehr sachgerechter, im Falle der Konkurrenz Gleichberechtigter demjenigen den Vorrang zu gewähren, der den begehrten Domain-Namen als erster für sich registrieren ließ.

[722] BGHZ 30, 7 (10) – Caterina Valente; BGHZ 91, 117 (120) – Mordora; BGH, GRUR 1993, 151 (153) – Universitätsemblem

[723] BGHZ 30, 7 (10) – Caterina Valente; BGH, BGH, NJW 1963, 2267 (2268) – Dortmund grüßt; BGH, GRUR 1993, 151 (153) – Universitätsemblem; *Soergel-Heinrich*, BGB, § 12 Rn. 172; *Ingerl/Rohnke*, Markengesetz, Nach § 15 Rn. 14.

[724] *Palandt-Heinrichs*, BGB, § 12 Rn. 22; BGH, GRUR 1994, 844 (846) – Rotes Kreuz; BGH, GRUR 1993, 151 (153) – Universitätsemblem.

[725] Vgl. *Loewenheim/Koch-Kur*, Praxis des Online-Rechts, 325 (361).

entsprechende Domain-Name noch nicht vergeben ist. So verwenden Privatpersonen regelmäßig ihren Familiennamen ohne oder mit beigefügtem Vornamen(skürzel) als Domain-Namen (zum Beispiel „bauer.de", „thomasbauer.de", „thbauer.de"), Parteien ihre Namensabkürzung (zum Beispiel „cdu.de", „spd.de"), und Städte verwenden in der Regel entsprechend dem allgemeinen Sprachgebrauch und aus Interesse an einem möglichst einfachen und kurzen Domain-Namen ihre Ortsbezeichnung als Domain-Name (zum Beispiel „bonn.de", „duesseldorf.de", „berlin.de") und weichen nur dann auf die Beifügung des Zusatzes „Stadt" aus, wenn die bloße Ortsbezeichnung bereits vergeben ist[726]. Angesichts dieser weit verbreiteten Gepflogenheit, sich im Internet unter seinem Namen zu präsentieren, bringt ein nicht unwesentlicher Teil der Internetnutzer, die einen Domain-Namen erblicken, der aus einem Namen oder Namenskürzel besteht, diesen mit dem entsprechenden Namensträger in Verbindung[727]. Bei Verwendung eines nach § 12 BGB geschützten fremden Namens als Domain-Name liegt somit ein Namensgebrauch im Sinne des § 12 BGB vor.

b) Fehlende Befugnis

Unbefugt ist der Gebrauch eines Namens, wenn ein eigenes Benutzungsrecht nicht gegeben ist, oder wenn sich die Unrechtmäßigkeit aus anderen Vorschriften ergibt. Ein eigenes Benutzungsrecht des Inhabers eines Domain-Namens kann sich insbesondere aus einem eigenen bürgerlichen Namensrecht an der als Domain-Name verwendeten Bezeichnung ergeben. Dabei muß allerdings differenziert werden.

---

726 So präsentiert sich zum Beispiel die Stadt Kerpen unter dem Domain-Namen „stadtkerpen.de", da der Domain-Name „kerpen.de" bereits von einer Familie Namens Kerpen benutzt wird, und die Stadt Kerpen in dem Rechtsstreit um den Domain-Namen „kerpen.de" vor dem Landgericht Köln unterlag.
Zur Problematik des Vorgehens der deutschen Gemeinde Bad Wildbach gegen den Inhaber des Domain-Namens „badwildbach.com" vgl. OLG Karlsruhe, CR 1999, 783 (784) – badwildbach.com. Das Gericht bejahte hier das Vorliegen einer Identitäts- bzw. Zuordnungsverwirrung, da viele Internetnutzer annähmen, unter dem streitigen Domain-Namen würden Informationen der Gemeinde Bad Wildbach verbreitet. Dem stünde auch nicht entgegen, daß es sich um einen Domain-Namen mit der Top-Level-Domain „.com" handelt. Denn weder sei jedem Internetnutzer bekannt, daß unter dem Kürzel „.com" überwiegend kommerziell handelnde Unternehmen auftreten, noch seien nicht kommerziell handelnde Personen gehindert, einen Domain-Namen mit Top-Level-Domain „.com" zu verwenden. Gegen diese Argumentation wendet sich zu Recht *Hoeren*, EWiR 1999, 983 (984).

727 Vgl. bezüglich der Verwendung eines Stadtnamens: LG Mannheim, CR 1996, 353 (354) – heidelberg.de; LG Braunschweig, NJW 1997, 2687 (2687) – braunschweig.de; LG Lüneburg, GRUR 1997, 470 (471) – celle.de/celle.com; LG Ansbach, NJW 1997, 2688 (2688) – ansbach.de; OLG Köln, K&R 1999, 234 (235) – herzogenrath.de; OLG Köln, OLG Köln, Beschluß vom 18.01.1999, Az. 13 W 1/99 – alsdorf.de.

aa) Verwendung eines den eigenen bürgerlichen Namen widerspiegelnden Domain-Namens außerhalb des geschäftlichen Verkehrs

Außerhalb des geschäftlichen Verkehrs gilt der Grundsatz, daß der Gebrauch des eigenen bürgerlichen Namens nicht unbefugt ist, sofern die Namensverwendung in redlicher Weise erfolgt[728]. Grundsätzlich ist es somit niemandem verwehrt, in redlicher Weise außerhalb des Geschäftsverkehrs unter seinem bürgerlichen Namen aufzutreten[729]. Auch Verwechslungsgefahr zwingt außerhalb des Wirtschaftslebens grundsätzlich nicht zur Beifügung unterscheidungskräftiger Zusätze[730]. Führen mehrere den gleichen Familiennamen, so kann der eine zum Beispiel nicht beanspruchen, daß der andere zur Vermeidung von Verwechslungen seinen Vornamen beifügt[731]. Die Gleichnamigkeit ist hier vielmehr grundsätzlich in Kauf zu nehmen[732]. Insbesondere gelten die sich aus den Regeln des Rechts der Gleichnamigen ergebenden Einschränkungen nicht, da das Recht der Gleichnamigen nur bei Namenskollisionen im Geschäftsverkehr, nicht aber außerhalb des Wirtschaftslebens Anwendung findet[733].

Verwendet der Inhaber des Domain-Namens den seinen bürgerlichen Namen widerspiegelnden Domain-Namen in redlicher Weise außerhalb des geschäftlichen Verkehrs, ist demnach die Benutzung des Domain-Namens grundsätzlich nicht unbefugt. So ist zum Beispiel die Verwendung des Domain-Namens „gerlach.de" für eine private Homepage durch eine redlich handelnde Privatperson, die mit bürgerlichem Namen Marie Gerlach heißt, nicht unbefugt. Gleiches gilt für die Benutzung des Domain-Namens „heidelberg.de" durch eine Privatperson, die mit bürgerlichem Namen Jessica Heidelberg heißt. Dem gegen den Domain-Namen vorgehenden, gleichnamigen Namensträger bleibt daher in diesen Fällen nur übrig, auf einen anderen Domain-Namen auszuweichen, so zum Beispiel statt „gerlach.de" dann „philip-gerlach.de" oder statt „heidelberg.de" dann „stadt-heidelberg.de" zu wählen.

---

[728] BGH, NJW 1959, 1029 (1031) – Familienname von Vorfahren; *Soergel-Heinrich*, BGB, § 12 Rn. 185; *Palandt-Heinrichs*, § 12 Rn. 25.

[729] *Soergel-Heinrich*, BGB, § 12 Rn. 185.

[730] Vgl. *Soergel-Heinrich*, BGB, § 12 Rn. 185.

[731] MüKo-Schwerdtner, § 12 Rn. 114.

[732] *Soergel-Heinrich*, BGB, § 12 Rn. 185.

[733] Vgl. *Soergel-Heinrich*, BGB, § 12 Rn. 182, 185; *Palandt-Heinrichs*, BGB, § 12 Rn. 27; *MüKo-Schwerdtner*, BGB, § 12 Rn. 122, 124. Anderer Ansicht ist dagegen *Ernst*, NJW-CoR 1997, 426 (428), der die Regeln des Rechts der Gleichnamigen wohl auch außerhalb des Geschäftsverkehrs für einschlägig hält.

bb) Verwendung eines den eigenen bürgerlichen Namen widerspiegelnden Domain-Namens im geschäftlichen Verkehr

Anders stellt sich die Rechtslage bei Verwendung des eigenen bürgerlichen Namens im geschäftlichen Verkehr dar. Zwar gilt auch im geschäftlichen Verkehr grundsätzlich der Grundsatz, daß niemand am redlichen Gebrauch seines bürgerlichen Namens gehindert werden darf[734]. Das Recht, bei wirtschaftlicher Betätigung den eigenen bürgerlichen Namen zu verwenden, besteht jedoch mit Rücksicht auf den das Kennzeichenrecht beherrschenden Grundsatz der Priorität nur eingeschränkt. Bei Namenskollisionen mit Gleichnamigen im Geschäftsverkehr gelten die Regeln des Gleichnamigenrechts, so daß in der Regel der prioritätsjüngere Namensträger verpflichtet ist, durch Beifügung unterscheidungskräftiger Zusätze die Verwechslungsgefahr auszuräumen[735].

Wenn der Inhaber des Domain-Namens den seinen bürgerlichen Namen widerspiegelnden Domain-Namen im geschäftlichen Verkehr verwendet, so ist folglich im Falle der Kollision mit einem anderen gleichnamigen Namensinhaber ein Ausgleich nach den Regeln des Gleichnamigenrechts vorzunehmen. Demnach ist dann grundsätzlich der prioritätsjüngere Namensinhaber verpflichtet, auf einen anderen Domain-Namen auszuweichen. Benutzt zum Beispiel jemand, der mit bürgerlichem Namen Jessica Heidelberg heißt, seinen Domain-Namen „heidelberg.de“ im geschäftlichen Verkehr[736], so finden, falls andere Personen mit gleichem bürgerlichem Namen, die Stadt Heidelberg oder sonstige Träger des Namens Heidelberg diesen Domain-Namen ebenfalls zu geschäftlichen Zwecken nutzen möchten, die Grundsätze des Gleichnamigenrechts Anwendung, mit der Folge, daß sich in der Regel der Prioritätsältere durchsetzt. Dies wird, wenn bei dem Streit um den Domain-Namen eine Stadt beteiligt ist, stets die Stadt sein[737].

734 Vgl. *MüKo-Schwerdtner*, BGB, § 12 Rn. 122; *Palandt-Heinrichs*, BGB, § 12 Rn. 27.
735 Vgl. *Palandt-Heinrichs*, BGB, § 12 Rn. 27.
736 Dabei ist zu beachten, daß eine Verwendung des Domain-Namens im geschäftlichen Verkehr auch dann gegeben ist, wenn – wie im Falle der Familie Kerpen (vgl. http://www.kerpen.de) – unter dem Domain-Namen neben Fotos von Familienmitgliedern und Haustieren Werbelogos fremder Unternehmen mit Links zu den Homepages der entsprechenden Unternehmen präsentiert werden, da insofern sowohl ein fremder Geschäftszweck als auch der eigene Geschäftszweck der Vermarktung der Homepage gefördert werden.
737 Vgl. *Ernst*, NJW-CoR 1997, 426 (428).

c) *Interessenverletzung*

Der unbefugte Namensgebrauch muß ein schutzwürdiges Interesse des Berechtigten verletzen. Während bei den im Geschäftsleben geführten Namen nur ein geschäftliches Interesse schutzwürdig ist[738], sind im Falle einer Namensführung außerhalb des Geschäftsverkehrs Interessen jeder Art schutzwürdig, auch rein persönliche, ideelle oder bloße Affektionsinteressen[739]. Ausreichend ist, daß der Eindruck von Beziehungen familiärer, geschäftlicher oder sonstiger Art erweckt wird[740].

Bei Verwendung eines weitverbreiteten Namens, wie Meier, Müller, Bauer, scheidet eine Interessenverletzung meistens schon deshalb aus, weil sich nicht feststellen läßt, daß der Name eines bestimmten anderen Namensträgers benutzt worden ist[741]. Eine Interessenverletzung kommt hier lediglich in Betracht, wenn ein derartiger Name ausnahmsweise im Verkehr mit einem bestimmten Namensträger in Verbindung gebracht wird[742]. Während somit bei Benutzung eines weitverbreiteten Namens als Domain-Name (zum Beispiel „thomas-meier.de") eine Interessenverletzung in der Regel entfällt, ist im Falle der Benutzung eines prominenten bürgerlichen Allerweltsnamens als Domain-Name, wie etwa „boris-becker.de", eine Interessenverletzung anzunehmen[743].

Bei Verwendung von bekannten Namen, insbesondere aber bei Orts- oder Städtenamen, liegt eine Interessenverletzung grundsätzlich vor. Dementsprechend ist auch bei Verwendung eines solchen bekannten Namens als Domain-Name (zum Beispiel „heidelberg.de") eine Interessenverletzung grundsätzlich anzunehmen.

---

[738] *Palandt-Heinrichs*, BGB, § 12 Rn. 29.
[739] *Palandt-Heinrichs*, BGB, § 12 Rn. 28.
[740] *Palandt-Heinrichs*, BGB, § 12 Rn. 28.
[741] *Staudinger-Weick/Habermann*, BGB, § 12 Rn. 324; *Palandt-Heinrichs*, BGB, § 12 Rn. 28; *Soergel-Heinrich*, BGB, § 12 Rn. 188.
[742] *Staudinger-Weick/Habermann*, BGB, § 12 Rn. 324; § 12 Rn. 28; *Soergel-Heinrich*, BGB, § 12 Rn. 188.
[743] Vgl. auch *Schwarz-Poeck*, Recht im Internet, Kap. 4-2.2 S. 56. Nach Ansicht von *Bettinger*, GRUR Int. 1997, 402 (415) entfällt jedoch bei wenig bekannten oder häufig gebrauchten Namen bereits die namensmäßige Fehlzurechnung und nicht erst die Interessenverletzung.

E. Ausblick: Internationale Konflikte

Aufgrund des grenzüberschreitenden Charakters des Internet ergeben sich bei der Verwendung von Domain-Namen spezielle Schwierigkeiten. Diese stellen sich zwar auch bei Fällen mit der Top-Level-Domain „.de“, vor allem aber bei Konflikten, welche Domain-Namen betreffen, die eine organisatorische Top-Level-Domain (insbesondere die weitverbreitete Top-Level-Domain „.com“) oder eine ausländische geographische Top-Level-Domain betreffen.

Zu klären sind in diesem Zusammenhang Fragen nach der internationalen Zuständigkeit, nach dem anwendbaren Recht sowie nach der internationalen Reichweite der materiellen Unterlassungs- bzw. Beseitigungsansprüche. Im Rahmen dieser Untersuchung, deren Schwerpunkt bei den sachrechtlichen Fragen liegt, erfolgt hier zu den international-verfahrensrechtlichen und kollisionsrechtlichen Problemen lediglich ein kurzer Problemaufriß.

I. Internationale Zuständigkeit der deutschen Gerichte

Die internationale Zuständigkeit deutscher Gerichte ergibt sich grundsätzlich aus den Regeln der ZPO über die örtliche Zuständigkeit, also danach, ob im Inland ein Gerichtsstand gegeben ist. Denn die Vorschriften über die örtliche Zuständigkeit (§§ 12ff. ZPO) regeln mittelbar auch die Grenzziehung zwischen der Zuständigkeit deutscher und ausländischer Gerichte[744]. Dies gilt allerdings dann nicht, wenn völkerrechtliche Abkommen die innerstaatliche Zuständigkeitsordnung verdrängen. So richtet sich die internationale Zuständigkeit der deutschen Gerichte im Anwendungsbereich des EuGVÜ[745] oder des Lugano-Übereinkommens[746] (LugÜ) vorrangig nach deren Bestimmungen[747].

---

[744] Vgl. BGH, WRP 1977, 487 (488); BGH, NJW 1991, 3092 (3093); *Thomas/Putzo*, ZPO, Vorbem § 1 Rn. 6;

[745] Brüsseler EWG-Übereinkommen über die gerichtliche Zuständigkeit und die Vollstreckung gerichtlicher Entscheidungen in Zivil- und Handelssachen vom 27.09.1968 (BGBl. II 1972 S. 773), für die Bundesrepublik Deutschland in Kraft seit 01.02.1973 (BGBl. II, 1973 S. 60).

[746] Lugano-Übereinkommen über die gerichtliche Zuständigkeit und die Vollstreckung gerichtlicher Entscheidungen in Zivil- und Handelssachen vom 16.09.1988 (BGBl. II 1994 S. 2658).

[747] Eine Revision dieser beiden zur Zeit noch geltenden Übereinkommen steht bevor. Die beim Rat der Europäischen Union gebildete Arbeitsgruppe für die Revision des EuGVÜ und des LugÜ, in der neben den EU-Mitgliedstaaten auch die „Lugano-Staaten“ Island, Norwegen

1. Zuständigkeit gemäß §§ 12, 13, 17 ZPO, Art. 2, 53 EuGVÜ/LugÜ aufgrund des Wohnsitzes oder Sitzes

Grundsätzlich sind gemäß §§ 12, 13, 17 ZPO die deutschen Gerichte für alle Klagen gegen natürliche und juristische Personen, die ihren Wohnsitz beziehungsweise ihren Sitz in der Bundesrepublik Deutschland haben, international zuständig. Sofern das EuGVÜ oder das LugÜ eingreifen[748], ergibt sich dieselbe Rechtsfolge auch aus den insoweit §§ 12, 13, 17 ZPO vorgehenden Art. 2, 53 EuGVÜ/LugÜ[749], die ebenfalls vorsehen, daß die internationale Zuständigkeit am Wohnsitz beziehungsweise am Sitz einer Person besteht. Da Domain-Namen mit der Top-Level-Domain „.de" entsprechend den Vergabebestimmungen des DE-NIC ausschließlich an Personen vergeben werden, deren allgemeiner Gerichtsstand in der Bundesrepublik Deutschland liegt, sind die deutschen Gerichte für alle gegen den Inhaber eines Domain-Namens mit der Top-Level-Domain „.de" gerichteten Klagen gemäß §§ 12, 13, 17 ZPO beziehungsweise gemäß Art. 2, 53 EuGVÜ/LugÜ international zuständig. Weiterhin besteht die internationale Zuständigkeit der deutschen Gerichte auch für Klagen, die Domain-Namen mit

---

und die Schweiz vertreten waren, hat ihre Arbeit am 23.04.1999 beendet, vgl. *Jayme/Kohler*, IPRax 1999, 401 (404). Die Arbeitsergebnisse wurden vom Rat bestätigt. Das EuGVÜ soll in der Fassung der Ergebnisse, welche die Revisions-Arbeitsgruppe erzielte, als Verordnung ergehen, vgl. *Jayme/Kohler*, IPRax 1999, 401 (401). Inzwischen hat die Kommission einen „Vorschlag für eine Verordnung (EG) des Rates über die gerichtliche Zuständigkeit und die Anerkennung und Vollstreckung von Entscheidungen in Zivil- und Handelssachen" (14.07.1999, KOM (1999) 348 endg.) vorgelegt, der in IPRax 2000, 41ff. abgedruckt ist. Für das LugÜ ist ein Revisionsübereinkommen in Aussicht genommen worden. Ungeklärt ist allerdings noch, ob die Kompetenz für den Abschluß eines solchen Übereinkommens auf der EG-Seite exklusiv der Gemeinschaft zusteht oder ob daneben auch die Mitgliedstaaten als Vertragsparteien zu beteiligen sind. Weiterhin ist anzunehmen, daß die „Lugano-Staaten" ihrerseits ein solches Übereinkommen wohl nur in Kenntnis des Rechtsaktes über die Vergemeinschaftung des EuGVÜ abschließen werden, vgl. *Jayme/Kohler*, IPRax 1999, 401 (404).

[748] Das EuGVÜ greift grundsätzlich nur ein, wenn der Beklagte im Zeitpunkt der Klageerhebung seinen Wohnsitz in einem Vertragsstaat hat (vgl. Art. 4 EuGVÜ). Das Lugano-Übereinkommen greift grundsätzlich ein, wenn der Beklagte seinen Wohnsitz in einem Vertragsstaat hat, der nicht Mitglied der EG ist (vgl. Art. 54b II a LugÜ).

[749] Während der neue Verordnungs-Vorschlag (siehe vorherige Fn.) die für die Bestimmung des Wohnsitzes natürlicher Personen in Art. 52 EuGVÜ enthaltenen Verweisungsregeln unverändert beibehält (vgl. Art. 56 des Verordnungs-Vorschlages), ist der „Wohnsitz" von Gesellschaften und juristischen Personen jetzt autonom bestimmt worden. Nach dem neugefaßten Artikel 57 des Verordnungs-Vorschlages haben diese „ihren Wohnsitz im Sinne dieser Verordnung an dem Ort, an dem sich ihr satzungsmäßiger Sitz, ihre Hauptverwaltung oder ihre Hauptniederlassung befindet". Die in dem bisherigen Art. 53 EuGVÜ vorgesehene Einschaltung der Kollisionsnormen des Forums entfällt. Fallen satzungsmäßiger Sitz und Hauptverwaltungs- oder Hauptniederlassungssitz auseinander, besteht eine Zuständigkeit an jedem dieser Orte, vgl. *Jayme/Kohler*, IPRax 1999, 401 (406).

anderen Top-Level-Domains betreffen, soweit der Inhaber des Domain-Namens seinen Wohnsitz beziehungsweise seinen Sitz in der Bundesrepublik Deutschland hat.

2. Zuständigkeit gemäß § 32 ZPO, § 24 UWG, Art. 5 Nr. 3 EuGVÜ/LugÜ wegen unerlaubter Handlung im weiten Sinne

Eine deutsche internationale Zuständigkeit kann nicht nur aus den den Wohnsitz oder Sitz betreffenden Zuständigkeitsregelungen, sondern daneben auch aus Zuständigkeitsnormierungen, welche unerlaubte Handlungen im weiteren Sinne betreffen, begründet werden.

In Betracht kommt zunächst eine deutsche internationale Zuständigkeit gemäß § 32 ZPO[750]. § 32 ZPO betrifft Klagen aus unerlaubter Handlung, wobei der Begriff der unerlaubten Handlung im weiten Sinne zu verstehen ist und auch die Fälle der widerrechtlichen Verletzung gewerblicher Schutzrechte (Marken-, Firmenrechte etc.) oder Namensrechte umfaßt[751]. Insofern zählen auch die auf eine Verletzung von Marken-, Firmen- oder Namensrechten gestützten Klagen in Domain-Namen-Fällen zu den Klagen aus unerlaubter Handlung im Sinne des § 32 ZPO. Gleichgültig ist, welches prozessuale Begehren aus der unerlaubten Handlung hergeleitet wird. § 32 ZPO gilt daher auch für (vorbeugende) Unterlassungsklagen[752]. Insbesondere ist § 32 ZPO auch anwendbar auf Unterlassungsklagen, die auf die ein Verschulden nicht erfordernden Tatbestände der §§ 12 BGB, 14, 15 MarkenG gestützt werden[753].

---

[750] § 32 ZPO begründet beim Vorliegen seiner Voraussetzungen die deutsche internationale Zuständigkeit, vgl. *MüKo-Patzina*, ZPO, § 32 Rn. 28; *Thomas/Putzo*, ZPO, § 32 Rn. 5.

[751] Vgl. *MüKo-Patzina*, ZPO, § 32 Rn. 1; *Zöller-Vollkommer*, ZPO, § 32 Rn. 9; *Thomas/Putzo*, ZPO, § 32 Rn. 3; *Baumbach/Lauterbach/Albers/Hartmann-Hartmann*, ZPO, § 32 Rn. 9f.; KG, NJW 1997, 3321 (3321) – concert-concept.de/com.

[752] *Zöller-Vollkommer*, ZPO, § 32 Rn. 14; *MüKo-Patzina*, ZPO, § 32 Rn. 13; *Stein/Jonas-Schumann*, § 32 Rn. 26.

[753] Vgl. KG, NJW 1997, 3321 (3321) – concert-concept.de/com; *Rosenberg/Schwab/Gottwald*, ZPO, § 36 II 8. Entsprechend, aber nur die negatorische Unterlassungsklage nach § 1004 BGB erwähnend: *Zöller-Vollkommer*, ZPO, § 32 Rn. 14; *Wieczorek/Schütze*, ZPO, 3. Aufl.; § 32 Rn. 25.
Anders allerdings eine früher vertretene Ansicht: RGZ 95, 268 (271); *Wieczorek*, ZPO, 2. Aufl., § 32 Anm. B I a 2, B III b. Danach sei für den Tatbestand der unerlaubten Handlung im Sinne des § 32 ZPO ein schuldhaftes Verhalten erforderlich, so daß bei Unterlassungsansprüchen aus Tatbeständen, die kein Verschulden erfordern, wie z.B. §§ 12, 1004 BGB, 24 I WZG, beim Fehlen von Verschulden kein Gerichtsstand des § 32 ZPO gegeben sei.

Erforderlich ist nach § 32 ZPO, daß die unerlaubte Handlung auf dem Territorium der Bundesrepublik Deutschland „begangen" wurde. Als Begehungsort ist dabei sowohl der Ort anzusehen, an dem die tatbestandsmäßige Handlung insgesamt oder auch nur ein zu dieser Handlung gehörender Teilakt vorgenommen wurde (Handlungsort), als auch der Ort, an dem der Verletzungserfolg eingetreten ist (Erfolgsort)[754]. Dagegen kommen Orte, an denen bloße Vorbereitungshandlungen vorgenommen wurden, die noch nicht zum Verletzungstatbestand gehören, sowie Orte des bloßen Schadenseintritts nicht als Begehungsort in Betracht[755].

Für Klagen, die zumindest auch auf Normen des Gesetzes gegen den unlauteren Wettbewerb gestützt werden, kommt weiterhin eine internationale Zuständigkeit der deutschen Gerichte gemäß § 24 II S. 1 UWG in Betracht[756]. Nach § 24 II S. 1 UWG kann nämlich ein von der Wettbewerbshandlung unmittelbar Betroffener vor einem deutschen Gericht Klage erheben, sofern der Ort der behaupteten Begehung des Wettbewerbsverstoßes innerhalb der Bundesrepublik Deutschland liegt. Da jeder Wettbewerbsverstoß eine unerlaubte Handlung im weiten Sinne darstellt, ist § 24 II UWG nach den für § 32 ZPO geltenden Grundsätzen auszulegen[757]. Begehungsort der Handlung, die den Tatbestand des behaupteten Wettbewerbsverstoßes erfüllt, ist insofern genau wie bei § 32 ZPO jeder Ort, an dem eines der Tatbestandsmerkmale verwirklicht wurde, so daß für ein und denselben Wettbewerbsverstoß mehrere Begehungsorte in Betracht kommen und insbesondere Handlungs- und Erfolgsort auseinanderfallen können[758].

Im Geltungsbereich des EuGVÜ und des Lugano-Übereinkommens enthält Art. 5 Nr. 3 EuGVÜ/LugÜ[759] eine Sondervorschrift, die § 32 ZPO und § 24 UWG

---

[754] BGH, NJW 1980, 1224 (1225); *Baumbach/Lauterbach/Albers/Hartmann-Hartmann*, ZPO, § 32 Rn. 17; *Ingerl/Rohnke*, Markenrecht, § 140 Rn. 44. Etwas abweichend sprechen *Zöller-Vollkommer*, ZPO, § 32 Rn. 16, *Thomas/Putzo*, ZPO, § 32 Rn. 7 und *Stein/Jonas-Schumann*, ZPO, § 32 Rn. 2, vom Begehungsort als dem Ort, an dem auch nur eines der „wesentlichen" Tatbestandsmerkmale verwirklicht wurde, wobei allerdings offengelassen wird, was wesentlich ist.

[755] BGH, NJW 1980, 1224 (1225); *Zöller-Vollkommer*, ZPO, § 32 Rn. 16; *Ingerl/Rohnke*, Markenrecht, § 140 Rn. 44; *Baumbach/Lauterbach/Albers/Hartmann-Hartmann*, ZPO, § 32 Rn. 17.

[756] Auch bei § 24 UWG ist die internationale Zuständigkeit mit der örtlichen verknüpft, vgl. *Baumbach/Hefermehl*, Wettbewerbsrecht, § 24 Rn. 6.

[757] *Baumbach/Hefermehl*, Wettbewerbsrecht, § 24 Rn. 6; *Stein/Jonas-Schumann*, ZPO, § 32 Rn. 21. Ähnlich auch *Köhler/Piper-Köhler*, UWG, § 24 Rn. 12.

[758] *Köhler/Piper-Köhler*, UWG, § 24 Rn. 13.

[759] Die Regelung des Gerichtsstands der unerlaubten Handlung in Art. 5 Nr. 3 EuGVÜ ist in Art. 5 Nr. 3 des neuen Verordnungs-Vorschlages (vgl. Fn. 679) fast wörtlich übernommen worden. Allerdings besteht der Gerichtsstand der unerlaubten Handlung gemäß dem Wortlaut

verdrängt[760]. Nach Art. 5 Nr. 3 EuGVÜ/LugÜ begründet eine unerlaubte Handlung und ihr gleichgestellte Handlungen die internationale Zuständigkeit an dem Ort, an dem das schädigende Ereignis eingetreten ist[761]. Obwohl Art. 5 Nr. 3 EuGVÜ/LugÜ lediglich den Ort, an dem das schädigende Ereignis eingetreten ist, für maßgeblich erklärt, besteht die internationale Zuständigkeit nach der Auslegung des EuGH nicht nur am Erfolgsort, sondern auch am Handlungsort, wenn dieser nicht mit dem Erfolgsort identisch ist[762]. Weiterhin ist es auch im Rahmen des Art. 5 Nr. 3 EuGVÜ/LugÜ ausreichend, wenn lediglich ein Teilakt der behaupteten deliktischen Handlung im Inland verübt wurde[763].

Für die Frage der internationalen Zuständigkeit der deutschen Gerichte bei Domain-Namen-Streitigkeiten gemäß § 32 ZPO, § 24 UWG oder Art. 5 Nr. 3 EuGVÜ/LugÜ ist somit jeweils entscheidend, ob zumindest ein zur tatbestandsmäßigen Handlung gehörender Teilakt oder aber der Verletzungserfolg der behaupteten Kennzeichen- oder Namensrechtsverletzung nach dem Klägervorbringen auf dem Territorium der Bundesrepublik Deutschland verwirklicht wurde. Aufgrund der weitgehend ähnlichen Konfliktsituation und Interessenlage kann hierfür auf die vom Bundesgerichtshof aufgestellten Regeln zur internationalen Zuständigkeit gemäß § 32 ZPO bei grenzüberschreitenden Presseerzeugnissen[764] zurückgegriffen werden[765]. Danach liegt bei unerlaubten Handlungen

---

des Art. 5 Nr. 3 des neuen Verordnungs-Vorschlages nicht nur – wie nach dem Wortlaut des Art. 5 Nr. 3 EuGVÜ – an dem Ort, an dem das schädigende Ereignis „eingetreten ist“, sondern darüber hinaus auch an dem Ort, an dem das schädigende Ereignis „einzutreten droht“. Aus dem Wortlaut des Art. 5 Nr. 3 des neuen Verordnungs-Vorschlages ergibt sich somit eindeutig, daß eine vorbeugende Unterlassungsklage an dem Ort der drohenden unerlaubten Handlung erhoben werden kann. Die nach dem geltenden Recht bestehende Streitfrage, ob Art. 5 Nr. 3 EuGVÜ auch für vorbeugende Unterlassungsklagen gilt (dafür z.B. *MüKo-Gottwald*, ZPO, Art. 5 IZPO, Rn. 31, dagegen z.B. LG Bremen, RIW 1991, 416 (416)), stellt sich somit bezüglich des neuen Verordnungs-Vorschlages nicht mehr.

[760] *MüKo-Patzina*, ZPO, § 32 Rn. 29; *Baumbach/Hefermehl*, Wettbewerbsrecht, § 24 Rn. 9.

[761] Kennzeichenverletzungen stellen unerlaubte Handlungen im Sinne des Art. 5 Nr. 3 EuGVÜ dar, vgl. *Lange*, WRP 2000, 940 (940).
Art. 5 Nr. 3 EuGVÜ/LugÜ regelt nicht nur die internationale, sondern auch die örtliche Zuständigkeit des Gerichts der unerlaubten Handlung.

[762] EuGH, NJW 1977, 493 (493) – Mines de Potasse.

[763] Vgl. *Wegner*, CR 1998, 676 (678), offenlassend dagegen *Schlosser*, NJW 1980, 1224 (1226).

[764] BGH, GRUR 1971, 153 (154) – Tampax; BGH, GRUR 1978, 194 (195f.) – profil.

[765] Vgl. *Zöller-Vollkommer*, ZPO, § 32 Rn. 17; *Ingerl/Rohnke*, Markengesetz, § 140 Rn. 48; LG Düsseldorf, GRUR 1998, 159 (160) – epson.de; *Bettinger*, GRUR Int. 1997, 402 (416); *Wegner*, CR 1998, 676 (679); *Ubber*, WRP 1997, 497 (502); *Bachmann*, IPRax 1998, 179 (182); *Baumbach/Hefermehl*, Wettbewerbsrecht, § 24 Rn. 6; *Baumbach/Lauterbach/Albers/Hartmann-Hartmann*, ZPO, § 32 Rn. 9. Auch auf sonstige Massenmedien wie etwa Funk, Fernsehen oder Videotext sollen die erwähnten Grundsätze entsprechend anzuwenden sein,

in Presseerzeugnissen der Begehungsort sowohl am Erscheinungsort als auch überall dort, wo die Druckschrift bestimmungsgemäß und nicht bloß zufällig verbreitet wird[766]. Das Gebiet der bestimmungsgemäßen Verbreitung umfaßt dabei das Territorium, in dem der Verleger oder Herausgeber eine Kenntnisnahme der Druckschrift durch Dritte beabsichtigt, oder wo er mit einer solchen Kenntnisnahme rechnen muß[767]. Nicht erfaßt werden dagegen Gebiete, in die nur hier und da einmal durch Dritte einzelne Exemplare gelangen[768].

Der Europäische Gerichtshof entschied zur Auslegung des Art. 5 Nr. 3 EuGVÜ in der Shevill-Entscheidung[769], daß bei Ehrverletzungen durch einen Presseartikel der Betroffene eine Schadensersatzklage sowohl bei den Gerichten des Staates der Niederlassung des Herausgebers als auch bei den Gerichten derjenigen Staaten erheben könne, in denen die Veröffentlichung verbreitet worden ist. Allerdings seien nur die erstgenannten Gerichte für die Entscheidung über den Ersatz sämtlicher durch die Ehrverletzung entstandener Schäden zuständig, während sich die Kompetenzen der Gerichte an den Verbreitungsorten auf die Schäden, die in ihrem eigenen Staat verursacht worden sind, beschränkten.

Bezüglich der Übertragung der Kriterien der Rechtsprechung auf die Situation der Verwendung eines Kennzeichens oder Namens als Domain-Name werden verschiedene Ansichten vertreten.

So wird vielfach als Handlungsort der Standort des Servers, auf dem die unter dem Domain-Namen erreichbaren Webseiten gespeichert und zum Abruf bereit-

---

vgl. *Köhler/Piper-Köhler*, UWG, § 24 Rn. 17; *Zöller-Vollkommer*, ZPO, § 32 Rn. 17 (bzgl. Fernsehsendungen).
Bei Verstößen gegen das Gesetz gegen den unlauteren Wettbewerb wird zum Teil über die bereits genannten Voraussetzungen hinaus gefordert, daß die Druckschrift in wettbewerblich relevanter Weise bestimmungsgemäß verbreitet sein müsse, was der Fall sein soll, wenn am bestimmungsgemäßen Verbreitungsort eine Beeinträchtigung der wettbewerblichen Interessen des Verletzten möglich ist. Vgl. *Baumbach/Hefermehl*, Wettbewerbsrecht, § 24 Rn. 6; *Köhler/Piper-Köhler*, UWG, § 24 Rn. 16; OLG München, WRP 1986, 357 (358); OLG Köln, GRUR 1988, 148 (149); OLG Frankfurt, GRUR 1989, 136 (136). Anderer Ansicht dagegen OLG Düsseldorf, WRP 1987, 476 (477) und KG, GRUR 1989, 134 (135), die eine tatsächliche bestimmungsgemäße Verbreitung ausreichen lassen.

[766] BGH, GRUR 1978, 194 (195) – profil.

[767] BGH, GRUR 1971, 153 (154) – Tampax; BGH, GRUR 1978, 194 (195) – profil. Hinsichtlich der erforderlichen Anzahl der Exemplare sind für ein bestimmungsgemäßes Verbreiten keine hohen Anforderungen zu stellen, weil es auf die Intensität der Verletzung nicht ankommt, vgl. BGH, GRUR 1978, 194 (196) – profil, sowie auch OLG München, GRUR 1984, 830 (831) und OLG Düsseldorf, WRP 1987, 476 (477).

[768] BGH, GRUR 1971, 153 (154) – Tampax; BGH, GRUR 1978, 194 (195) – profil.

[769] EuGH, NJW 1995, 1881 (1881ff.). Eingehend zu dieser Entscheidung vgl. *Wagner*, RabelsZ 62 (1998), 243 (243ff.).

gehalten werden, angesehen[770]. Dies stelle für eine Webseite im Internet den „Ort des Erscheinens" im Sinne der Rechtsprechung des Bundesgerichtshofs zu den Pressedelikten dar[771]. Der Betrieb eines Servers, auf dem unter dem streitigen Domain-Namen ein Internetangebot zum Abruf bereitgehalten werde, stelle nicht lediglich eine unerhebliche Vorbereitungshandlung, sondern bereits die tatbestandsmäßige Handlung der Zeichenbenutzung dar, weil die Webseiten bereits mit dem Domain-Namen versehen seien und von den Internetnutzern unter dem Domain-Namen auch jederzeit abgerufen werden könnten. Die Situation sei insofern vergleichbar mit der Lage im Falle eines eine unerlaubte Äußerung enthaltenden Presseerzeugnisses, bei welchem nach der Rechtsprechung des Bundesgerichtshofs bereits das bloße Erscheinen und nicht erst der Vertrieb als tatbestandsmäßige Verletzungshandlung bewertet werde[772]. Nach dieser Ansicht befindet sich somit in Domain-Namen-Streitigkeiten am Standort des Servers ein Begehungsort, mit der Folge, daß im Staat des Standorts des Servers eine internationale Zuständigkeit besteht.

Nach anderer Ansicht, die sich speziell mit der Lokalisierung des Handlungsortes bei Persönlichkeitsverletzungen im Internet beschäftigt, liegt der Handlungsort bei Persönlichkeitsverletzungen dort, wo die inkriminierten Informationen vom Inhaltsanbieter zwecks Einspeisung in das Internet abgesandt wurden[773].

---

[770] LG Düsseldorf, GRUR 1998, 159 (160) – epson.de; *Hoeren/Sieber-Pichler*, Hdb. Multimedia-Recht, Teil 31 Rn. 121; *Ubber*, WRP 1997, 497 (502); *Strömer*, Online-Recht, S. 100f, 124f.; *Bücking*, MMR 2000, 656 (662) und wohl auch *Baumbach/Lauterbach/Albers/Hartmann-Hartmann*, ZPO, § 32 Rn. 9. Ähnlich auch *Sack*, WRP 2000, 269 (277), wonach der Handlungsort (i.S.v. § 40 I EGBGB) dort liege, wo die wettbewerbsrechtlich oder immaterialgüterrechtlich relevanten Signale in das Netz eingespeichert werden.

[771] LG Düsseldorf, GRUR 1998, 159 (160) – epson.de.

[772] vgl. BGH, GRUR 1978, 194 (195) – profil. Ebenso: LG Düsseldorf, GRUR 1998, 159 (160) – epson.de; *Nordemann/Goddar/Tönhardt/Czychowski*, CR 1996, 645 (654); *Hoeren/Sieber-Pichler*, Hdb. Multimedia-Recht, Teil 31 Rn. 121 und *Wegner*, CR 1998, 676 (679), der allerdings in Fn. 25 die Ansicht vertritt, daß im Einzelfall die Abgrenzung zur Vorbereitungshandlung möglicherweise Probleme bereiten könnte. Ähnlich auch *Bachmann*, IPRax 1998, 179 (182f.), deren Beitrag sich allerdings speziell auf die Teilnahme an Newsgroups bezieht.

[773] Eingehend dazu insbesondere *von Hinden*, Persönlichkeitsverletzungen im Internet, S. 68f., 77, vgl. aber auch *Palandt-Heldrich*, BGB, § 40 EGBGB Rn. 12, und *Staudinger-von Hoffmann*, Art. 38 EGBGB Rn. 482, alle jeweils zum kollisionrechtlichen Handlungsort gem. Art. 40 I 1 EGBGB.
Die inhaltliche Konzeption des Angebots stelle dagegen eine bloße Vorbereitungshandlung dar, die insofern nicht zur Bestimmung des Handlungsorts tauglich sei, vgl. *Palandt-Heldrich*, BGB, § 40 EGBGB Rn. 12; *von Hinden*, Persönlichkeitsverletzungen im Internet, S. 68f., 77. Anderer Ansicht *Mankowski*, RabelsZ 63 (1999), 256 (262).
Um Beweisprobleme für den Geschädigten zu verhindern, sei bei Handlungen natürlicher Personen widerleglich zu vermuten, daß die Absendung zwecks Einspeisung im Staat ihres

Denn mit der Absendung an den Betreiber des Servers würden die schädigenden Äußerungen den Herrschaftsbereich des Schädigers verlassen, so daß in diesem Moment die Schwelle von der Vorbereitung zur tatbestandsmäßigen Ausführungshandlung überschritten sei. Die Entscheidung über die Veröffentlichung der schädigenden Inhalte, die den Schwerpunkt der haftungsrechtlichen Vorwerfbarkeit bilde, werde mit der Absendung an den Server endgültig getroffen. Der weitere Geschehensablauf betreffe nur noch die technische Umsetzung, geschehe gleichsam automatisch und falle nicht mehr in die Sphäre des Inhaltsanbieters[774].

Zwar ist es der Server, von dem aus die Webseiten unter dem unzulässigen Domain-Namen für Internetteilnehmer abrufbar sind, somit wahrnehmbar werden. Gegen die Maßgeblichkeit des Serverstandortes spricht jedoch bereits, daß wegen der geographisch unbegrenzten Auswahlmöglichkeiten bezüglich des Standorts des Servers die Gefahr von Manipulationen durch den Schädiger geradezu herausgefordert wird[775]. Insbesondere sind jedoch die Wertungen zu beachten, die hinter der von der Rechtsprechung bei Pressedelikten angenommenen Maßgeblichkeit des „Erscheinungsortes“[776] bzw. des Ortes „der Nieder-

---

gewöhnlichen Aufenthalts erfolgte. Bei Medienunternehmen könne stets auf da Entscheidungszentrum abgestellt werden, vgl. *von Hinden*, Persönlichkeitsverletzungen im Internet, S. 70-73, 77.

[774] *von Hinden*, Persönlichkeitsverletzungen im Internet, S. 68.

[775] Vgl. *von Hinden*, Persönlichkeitsverletzungen im Internet, S. 62.
Durch Verlegung des eigenen Servers ins Ausland (der dann etwa von einer für Aufbau und Betreuung der Webseiten errichteten ausländischen Tochtergesellschaft verwaltet wird) oder durch Einschaltung eines ausländischen Providers, dessen Server als Plattform für die Präsentation der eigenen Webseiten genutzt wird, könnten deutsche Internetanbieter den inländischen Begehungsort des Serverstandortes ins Ausland verlegen und sich somit der deutschen Gerichtsbarkeit entziehen.
Um derartige Gerichtsbarkeitsumgehungen zu vermeiden, schlägt Flint (*Flint*, Computer Law & Security Report 1997, 163 (165)) die Einführung einer internationalen „Cybermark“-Regelung vor. Danach soll es für den Betreiber von Webseiten erforderlich sein, ein Recht zur Verwendung der in seinem Domain-Namen enthaltenen Marke in dem Gebiet des Standortes des Servers nachzuweisen (zu besitzen). Außerdem soll der Webseiten-Betreiber verpflichtet sein, den Server in demselben Staat zu betreiben, in dem er seinen Haupt(wohn)sitz hat. Gegen diesen Vorschlag von Flint spricht jedoch, daß es nicht als angemessen erscheint, sämtlichen Betreibern von Webseiten die Möglichkeit zu nehmen, ausländische Provider in Anspruch zu nehmen oder eigene ausländische Server zu errichten, nur um sicherzustellen, daß jeder, der Webseiten im Internet anbietet, jedenfalls schon allein aufgrund des Standortes des von ihm verwendeten Servers der Zuständigkeit der Gerichte seines Heimatstaates untersteht. Auch dürfte aus europäischer Sicht eine solche Reglementierung mit dem Grundgedanken der Dienstleistungsfreiheit kaum zu vereinbaren sein (vgl. *Wegner*, CR 1998, 676 (678)).

[776] BGH, GRUR 1971, 153 (154) – Tampax; BGH, GRUR 1978, 194 (195f.) – profil.

lassung des Herausgebers der streitigen Veröffentlichung“[777] stehen. Das unrechtsbezogene Handeln besteht bei Pressedelikten in der Veröffentlichung der inkriminierten Inhalte[778]. Letztverantwortlich entscheidet über die Veröffentlichung der Inhalte in der Regel die Chefredaktion, deren Sitz regelmäßig dem Verlagssitz bzw. dem Erscheinungsort entspricht[779].

Die Entscheidung über die rechtswidrige Verwendung eines Domain-Namens im Internet, die den Schwerpunkt der Vorwerfbarkeit bei Domain-Namen-Konflikten bildet, trifft der Schädiger letztlich mit der Absendung der Anweisung an den Server, Webseiten unter dem Domain-Namen ins Internet einzuspeisen. Am Ort der Absendung – nicht dagegen am Standort des Servers – liegt daher der Handlungsort.

Bezüglich der Bestimmung des Erfolgsortes ist bei Domain-Namen-Streitigkeiten zu prüfen, in welchem Gebiet der Domain-Name bestimmungsgemäß und nicht bloß zufällig verbreitet wird. Nach Ansicht der Rechtsprechung[780] und eines Teils der Literatur[781] ist ein bestimmungsgemäßes Verbreiten an allen Orten, an denen das Internetangebot unter dem Domain-Namen abgerufen werden kann und somit in sämtlichen an das Internet angeschlossenen Ländern gegeben. Entsprechend der Besonderheit des Internet, grundsätzlich allen Teilnehmern den Zugriff auf den gesamten Bestand an Internetangeboten zu ermöglichen, müsse jeder, der sich unter einem Domain-Namen im Internet präsentiert, mit einer Kontaktierung seines Domain-Namens von allen an das Internet angebundenen Staaten aus rechnen[782]. Ein bestimmungsgemäßes Verbreiten und somit ein Begehungsort wären danach also – genauso wie fast überall auf der Welt – stets auch in Deutschland gegeben. Hieraus ergibt sich, daß für Domain-Namen-Streitigkeiten stets die Zuständigkeit der deutschen Gerichte – ebenso wie die fast aller anderen Staaten – bestünde. Diese Auffassung führt also zu dem durchaus unangemessenen Ergebnis, daß ein lediglich innerhalb der Landesgrenzen oder nur regional tätiger Webseiten-Anbieter

---

777 EuGH, NJW 1995, 1881, (1882) – Shevill..

778 Vgl. *von Hinden*, Persönlichkeitsverletzungen im Internet, S. 59f.

779 Vgl. *von Hinden*, Persönlichkeitsverletzungen im Internet, S. 60.

780 KG, NJW 1997, 3321 (3321) – concert-concept.de/com mit leider nur extrem knapper Begründung; LG Düsseldorf, GRUR 1998, 159 (160) – epson.de.

781 *Zöller-Vollkommer*, ZPO, § 32 Rn. 17; *Baumbach/Hefermehl*, Wettbewerbsrecht, § 24 Rn. 6; *Kur*, WRP 2000, 935 (936); *Schack*, JZ 1998, 753 (762f.); *Kilian*, DZWir 1997, 374 (386f.); *Kuner*, CR 1996, 453 (455) bzgl. der Internet-Zuständigkeit de lege lata. Ähnlich auch *Palandt-Heldrich*, BGB, § 40 EGBGB Rn. 12, überall dort, „wo ein Nutzer das Angebot abruft“ sowie *Völker/Weidert*, WRP 1997, 652 (662), die zur Korrektur eine einschränkende Auslegung des materiellen Rechts für erforderlich halten.

782 Vgl. LG Düsseldorf, GRUR 1998, 159 (160) – epson.de; *Völker/Weidert*, WRP 1997, 652 (662).

wegen der weltweiten Abrufmöglichkeiten damit rechnen müßte, vor den Gerichten sämtlicher Verbreitungsländer des Internet verklagt zu werden, nur weil der von ihm verwendete Domain-Name in all diesen Ländern wahrgenommen werden kann[783].

Zu Recht wird daher von vielen Autoren gefordert, nicht jeden Ort, an dem ein Domain-Name technisch bedingt in Erscheinung treten kann, als Erfolgsort zu qualifizieren[784]. Anders als der Verleger oder Herausgeber bei der grenzüberschreitenden Verbreitung von Druckschriften kann der Inhaber von Webseiten die Abrufbarkeit seiner Webseiten im Internet nicht auf ein bestimmtes Gebiet begrenzen, auch wenn er nach Inhalt und Zweck seines Internetangebotes lediglich einen räumlich begrenzten Bereich von Internetnutzern erreichen möchte, und seine Webseiten auch nur für ein regional begrenztes Publikum von Interesse sind. Aufgrund dieser Besonderheit des Internet lassen sich die von der Rechtsprechung des Bundesgerichtshofs zur internationalen Zuständigkeit bei grenzüberschreitenden Presseerzeugnissen entwickelten Grundsätze nicht ohne Modifikation auf das Medium Internet übertragen. Selbst wenn die weltweite Abrufbarkeit von Webseiten für einen Anbieter voraussehbar ist, ist im Internet aufgrund mangelnder technischer Möglichkeiten der Verbreitungsbegrenzung eine bestimmungsgemäße Verbreitung nicht bereits überall dort anzunehmen, wo die Webseiten technisch bedingt abrufbar sind, sondern vielmehr nur in dem Gebiet, auf welches das Internetangebot gerichtet ist[785]. Demnach ist, wenn eine Webseite (zumindest auch) auf Deutschland abzielt, die deutsche internationale Zuständigkeit gegeben.

Dabei läßt sich die Frage, wann eine Bestimmung (auch) für Deutschland vorliegt, oftmals nicht leicht beantworten. Entscheidend kann nicht die Sicht des Internetanbieters sein, da dieser sonst allein durch die Aufnahme eines Hinweises auf seinen Webseiten (zum Beispiel: „Diese Webseiten sind nicht für den deutschen Markt bestimmt“) die deutschen Zuständigkeit ausschließen könnte. Vielmehr ist auf den objektiven Empfängerhorizont abzustellen und somit nach

---

[783] Vgl. *Wegner*, CR 1998, 676 (680); *Bettinger*, GRUR Int. 1997, 402 (416).

[784] *Bettinger*, GRUR Int. 1997, 402 (416); *Loewenheim/Koch-Kur*, Praxis des Online-Rechts, 325 (376); *Bücking*, Namens- und Kennzeichenrecht im Internet, S. 144; *Ubber*, WRP 1997, 497 (502f.); *Omsels*, GRUR 1997, 328 (337); *Freitag*, MA 1996, 495 (497); *Jaeger-Lenz*, K&R 1998, 9 (14f.); *Bachmann*, IPRax, 1998, 179 (184ff.); *Hoeren/Sieber-Pichler*, Hdb. Multimedia-Recht, Teil 31 Rn. 134; *Renck*, NJW 1999, 3587 (3592).
Gegen eine Eingrenzung der internationalen Zuständigkeit allerdings *Bettinger/Thum*, GRUR Int. 1999, 659 (667ff.); *Schack*, MMR 2000, 135 (138f.).

[785] So im Ergebnis auch *Ubber*, WRP 1997, 497 (502); *Jaeger-Lenz*, K&R 1998, 9 (15); *Bettinger*, GRUR Int. 1997, 402 (416); *Freitag*, MA 1996, 495 (497); *Wegner*, CR 1998, 676 (681); *Loewenheim/Koch-Kur*, Praxis des Online-Rechts, 325 (376); *Omsels*, GRUR 1997, 328 (337); *Bücking*, MMR 2000, 656 (662).

objektiven Kriterien zu bestimmen, auf welche Verkehrskreise ein Internetangebot abzielt[786].

Bei Domain-Namen mit der Top-Level-Domain „.de“ kann eine Bestimmung für den deutschen Markt grundsätzlich vermutet werden, da die Auswahl der geographischen Top-Level-Domain „.de“ für den Domain-Namen schon nahelegt, daß der Internetanbieter mit seinem Internetangebot gerade die deutschen Internetnutzer erreichen möchte[787]. Im übrigen kann auf eine Reihe von Indizien zurückgegriffen werden. Als Indizien für eine Ausrichtung eines Internetangebotes auf deutsche Internetnutzer kommen insbesondere eine deutsche Sprachfassung sowie eine inhaltlich auf Deutschland abgestellte Gestaltung der Webseiten, etwa durch Aufnahme eines Angebots zur Lieferung innerhalb Deutschlands, durch Erwähnung einer deutschen Kontakt- oder Vertriebsadresse, durch Angabe von DM[788] als Zahlungswährung etc., in Betracht[789]. Dagegen spricht die Verwendung einer in Deutschland nur wenigen Einwohnern verständlichen Sprache[790] oder der Hinweis, daß die beworbenen Produkte nicht nach Deutschland geliefert werden, gegen eine bestimmungsgemäße Verbreitung in Deutschland[791].

Anders als bei solchen ausländischen Unternehmen, die typischerweise ortsgebundene Produkte anbieten (Restaurants, Handwerksbetriebe, Kinos), und bei deren Internetangebot regelmäßig ein Abzielen auf den deutschen Markt zu verneinen ist, kann bei international tätigen ausländischen Unternehmen, die auf

[786] Vgl. *Hoeren/Sieber-Pichler*, Hdb. Multimedia-Recht, Teil 31 Rn.134.

[787] Vgl. *Ingerl/Rohnke*, § 14 Rn 31; *Ubber*, WRP 1997, 497 (503); *Wegner*, CR 1998, 676 (679); *Renck*, NJW 1999, 3587 (3592).

[788] Dem Kriterium der Angabe von DM als Zahlungswährung kommt wegen der Einführung des Euro allerdings nur noch eine zeitlich sehr begrenzte Bedeutung zu. Im bargeldlosen Zahlungsverkehr läuft nämlich die Währungseinheit DM am 31.12.2001 aus, und Barzahlungen in DM sind nur kurzfristig über diesen Zeitpunkt hinaus möglich. Beim Euro als Zahlungswährung versagt das Kriterium der Angabe der Zahlungswährung. Denn dann könnte man allenfalls darauf schließen, daß vorrangig Internetnutzer in den EU-Mitgliedstaaten, die an der Währungsunion teilnehmen, anvisiert sind, vgl. *Mankowski*, RabelsZ 63 (1999), 203 (247).

[789] Vgl. *Wegner*, CR 1998, 676 (681); *Ingerl/Rohnke*, § 14 Rn 31 sowie *Hoeren*, WRP 1997, 993 (998), der das Kriterium der „Bestimmung“ einer Webseite allerdings nur zur Festlegung des Ortes einer wettbewerbsrechtlichen Interessenkollision für relevant hält.

[790] *Mankowski*, RabelsZ 63 (1999), 203 (246) dagegen hält das Kriterium der Verwendung einer aus deutscher Sicht „exotischen“ Sprache, z.B. Japanisch, als ungeeignet zur Begrenzung der Ausrichtung der Webseiten. Als Beispiel verweist er darauf, daß etwa in Düsseldorf oder Hamburg sehr viele Japaner ansässig sind, so daß eine in japanischer Sprache abgefaßte Webseite dort auch auf Interesse stoßen könne.

[791] Vgl. *Ubber*, WRP 1997, 497 (503); *Wegner*, CR 1998, 676 (681); *Renck*, NJW 1999, 3587 (3592).

ihren Webseiten in einer für Internetnutzer allgemein verständlichen Sprache (insbesondere in Englisch) Werbung betreiben oder sogar weltweit per Internet Produktbestellung oder –abruf ermöglichen, eine Bestimmung auch für den deutschen Markt regelmäßig angenommen werden[792]. Weiterhin ist zu beachten, daß eine ausdrückliche Erklärung auf den Webseiten, daß das Internetangebot nicht für Deutschland gelte, weder erforderlich noch allein ausreichend ist, um eine Bestimmung für Deutschland auszuschließen[793].

II. Anwendbares Recht

Ist bei einer Domain-Namen-Streitigkeit die internationale Zuständigkeit der deutschen Gerichte gegeben, so muß weiter geklärt werden, welches Recht auf die Streitigkeit Anwendung findet.

1. Grundsatz des Deliktsrechts

Die deliktische Haftung beurteilt sich grundsätzlich nach dem Recht des Tatorts, Art. 40 I EGBGB[794]. Liegen Handlungs- und Erfolgsort in verschiedenen Staaten, so entscheidet primär das Recht des Handlungsortes, Art. 40 I S. 1 EGBGB. Der Verletzte kann bei grenzüberschreitenden Delikten anstelle des Rechts am Handlungsort allerdings auch das Recht des Erfolgsortes wählen, Art. 40 I S. 2 EGBGB[795]. Dem Deliktsstatut unterliegt auch der Namensschutz[796].

---

[792] Vgl. *Loewenheim/Koch-Kur*, Praxis des Online-Rechts, 325 (376f.).

[793] Genauer dazu siehe *Wegner*, CR 1998, 676 (681f.).

[794] Mit dem Gesetz zum Internationalen Privatrecht für außervertragliche Schuldverhältnisse und für Sachen vom 21.05.1999, das am 01.06.1999 in Kraft getreten ist (BGBl. I 1999, S. 1026 = IPRax 1999, 285f.), ist u.a. das deutsche Deliktskollisionsrecht nun erstmals kodifiziert worden. Die Neuregelung des internationalen Deliktsrechts in Art. 40 EGGB geht weiterhin vom Tatortgrundsatz aus, Art. 40 I EGBGB, und kodifiziert damit den schon bisher gewohnheitsrechtlich geltenden Zustand. Die Tatortregel wird allerdings durch vorrangige Sonderanknüpfungen an den gemeinsamen gewöhnlichen Aufenthalt der Beteiligten verdrängt, Art. 40 II EGBGB (vgl. *Palandt-Heldrich*, BGB, Art. 40 EGBGB, Rn. 1 u. 6). Auch die Ausweichklausel der wesentlich engeren Verbindung, Art. 41 EGBGB, und eine nachträgliche Rechtswahl, Art. 42 EGBGB, können zu Abweichungen vom Tatortgrundsatz führen. Ausführlich zum internationalen Wettbewerbs- und Immaterialgüterrecht nach der EGBGB-Novelle siehe *Sack*, WRP 2000, 269 (269ff.).

[795] Das Wahlrecht kann nur im ersten Rechtszug bis zum Ende des frühen ersten Termins oder dem Ende des schriftlichen Vorverfahrens ausgeübt werden, Art. 40 I S. 3 EGBGB. Das vor Inkrafttreten des neuen Deliktskollisionsrecht geltende Günstigkeitsprinzip, wonach für den Fall, daß Handlungs- und Erfolgsort in verschiedenen Staaten liegen, das dem Verletzten

2. *Besonderheiten des Wettbewerbsrechts*

Auch bei Wettbewerbsverstößen ist grundsätzlich die Tatortregel des Art. 40 I EGBGB maßgebend. Jedoch setzt das Vorliegen eines Tatortes im Wettbewerbsrecht voraus, daß am entscheidenden Ort die wettbewerblichen Interessen der Mitbewerber aufeinanderstoßen[797].

3. *Besonderheiten des Immaterialgüterrechts*

Gänzlich anders erfolgt die Anknüpfung im Immaterialgüterrecht. Bei den Immaterialgüterrechten handelt es sich stets um nationale, das heißt von einem bestimmten Staat verliehene Rechte[798]. Der einzelne kann lediglich ein Bündel nationaler Immaterialgüterrechte, nicht aber ein einziges, sozusagen weltumspannendes Recht erwerben[799]. Das Entstehen, der Inhalt, das Erlöschen sowie der Schutz von Immaterialgüterrechten richtet sich daher nach dem Recht des Landes, für dessen Gebiet Schutz in Anspruch genommen wird[800]. Immaterialgüterrechte unterliegen somit dem Recht des Schutzlandes (lex loci protectionis)[801]. Danach genießen Kennzeichen aufgrund nationalen Rechts nur im jeweiligen Schutzland Kennzeichenschutz[802]. Kennzeichenrechtliche Ansprüche stehen insofern dem Kennzeicheninhaber nur dann zu, wenn die Verletzungshandlung im territorialen Geltungsbereich des Kennzeichens begangen wurde

---

günstigere Recht zur Anwendung kommt, vgl. BGH, NJW 1964, 2012 (2012) und *Soergel-Lüderitz*, BGB, Art. 38 EGBGB Rn. 16, ist entfallen.

796 Vgl. *Palandt-Heldrich*, BGB, Art. 10 EGBGB Rn.11, *MüKo-Kreuzer*, BGB, Art. 38 EGBGB Rn. 207. Anderer Ansicht dagegen *Soergel-Lüderitz*, BGB, Art. 10 EGBGB Rn. 20, der zwischen namensrechtlichem (Personalstatut) und deliktsrechtlichem (Deliktsstatut) Schutz des Namens unterscheidet.

797 Dies ist bisher so gefordert worden, vgl. BGHZ 113, 11 (14f.), BGH NJW 1998, 1227 (1228), *von Bar*, Internationales Privatrecht Bd. II, Rn. 695; *Soergel-Lüderitz*, BGB, Art. 38 EGBGB Rn. 17, und hieran ist auch nach der Reform durch das Gesetz vom 21.05.1999 (siehe Fn. 715) festzuhalten, vgl. *Palandt-Heldrich*, BGB, Art. 40 EGBGB Rn. 11.

798 *Von Bar*, Internationales Privatrecht Bd. II, Rn. 703.

799 *Von Bar*, Internationales Privatrecht Bd. II, Rn. 704.

800 *Von Bar*, Internationales Privatrecht Bd. II, Rn. 703, 710; *Sack*, WRP 2000, 269 (270); *Bettinger*, WRP 2001, 789 (790). Das kollisionsrechtliche Schutzlandprinzip folgt zwingend aus dem Territorialitätsprinzip als Sachnorm, das im Immaterialgüterrecht allgemein anerkannt ist, vgl. *Sack*, WRP 2000, 269 (270). Es hat zur Folge, daß identische Zeichen in verschiedenen Staaten für verschiedene Inhaber koexistieren können, vgl. *Bettinger*, WRP 2001, 789 (790).

801 *Palandt-Heldrich*, BGB, Art. 40 EGBGB Rn. 13; *von Bar*, Internationales Privatrecht Bd. II, Rn. 702; *Soergel-Lüderitz*, BGB, Art. 38 EGBGB Rn. 21; *Sack*, WRP 2000, 269 (270).

802 *Bettinger*, WRP 2001, 789 (790); *Bettinger/Thum*, GRUR Int. 1999, 659 (669). Zu weiteren Folgen der territorialen Beschränkung der Kennzeichenrechte siehe S. 188ff.

beziehungsweise – im Falle der vorbeugenden Unterlassungsklage – dort ernsthaft droht[803].

4. Anwendbares Recht in Domain-Namen-Fällen

Ebenso wie für die internationale Zuständigkeit der deutschen Gerichte ist somit auch für die Anwendung des deutschen Delikts-, Namens-, Wettbewerbs- oder Kennzeichenrechts erforderlich, daß die unerlaubte Handlung im weiteren Sinne (auch) auf dem Territorium der Bundesrepublik Deutschland begangen worden ist. Da ein Anbieter die Abrufbarkeit seiner Webseiten aufgrund der technischen Eigenart des Internet nicht auf ein bestimmtes Gebiet begrenzen kann, ist als Tatort nicht das gesamte, an das Internet angeschlossene Gebiet, sondern nur das Gebiet anzusehen, auf welches die Webseiten ausgerichtet sind[804]. Insofern gelten dieselben Kriterien wie bei der Frage nach der internationalen Zuständigkeit bereits erwähnt[805]. Nur so kann das unbillige Ergebnis vermieden werden, daß örtlich begrenzt tätige Anbieter, die sich nur an ein räumlich begrenztes Publikum wenden, die Rechtslage in sämtlichen Verbreitungsländern des Internet kennen und beachten müssen. Daß Internetanbieter ihr Angebot dem Recht aller Staaten weltweit anpassen müssen, ist in der Praxis oftmals nicht möglich und führt deshalb zu unvermeidbaren Rechtsverletzungen[806]. Auch die für den Tatort eines Wettbewerbsverstoßes erforderliche Voraussetzung, daß am ent-

---

[803] *Bettinger*, WRP 2001, 789 (790).

[804] Ebenso, vgl. OLG Karlsruhe, CR 1999, 783 (784) – badwildbad.com; *Bettinger*, GRUR Int. 1997, 402 (417); *Ubber*, WRP 1997, 497 (503); *Omsels*, GRUR 1997, 328 (337); *Jaeger-Lenz*, K&R 1998, 9 (14f.); *Renck*, NJW 1999, 3587 (3592); *Wegner*, CR 1998, 676 (680f.); *Bücking*, MMR 2000, 656 (663) und wohl auch *Mankowski*, RabelsZ 63 (1999), 203 (280).
Anderer Ansicht allerdings *Hoeren*, EWiR 1999, 983 (984), wonach das Kriterium der Bestimmungsgemäßheit zur Bejahung der Anwendbarkeit deutschen Rechts unzutreffend sei, da für das Kennzeichenrecht nur auf die faktische Abrufbarkeit der Homepage abgestellt werden müsse. Denn Kennzeichenrechte würden auf dem Territorialitätsprinzip beruhen, nicht aber auf dem im Wettbewerbsrecht gängigen Kriterium des finalen, bestimmungsgemäßen Markteingriffs.
Gegen eine Beschränkung des Tatorts auch *Palandt-Heldrich*, GBGB, Art. 40 EGBGB, Rn. 12, nach dessen Auffassung der Erfolgsort überall dort liegt, wo ein Nutzer das Angebot abruft.
Abweichend auch *Bettinger/Thum*, GRUR Int. 1999, 659 (670), die eine Beschränkung nicht im Rahmen der kollisionsrechtlichen Frage der Anwendbarkeit deutschen Rechts, sondern vielmehr bei der materiellrechtlichen Frage, ob deutsches Zeichenrecht verletzt ist, berücksichtigen möchten. Es sei ein neues und möglichst international einheitliches Sachrecht zur Lösung der internationalen Internt-Sachverhalte zu entwickeln.

[805] Abweichend *Kur*, WRP 2000, 935 (936), die bezüglich der internationalen Zuständigkeit und der Frage nach dem anwendbaren Recht unterschiedliche Kriterien anwendet.

[806] Vgl. *Kuner*, CR 1996, 453 (456).

scheidenden Ort die wettbewerblichen Interessen der Mitbewerber aufeinanderstoßen, ist an den Orten, auf die ein Internetangebot abzielt, in der Regel gegeben. Für die kennzeichenrechtlichen Ansprüche ist weiterhin erforderlich, daß das Bestehen von Kennzeichenschutz in zumindest einem Teil Deutschlands geltend gemacht wird.

III. Internationale Reichweite des materiellen Unterlassungs- bzw. Beseitigungsanspruchs

Angesichts des grenzüberschreitenden Charakters des Internet ergeben sich auch bezüglich der internationalen Reichweite des materiellen Unterlassungs- bzw. Beseitigungsanspruchs Schwierigkeiten. Fraglich ist nämlich, ob ein nationales Gericht beim Vorliegen einer inländischen Kennzeichen-, Namens- oder Wettbewerbsrechtsverletzung dem Domain-Namen-Inhaber die Benutzung des Domain-Namens gänzlich untersagen kann, mit der Folge, daß dieser seinen Domain-Namen weltweit nicht mehr verwenden kann.

Diese Frage wurde von der deutschen Rechtsprechung bisher bejaht[807]. Als Beispiel dafür sei der Fall „concert-concept.de/com“[808] genannt. In diesem, vom Kammergericht entschiedenen Rechtsstreit verklagte ein deutsches Unternehmen, das Veranstaltungen im Bereich der Unterhaltung durchführt, ein amerikanisches Unternehmen, welches sich die Domain-Namen „concert-concept.de“ und „concert-concept.com“ reservieren ließ, um darunter Werbung von Interessenten der Unterhaltungsbranche zu schalten, auf Unterlassung der Verwendung beider Domain-Namen wegen Verletzung seiner geschützten Firmenbezeichnung. Das KG gab der Klage uneingeschränkt statt und wies darauf hin, der Umstand, daß die streitigen Domain-Namen von der Beklagten infolge der Verurteilung weltweit nicht benutzt werden können, liege an den derzeitigen „tatsächlichen Gegebenheiten“, die sich – mangels begrenzender internationaler Abkommen oder nationaler Regelungen – durch eine „universelle Zuständigkeit“ deutscher Gerichte im Internet auszeichneten[809].

---

[807] Vgl. zur Top-Level-Domain „.com“: KG, NJW 1997, 3321 (3321f.) – concert-concept.de/com; LG Braunschweig, CR 1998, 364 (364f.) – deta.com; LG Hamburg, Beschluß vom 12.11.1998 – essen-trinken.com; OLG Karlsruhe, CR 1999, 783 (784) – badwildbad.com. Eine ähnliche Auffassung bezüglich der Reichweite gerichtlicher Titel vertreten auch *Graefe*, MA 1996, 100 (103) und *Dethloff*, NJW 1998, 1596 (1602f.).

[808] KG, NJW 1997, 3321 (3321f.) – concert-concept.de/com.

[809] KG, NJW 1997, 3321 (3322) – concert-concept.de/com.

Anders entschied dagegen der Southern District Court of New York in dem Rechtsstreit Playboy Enterprises Inc. ./. Chuckleberry Puplishing Inc.[810] bezüglich der internationalen Reichweite eines gerichtlichen Unterlassungsverbotes. Der Kläger, der amerikanische Verleger des Magazins „Playboy", hatte bereits früher einen Unterlassungstitel erwirkt, in dem der in Italien ansässigen Beklagten untersagt worden war, die Bezeichnung „Playmen" in Verbindung mit dem Verkauf und der Verbreitung von Zeitschriften und Magazinen in den USA zu benutzen, da dies sowohl eine Markenrechtsverletzung als auch einen Wettbewerbsverstoß darstelle. Gegenstand des neuen Rechtsstreits war die Frage, ob die Abrufbarkeit eines Online-Magazins unter dem Titel „Playmen" im Internet einen Verstoß gegen den Unterlassungstitel darstellte. Die Webseiten der Beklagten, die unter dem Domain-Namen „playmen.it" von einem Server in Italien abrufbar waren, erlaubten den Internetnutzern den Zugriff auf eine sogenannte „Playmen Lite"-Version, die kostenlos zum Abruf stand, und auf eine „Playmen Pro"-Version, die nur im Abonnement nach Zahlung und Paßwortvergabe abgerufen werden konnte. Das Gericht entschied, daß sowohl die Vergabe von Paßwörtern an Abonnenten aus den USA als auch die Abrufbarkeit der „Playmen Lite"-Version als Verbreitung des Online-Magazines in den USA zu qualifizieren sei und daher gegen den Unterlassungstitel verstoße. Da die vollständige Schließung des Internetangebotes der Beklagten nach Ansicht des Gerichts die eigenen Kompetenzen überstiegen hätte, verpflichteten die Richter das beklagte Unternehmen lediglich dazu, zukünftig amerikanische Abonnenten zurückzuweisen, bestehende Abonnements von amerikanischen Kunden aufzulösen sowie auf den Webseiten deutlich zum Ausdruck zu bringen, daß amerikanische Internetnutzer von einer Subskription des Magazins ausgeschlossen sind.

Wenn, wie vom Kammergericht vertreten, ein deutsches Gericht grundsätzlich befugt wäre, ein uneingeschränktes Verbot der Benutzung eines Domain-Namens anzuordnen, so würde dies zu dem untragbaren Ergebnis führen, daß der Inhaber eines Namensrechts oder eines auf Deutschland beschränkten Kennzeichenrechts dem Inhaber eines diesem geschützten Recht entsprechenden Domain-Namens die Verwendung des Domain-Namens nicht nur für Deutschland, sondern weltweit verbieten könnte, selbst wenn in allen anderen Verbreitungsstaaten des Internet keine Rechtsverletzungen begangen werden, und darüber hinaus sogar für Gebiete, in denen der Antragsgegner selbst ein eigenes territorial beschränktes Kennzeichenrecht besitzt. Ein solches Verbot würde die Kompetenzen eines nationalen Gerichts überschreiten. Die Wirkung staatlicher Hoheitsakte ist nämlich grundsätzlich auf das Staatsgebiet des Staates be-

---

[810] Playboy Enterprises Inc. v. Chuckleberry Publishing Inc., 39 USPQ2d, S. 1846ff. (1746 SDNY 1996), abrufbar unter: http://zeus.bna.com/e-law/cases/playmen.html. Vgl. zu diesem Fall auch *Bettinger/Thum*, GRUR Int. 1999, 659 (661).

schränkt, der den Hoheitsakt erlassen hat[811]. Im Bereich der Immaterialgüterrechte ist zudem die territoriale Begrenzung der Schutzrechte zu beachten[812]. Ein deutsches Gericht kann mithin die Verwendung eines bestimmten Domain-Namens grundsätzlich nur für das Gebiet der Bundesrepublik Deutschland verbieten[813].

Zwar läßt sich ein Domain-Name technisch nicht derart sperren, daß er allein in Deutschland nicht mehr abrufbar ist. Jedoch kann auch hier mit dem Kriterium der „bestimmungsgemäßen Verbreitung“ eine interessengerechte Lösung herbeigeführt werden[814]. Dies bedeutet, daß ein deutsches Gericht dem Inhaber eines Domain-Namens mit einer organisatorischen Top-Level-Domain (zum Beispiel „.com“) oder einer ausländischen länderspezifischen Top-Level-Domain (zum Beispiel „.uk“) zwar nicht zur gänzlichen Aufgabe des Domain-Namens, wohl aber dazu verurteilen kann, die bestimmungsgemäße Verbreitung seiner Webseiten entsprechend den oben dargelegten Grundsätzen auf das Ausland zu begrenzen[815]. Bei der Verwendung eines Domain-Namens mit der nationalen Top-Level-Domain „.de“, bei der als Gebiet der bestimmungsgemäßen Verbreitung grundsätzlich (auch) Deutschland angenommen wird, kann ein deutsches Gericht dagegen grundsätzlich ein uneingeschränktes Verbot der Benutzung des Domain-Namens anordnen[816]. Hier ergibt sich nämlich die Annahme der bestimmungsgemäßen Verbreitung (auch) in Deutschland schon aus dem Domain-Namen selbst und nicht erst aus der Gestaltung der unter dem Domain-Namen abrufbaren Webseiten, so daß grundsätzlich nur ein Ausweichen auf einen anderen Domain-Namen zur Abwendung der Rechtsverletzung in Betracht kommt.

---

[811] Vgl. *Baumbach/Hefermehl*, Wettbewerbsrecht, Einl Rn. 173; *Loewenheim/Koch-Kur*, Praxis des Online-Rechts, 325 (378); *Kur*, WRP 200 935 (939).

[812] *Loewenheim/Koch-Kur*, Praxis des Online-Rechts, 325 (378); *Kur*, WRP 200 935 (939); *Bettinger*, WRP 2001, 789 (791). Zur territorialen Beschränkung im Immaterialgüterrecht siehe oben S. 186f.

[813] Vgl. *Ubber*, WRP 1997, 497 (503); *Bettinger*, GRUR Int. 1997, 402 (417); *Bettinger*, WRP 2001, 789 (791); *Kur*, WRP 200 935 (939); *Wegner*, CR 1998, 676 (683).

[814] So auch *Ubber*, WRP 1997, 497 (503); *Wegner*, CR 1998, 676 (683); *Bettinger*, GRUR Int. 1997, 402 (417).
Anderer Ansicht *Bettinger/Thum*, GRUR Int. 1999, 659 (672ff.), die zur Lösung internetspezifischer Konflikttatbestände eine Gesetzesänderung bezüglich des materiellen Zeichenrechts aufgrund europäischer oder internationaler Initiative fordern.

[815] Vgl. *Bettinger*, GRUR Int. 1997, 402 (417); *Wegner*, CR 1998, 676 (683). Abweichend *Renck*, NJW 1999, 3587 (3592), nach dessen Ansicht bei einem „.com“-Domain-Namen der Unterlassungstenor eines deutschen Gerichts dahingehend zu lauten habe, den Domain-Namen in Deutschland nicht ohne einen Zusatz auf der Homepage zu benutzen, daß in Deutschland Kennzeichenrechte verletzt werden und der Inhaber des Domain-Namens keine Verbindung zum deutschen Inhaber des entsprechenden Kennzeichenrechts aufweist.

[816] Vgl. *Wegner*, CR 1998, 676 (683).

Dritter Teil: Zusammenfassende Würdigung

Als Ergebnis der Untersuchung ist festzuhalten, daß sich alle behandelten Konfliktfälle unter Berücksichtigung der Besonderheiten des Internet und des Domain-Namen-Systems mit Hilfe der bestehenden gesetzlichen Regelungen angemessen lösen lassen.

Das deutsche Recht bietet bereits jetzt ein ausreichendes Instrumentarium, um einen adäquaten Schutz von Kennzeichen gegen die Benutzung als Domain-Namen durch Dritte sicherzustellen. Voraussetzung dafür ist allerdings, daß bei der Rechtsanwendung die Eigenheiten der Domain-Namen-Verwendung in sachgerechter Weise berücksichtigt werden. So sind etwa Domain-Namen, die erkennbar aus Kennzeichen oder entsprechenden Abkürzungen gebildet wurden, als Hinweis auf das dahinterstehende Unternehmen oder Produkt zu verstehen. Dementsprechend ist eine kennzeichenmäßige Verwendung zu bejahen. Bei Verwendung von Marken als Domain-Namen sind als gekennzeichnete Leistung die Produkte zu qualifizieren, die auf den Webseiten spezifiziert, beworben oder angeboten werden. In Fällen der Gleichnamigkeit sind auch bei Domain-Namen-Konflikten die Regeln des Gleichnamigenrechts anzuwenden. Bei den internetspezifischen Sonderfällen der Kollision gleichlautender, aber nur räumlich bzw. produkt- oder branchenbegrenzt geschützter Kennzeichen steht mit Rücksicht auf die beiderseitige Legitimation der Domain-Name grundsätzlich demjenigen zu, der ihn als erster für sich registrieren ließ. Eine Ausnahme erscheint jedoch angebracht für den Fall, daß der sich auf sein Kennzeichenrecht stützende Domain-Namen-Inhaber seinen Internetauftritt dazu nutzt, sich in den räumlichen oder sachlichen Geschäftsbereich des anderen, um den Domain-Namen streitenden Kennzeicheninhabers auszudehnen.

Kennzeichenschutz gegen die Verwendung ähnlicher Bezeichnungen als Domain-Namen läßt sich angemessen gewährleisten, wenn in Anbetracht der begrenzten Gestaltungsmöglichkeiten bei der Wahl von Domain-Namen und aufgrund der besonderen Aufmerksamkeit der Internetnutzer höhere Anforderungen an die Bejahung der Zeichenähnlichkeit gestellt werden.

Der Schutz bekannter Kennzeichen kann mit Hilfe von §§ 14 II Nr. 3, 15 III MarkenG auch in Domain-Namen-Fällen problemlos gewährleistet werden. Gleiches gilt für den Schutz des Namens gemäß § 12 BGB.

Bei internationalen Konfliktfällen lassen sich Fragen der internationalen Zuständigkeit, des anwendbaren Rechts sowie der internationalen Reichweite des materiellen Unterlassungs- beziehungsweise Beseitigungsanspruchs angemessen beantworten, wenn, anders als in der Rechtsprechung und Literatur zum Teil vertreten wird, als Begehungs- bzw. Tatort neben dem Ort der Absendung der Anweisung an den Server, Webseiten unter dem Domain-Namen ins Internet einzuspeisen, auch das Gebiet, auf welches die Webseiten nach objektiver Sicht ausgerichtet sind, angesehen wird.

Entgegen der Ansicht einiger Autoren, welche die Aufstellung international verbindlicher Internet-Regelungen für unverzichtbar halten, erscheinen aufgrund der Tatsache, daß bereits die geltenden Vorschriften zu adäquaten Lösungen von Domain-Namen-Konflikten führen, neue nationale oder europäische gesetzliche Regelungen sowie internationale Abkommen als entbehrlich.

Das von der ICANN vorgeschlagene außergerichtliche Streitbeilegungsverfahren für Domain-Namen-Konflikte kann vorteilhaft sein, da schneller und billiger, falls sich beide Parteien mit dem Schiedsverfahren einverstanden erklären. Im anderen Fall wird der Streit wegen der mangelnden bindenden Wirkung der Schiedsgerichtsentscheidung gegenüber den Parteien schließlich doch vor einem ordentlichen nationalen Gericht ausgetragen werden müssen. Dabei kann nicht davon ausgegangen werden, daß sich das nationale Gericht an der Entscheidung des Schiedsgerichts orientiert.

Die Einführung der neuen organisatorischen Top-Level-Domains mag zu einer gewissen Entlastung der Top-Level-Domain „.com“ führen. Diese dürfte jedoch wegen der zu erwartenden mehrfachen Registrierung von Kennzeichen unter verschiedenen organisatorischen Top-Level-Domains nur geringfügig ausfallen. Für den Bereich der nationalen Top-Level-Domain „.de“ dürfte sich die Situation jedoch nicht verbessern, da deutsche Unternehmen, Organisationen, Behörden, Privatpersonen etc. voraussichtlich nach wie vor bestrebt sein werden, ihr Kennzeichen oder ihren Namen unter der Top-Level-Domain „.de“ zu registrieren.

Literatur

Abbate, Janet Ellen — From ARPANET to Internet: A history of ARPA-sponsored computer networks, 1966 – 1988
Dissertation an der University of Pennsylvania 1994

Albert, Peter G. — Right on the Mark: Defining the Nexus between Trademarks and Internet Domain Names
in: The John Marshall Journal of Computer & Information Law Vol. XV 1997, 277ff.

Alces, Peter A./ See, Harold F. — The commercial law of intellectual property
Boston, New York, Toronto, London 1994

Althammer, Werner — Warenzeichengesetz
4. Auflage, Köln, Berlin, Bonn, München 1989

Althammer, Werner/ Ströbele, Paul/ Klaka, Rainer — Markengesetz
5. Auflage, Köln, Berlin, Bonn, München 1997
zit: *Althammer/Ströbele/Klaka-Bearbeiter*, Markengesetz, 5. Auflage

dies. — Markengesetz
6. Auflage, Köln, Berlin, Bonn, München 2000
zit: *Althammer/Ströbele/Klaka-Bearbeiter*, Markengesetz

Apel, Jürgen/ Große-Ruse, Henning — Markenrecht versus Domainrecht – Ein Plädoyer für die Paradigmen des Markenrechts im Rechtsvergleich
in: WRP 2000, 816ff.

Bachmann, Birgit — Der Gerichtsstand der unerlaubten Handlung im Internet
in: IPRax 1998, 179ff.

Baeumer, Ludwig — Anmerkungen zum Territorialitätsprinzip im internationalen Patent- und Markenrecht
in: Festschrift für Wolfgang Fikentscher zum 70. Geburtstag, S. 803 ff.
Tübingen 1998
zit: *Baeumer,* Festschrift für Fikentscher

Bar, Christian von — Internationales Privatrecht
Band II, Besonderer Teil
München 1991

Baumbach, Adolf/ Lauterbach, Wolfgang/ Albers, Jan/ Hartmann, Peter — Zivilprozeßordnung
59. Auflage, München 2001
zit: *Baumbach/Lauterbach/Albers/Hartmann-Bearbeiter*

Baumbach, Adolf/ Hefermehl, Wolfgang — Warenzeichenrecht und Internationales Wettbewerbs- und Zeichenrecht
12. Auflage, München 1985

dies. — Wettbewerbsrecht
17. Auflage, München 1993
zit: *Baumbach/Hefermehl*, Wettbewerbsrecht, 17. Auflage

dies. — Wettbewerbsrecht
22. Auflage, München 2001
zit: *Baumbach/Hefermehl*, Wettbewerbsrecht

Bechtold, Stefan — Der Schutz des Anbieters von Information – Urheberrecht und Gewerblicher Rechtsschutz im Internet
in: ZUM 1997, 427ff.

Berlit, Wolfgang — Das neue Markenrecht
4. Auflage, München 2000

Bettinger, Torsten — Kennzeichenrecht im Cyberspace: Der Kampf um die Domain-Namen
in: GRUR Int. 1997, 402ff.

ders. Anmerkung zu OLG Hamm, CR 1998, 241ff. – krupp.de
in: CR 1998, 243f.

ders. Der lange Arm amerikanischer Gerichte: Personal Jurisdiction im Cyberspace – Bericht über die neuere Rechtsprechung amerikanischer Gerichte zur interlokalen und internationalen Zuständigkeit bei Kennzeichenkonflikten im Internet
in: GRUR Int. 1998, 660ff.

ders. Online-Schiedsgerichte für Domainnamens-streitigkeiten – Eine Bestandsaufnahme der ersten 1000 Schiedsentscheidungen seit Inkrafttreten der Uniform Domain Name Dispute Resolution Policy
in: WRP 2000, 1109ff.

ders. Die WIPO-Vorschläge zum Schutz von Marken und anderen Zeichenrechten im Internet
in: WRP 2001, 789ff.

Bettinger, Thorsten/ Thum, Dorothee Territoriales Markenrecht im Global Village – Überlegungen zu internationaler Tatortzuständigkeit, Kollisionsrecht und materiellem Recht bei Kennzeichenkonflikten im Internet
in: GRUR Int. 1999, 659ff.

Biermann, Claudia Kennzeichenrechtliche Probleme des Internets: Das Domain-Name-System
in: WRP 1999, 997ff.

Bottenschein, Florian Namensschutz bei Streitigkeiten um Internet-Domains
in: MMR 2001, 286ff.

Bücking, Jens Internet-Domains – Neue Wege und Grenzen des bürgerlich-rechtlichen Namensschutzes
in: NJW 1997, 1886ff.

ders.	Namens- und Kennzeichenrecht im Internet (Domainrecht) Stuttgart, Berlin, Köln 1999
ders.	Update Domainrecht: Aktuelle Entwicklungen im deutschen Recht der Internetdomains in: MMR 2000, 656ff.
Busse, Rudolf/ Starck, Joachim	Warenzeichengesetz 6. Auflage, Berlin, New York 1990
Canaris, Claus-Wilhelm	Kollisionen der §§ 16 und 3 UWG mit dem Grundsatz der Firmenbeständigkeit gemäß §§ 22, 24 HGB in: GRUR 1989, 711ff.
Computerrechts-Handbuch	Computerrechts-Handbuch – Computertechnologie in der Rechts- und Wirtschaftspraxis, hrsg. von Wolfgang Kilian und Benno Heussen, Loseblattsammlung, München, Stand Oktober 1997 zit.: *Computerrechts-Hdb.-Bearbeiter*
Dethloff, Nina	Marketing im Internet und Internationales Wettbewerbsrecht in: NJW 1998, 1596ff.
Deutsch, Volker	Zur Markenverunglimpfung – Anmerkung zu den BGH-Entscheidungen „Mars“ und „Nivea“ in: GRUR 1995, 319ff.
ders.	Anspruchskonkurrenzen im Marken- und Kennzeichenrecht in: WRP 2000, 854ff.
Eichmann, Helmut	Der Schutz von bekannten Kennzeichen in: GRUR 1998, 201ff.
Erdmann, Willi	Schwerpunkte der markenrechtlichen Rechtsprechung des Bundesgerichtshofs in: GRUR 2001, 609ff.

Emmerich, Volker Das Recht des unlauteren Wettbewerbs
5. Auflage, München 1998

Ernst, Stefan Deutsche Städte im Internet und das Namensrecht
in: NJW-CoR 1997, 429ff.

ders. Anmerkung zu LG Bonn, MMR 1998, 110ff. – detag.de
in: NJW-CoR 1998, 178

ders. Anmerkung zu OLG Hamm, NJW-CoR 1998, 175ff. – krupp.de
in: NJW-CoR 1998, 177f.

Ernst-Moll, Jürgen Die berühmte und die bekannte Marke
in: GRUR 1993, 8ff.

Fezer, Karl-Heinz Anmerkung zu BGH GRUR 1977, 614ff. – Gebäudefassade
in: GRUR 1977, 616ff.

ders. Markenrechtliche Produktabgrenzung zwischen Ware und Dienstleistung
in: GRUR Int. 1996, 445ff.

ders. Rechtsverletzende Benutzung einer Marke als Handeln im geschäftlichen Verkehr – Abschied von der markenmäßigen Benutzung im MarkenG
in: GRUR 1996, 566ff.

ders. Anwendungsbereich des § 23 MarkenG
in: WRP 1996, 973ff.

ders. Markenrecht
2. Auflage, München 1999

ders. Die Kennzeichenfunktion von Domainnamen
in: WRP 2000, 669ff.

ders.	Kumulative Normenkonkurrenz im Kennzeichenrecht – Ein Beitrag zur autonomen Anwendung des MarkenG, des UWG und des BGB nach § 2 MarkenG in: WRP 2000, 863ff.
Flint, David	Internet Domain Names – Proposal for a Cybermark in: The Computer Law and Security Report, Volume 13, Issue 3 1997, 163ff.
Freitag, Andreas	Domain Name: Technische Adresse oder geschütztes Unternehmenskennzeichen in: MA 1996, 495ff.
Gabel, Detlev	Internet: Die Domain-Namen in: NJW-CoR 1996, 322ff.
Gamm, Otto-Friedrich von Frhr.	Das Erfordernis der kennzeichenmäßigen Benutzung in: GRUR 1974, 539ff.
ders.	Wettbewerbsrecht 3. Auflage, Köln, München 5. Auflage, Köln, München 1987
ders.	Zur Warenzeichenrechtsreform in: WRP 1993, 793ff.
Gloy, Wolfgang	Handbuch des Wettbewerbsrechts 1. Auflage, München 1986 zit: *Gloy-Bearbeiter*
Graefe, Thomas	Marken und Internet in: MA 1996, 100ff.
Großkommentar UWG	Großkommentar UWG Hrsg.: Rainer Jacobs, Walter F. Lindacher, Otto Teplitzky 3. Lieferung, §§ 16-24, Berlin, New York 1991 zit: *Großkommentar UWG-Bearbeiter*

Hahn, Harald/ Wilmer, Thomas — Die Vergabe von Top-Level-Domains und ihre rechtlichen Konsequenzen
in: NJW-CoR, 1997, 485ff.

Heimbach, Karl Josef — Patente und Warenzeichen in den USA
in: Deutsche Unternehmen auf dem amerikanischen Markt, hrsg. von Henning von Boehmer, S. 171ff.
Stuttgart 1988

Helm, Marianne — Zur ergänzenden Anwendung wettbewerbsrechtlicher Bestimmungen auf markenrechtliche Tatbestände
in: GRUR 2001, 291ff.

Heydt, Ludwig — Anmerkung zu BGH GRUR 1971, 251ff. – Oldtimer
in: GRUR 1971, 253ff.

ders. — Wider die herrschende Lehre vom Erfordernis der warenzeichenmäßigen Benutzung
in: GRUR 1976, 7ff.

Hein, Mathias — TCP/IP
3. Auflage, Bonn [u.a.] 1996

Hinden, Michael von — Persönlichkeitsverletzungen im Internet
Tübingen 1999

Hoeren, Thomas — Das Internet für Juristen – eine Einführung
in: NJW 1995, 3295ff.

ders. — Cybermanners und Wettbewerbsrecht – Einige Überlegungen zum Lauterkeitsrecht im Internet
in: WRP 1997, 993ff.

ders. — Rechtsfragen des Internet: Ein Leitfaden für die Praxis
Köln 1998

ders. Internet und Recht – Neue Paradigmen des Informationsrechts
in: NJW 1998, 2849ff.

ders. Anmerkung zu OLG Karlsruhe, EWiR 1999, 983 – bad-wildbad.com (Ls.)
in: EwiR 1999, 983f.

Hoeren, Thomas/ Sieber, Ulrich Handbuch Multimedia-Recht: Rechtsfragen des elektronischen Geschäftsverkehrs
München 1999
zit: *Hoeren/Sieber-Bearbeiter*

Ingerl, Reinhard/ Rohnke, Christian Die Umsetzung der Markenrechts-Richtlinie durch das deutsche Markengesetz
in: NJW 1994, 1247ff.

dies. Markengesetz – Gesetz über den Schutz von Marken und sonstigen Kennzeichen
München 1998

Jaeger-Lenz, Andrea Kennzeichenschutz gegen ähnliche Domainbezeichnungen?
in: K&R 1998, 9ff.

Jauernig, Othmar Bürgerliches Recht
9. Auflage, München 1999

Jayme, Erik/ Kohler, Christian Europäisches Kollisionsrecht 1999 – Die Abendstunde der Staatsverträge
in: IPRax 1999, 401ff.

Jonas, Kay-Uwe/ Schmitz, Nicolás Neue Möglichkeiten für den Kennzeichenmißbrauch? – Zur Einordnung von sogenannten Vanity-Rufnummern
in: GRUR 2000, 183ff.

Keller, Erhard Der Schutz eingetragener Marken gegen Rufausnutzung – nach deutschem und europäischem Recht
Baden-Baden 1994

ders. — Die zeichenmäßige Benutzung im Markenrecht – Umfang und Grenzen der markenrechtlichen Abwehrbefugnis
in: GRUR 1996, 607ff.

Kilches, Ralph — Rechtsfragen zu Internet-Domainnamen
in: ÖJZ 1999, 329ff.

Kilian, Matthias — Die Adresse im Internet – Domains und ihr rechtlicher Schutz – Zugleich eine Besprechung des Urteils des LG Düsseldorf vom 04.04.1997 - 34 O 191/96
in: DZWir 1997, 381ff.

Klau, Peter — Das Internet
1. Auflage, Vaterstetten bei München 1994
zit.: *Klau*, Das Internet, 1. Aufl.

ders. — Das Internet
2. Auflage, Bonn [u.a.] 1997
zit: *Klau*, Das Internet, 2. Aufl.

Kloos, Bernhard — Anmerkung zu LG München I, CR 1997, 540ff. – freundin.de
in: CR 1997, 543f.

ders. — Markenschutz im Internet – Effektives Vorgehen gegen Domain-Grabbing
in: MA 1998, 50ff.

Knaak, Roland — Das Recht der Gleichnamigen: Eine rechtsvergleichende Untersuchung zu Inhalt und Grenzen eines kennzeichenrechtlichen Sondertatbestandes
Köln, Berlin, Bonn, München 1979

Kochinke, Clemens/ Bäumer, Ulrich — Die Vergaberichtlinie des InterNIC bei Internetadressen
in: CR 1996, 499ff.

Köhler, Helmut/ Piper, Henning
Gesetz gegen den unlauteren Wettbewerb
2. Auflage, München 2001
zit: *Köhler/Piper-Bearbeiter*

Kötz, Hein/ Wagner, Gerhard
Deliktsrecht
9. Auflage, Neuwied 2001

Kraft, Alfons
Notwendigkeit und Chancen eines verstärkten Schutzes bekannter Marken im neuen WZG
in: GRUR 1991, 339ff.

Krol, Ed
Die Welt des Internet
Bonn 1995

Krüger, Christof
Zum gedanklichen Inverbindungbringen im Sinne der §§ 9 I 2, 14 II 2 Markengesetz
in: GRUR 1995, 527ff.

Kuner, Christopher
Internationale Zuständigkeitskonflikte im Internet
in: CR 1996, 453ff.

ders.
Internet für Juristen
München, 1996

Kunz-Hallstein, Hans Peter
Europäisierung und Modernisierung des deutschen Warenzeichenrechts – Fragen einer Anpassung des deutschen Markenrechts an die EG Markenrichtlinie
in: GRUR Int. 1990, 747ff.

Kur, Annette
Kennzeichenkonflikte im Internet – „Kinderkrankheiten" oder ernstzunehmendes Problem?
in: Aktuelle Herausforderungen des geistigen Eigentums – Festschrift für Friedrich-Karl Beier zum 70. Geburtstag, S. 265ff.
Köln, Berlin [u.a.] 1996
zit.: *Kur*, Festschrift für Beier

dies.
Internet Domain names – Brauchen wir strengere Zulassungsvorschriften für die Datenautobahn?
in: CR 1996, 325ff.

dies. Namens- und Kennzeichenschutz im Cyberspace
in: CR 1996, 590ff.

dies. Marken in grenzüberschreitenden Informationssystemen
in: Die Neuordnung des Markenrechts in Europa, 10. Ringberg-Symposium des Max-Planck-Instituts für Ausländisches und Internationales Patent-, Urheber- und Wettbewerbsrecht, S. 49 ff.
Baden-Baden 1997
zit: *Kur*, in: Die Neuordnung des Markenrechts in Europa

dies. Territorialität versus Globalität – Kennzeichenkonflikte im Internet
in: WRP 2000, 935ff.

dies. Die Schnittstellen zwischen Marken- und Wettbewerbsrecht bei nationalen und bei Gemeinschaftsmarken
in: MarkenR 2001, 137ff.

Kyas, Othmar Internet professionell – Technologische Grundlagen & praktische Nutzung
Bonn [u.a.] 1996

Lammarsch, Joachim/ Steenweg, Helge Internet & Co
Bonn, Paris [u.a.] 1994

Lange, Paul Der internationale Gerichtsstand der unerlaubten Handlung nach dem EuGVÜ bei Verletzung von nationalen Kennzeichen
in: WRP 2000, 940ff.

Larenz, Karl/ Canaris, Claus-Wilhelm Lehrbuch des Schuldrechts
Band II, 2. Halbband
13. Auflage, München 1994

Lehmann, Michael — Cyberlaw: Rechtsrevolution durch Globalisierung
in: Festschrift für Wolfgang Fikentscher zum 70. Geburtstag, S. 943ff.
Tübingen 1998
zit: *Lehmann,* Festschrift für Fikentscher

Lienemann, Gerhard — TCP/IP – Grundlagen
Hannover 1996

Loewenheim, Ulrich — Die berühmte Marke im europäischen Spannungsfeld
in: MA 1991, 238ff.

Loewenheim, Ulrich/ Koch, Frank A. — Praxis des Online-Rechts
Weinheim, New York, Chinchester [u.a.] 1998
zit: *Loewenheim/Koch-Bearbeiter*

Maier, Gunther/ Wildberger, Andreas — In 8 Sekunden um die Welt – Kommunikation über das Internet
4. Auflage, Bonn, Paris [u.a.] 1995

Mankowski, Peter — Das Internet im Internationalen Vertrags- und Deliktsrecht
in: RabelsZ 63 (1999), 203ff.

Marwitz, Petra — Domainrecht schlägt Kennzeichenrecht?
in: WRP 2001, 9ff.

Marx, Claudius — Deutsches und europäisches Markenrecht: Handbuch für die Praxis
Neuwied, Kriftel, Berlin 1997

Münchener Kommentar — Münchener Kommentar zum Bürgerlichen Gesetzbuch
Band 1, Allgemeiner Teil
3. Auflage, München 1993
Band 5, Schuldrecht, Besonderer Teil III
3. Auflage, München 1997
Band 10, Einführungsgesetz, Internationales Privatrecht

3. Auflage, München 1998
zit: *MüKo-Bearbeiter*, BGB

Münchener Kommentar zur Zivilprozeßordnung
Band 1, §§ 1 – 354
2. Auflage, München 2000
Band 3, §§ 803 – 1066, EGZPO, GVG, EGGVG, Internationales Zivilprozeßrecht
2. Auflage, München 2001
zit: *MüKo-Bearbeiter*, ZPO

Musch, Jochen — Die Geschichte des Netzes: Ein historischer Abriß
in: Internet für Psychologen, hrsg. von Bernad Batinic, S. 27ff
Göttingen, Bern, Toronto, Seattle 1997

Nägele, Thomas — Die Benutzung fremder Marken im Rahmen von Werbevergleichen
in: MarkenR 1999, 177ff.

Nordemann, Axel — Internet-Domains und zeichenrechtliche Kollisionen
in: NJW 1997, 1891ff.

Nordemann, Axel/ Goddar,Heinz/ Tönhardt, Marion/ Czychowski, Christian — Gewerblicher Rechtsschutz und Urheberrecht im Internet
in: CR 1996, 645ff.

Omsels, Hermann-Josef — Die Kennzeichenrechte im Internet
in: GRUR 1997, 328ff.

Oppendahl, Carl — Remedies in Domain Name Lawsuits: How is a domain name like a cow?
in: The John Marshall Journal of Computer & Information Law Vol. XV 1997, 437ff.
Der Aufsatz ist auch als WWW Dokument (1997) erhältlich.
URL: http://www.patents.com/pubs/jmls.sht

Palandt, Otto	Bürgerliches Gesetzbuch 60. Auflage, München 2001 zit: *Palandt-Bearbeiter*
Pfeiffer, Tim	Cyberwar gegen Cybersquatter in: GRUR 2001, 92ff.
Piper, Henning	Der Schutz der bekannten Marken in: GRUR 1996, 429ff.
Raßmann, Christian	Verwechslungsgefahr und Schutzumfang im neuen Markenrecht – ein völliger Neubeginn? in: GRUR 1997, 580ff.
Reinhart, Andreas	Kollisionen zwischen eingetragenen Marken und Domain-Namen in: WRP 2001, 13ff.
Renck, Andreas W.	Kennzeichenrechte versus Domain-Names – Eine Analyse der Rechtsprechung in: NJW 1999, 3587ff.
ders.	WIPO Arbitration and Mediation Center – Eine Analyse der Spruchpraxis der ersten sechs Monate in: MMR 2000, 586ff.
RGRK	Das Bürgerliche Gesetzbuch Band II, 5. Teil, §§ 812-831 12. Auflage, Berlin, New York 1989 zit: *RGRK-Bearbeiter*
Rößler, Bernd	Die Ausnutzung der Wertschätzung bekannter Marken im neuen Markenrecht in: GRUR 1994, 559ff.
Rose, Lance	NetLaw: Your Rights in the Online World Berkeley, New York, St. Louis [u.a.], 1995
Rosenberg, Leo/ Schwab, Karl Heinz/ Gottwald, Peter	Zivilprozessrecht München 1993

Sack, Rolf Sonderschutz bekannter Marken
in: GRUR 1995, 81ff.

ders. Das internationale Wettbewerbs- und Immaterialgüterrecht nach der EGBGB-Novelle
in: WRP 2000, 269ff.

Salus, Peter H. Casting the Net – from ARPANET to Internet and beyond
Reading (Massachusetts) [u.a.] 1995

Schack, Haimo Neue Techniken und Geistiges Eigentum
in: JZ 1998, 753ff.

ders. Internationale Urheber-, Marken- und Wettbewerbsrechtsverletzungen im Internet
in: MMR 2000, 135ff.

Schmidt, Karsten Das Handelsrechtsreformgesetz
in: NJW 1998, 2161ff.

ders. Handelsrecht
5. Auflage, Berlin, Bonn, München 1999

Schmieder, Hans-Heinrich Neues deutsches Markenrecht nach europäischem Standard
in: NJW 1994, 1241ff.

ders. Erste Erfahrungen mit dem neuen Markengesetz
in: NJW 1997, 2908ff.

Scholz, Ulrich Die Änderung der Gleichgewichtslage zwischen namensgleichen Unternehmen und das Recht auf die Namensmarke – Zwei Fragen aus dem Recht der Gleichnamigen
in: GRUR 1996, 679ff.

Schultz; Detlef von Eigenname contra prioritätsältere Phantasiebezeichnung
in: GRUR 1992, 487ff.

ders.
Zu den Privilegierungstatbeständen des § 23 MarkenG
in: GRUR 1997, 408ff.

Schwarz, Mathias
Recht im Internet – Der Rechtsberater für Online-Anbieter und -Nutzer, Band 1
Stadtbergen, Loseblattsammlung auf dem Stand der Ergänzungslieferung Juli 1998
zit.: *Schwarz-Bearbeiter*

Soergel, Hs. Th.
Bürgerliches Gesetzbuch
Band 1, Allgemeiner Teil
12. Auflage, Stuttgart, Berlin, Köln, Mainz 1987
Band 5/2, Schuldrecht IV/2
12. Auflage, Stuttgart, Berlin, Köln 1998
Band 10, Einführungsgesetz
12. Auflage, Stuttgart, Berlin, Köln 1996
zit: *Soergel-Bearbeiter*

Starck, Joachim
Markenmäßiger Gebrauch – Besondere Voraussetzung für die Annahme einer Markenverletzung?
in: GRUR 1996, 688ff.

ders.
Markenschutz – Bemerkungen zum Schutz gegen Rufausnutzung und Rufbeeinträchtigung
in: MarkenR 2000, 73ff.

Staudinger, Julius von
Kommentar zum Bürgerlichen Gesetzbuch
Buch 1, Allgemeiner Teil, §§ 1-12
13. Bearbeitung, Berlin, 1995
Buch 2, Recht der Schuldverhältnisse, §§ 823-832
13. Bearbeitung, Berlin 1999
EGBGB / IPR
Art. 38 EGBGB
13. Bearbeitung, Berlin 1998
zit: *Staudinger-Bearbeiter*

Stein, Friedrich/ Jonas, Martin — Kommentar zur Zivilprozeßordnung
Band 1, §§ 1 – 90
21. Auflage, Tübingen 1993
zit: *Stein/Jonas-Bearbeiter*

Stolpmann, Markus — Internet & WWW für Studenten: WWW, FTP, E-Mail und andere Dienste
Bonn 1997

Stratmann, Holger — Internet domain names oder der Schutz von Namen, Firmenbezeichnungen und Marken gegen die Benutzung durch Dritte als Internet-Adresse
in: BB 1997, 689ff.

Strömer, Tobias H. — Online-Recht: Rechtsfragen im Internet und in Mailboxnetzen
Heidelberg 1997

ders. — Anmerkung zu LG Lüneburg, CR 1997, 288ff. – celle.de/com
in: CR 1997, 290f.

ders. — Das ICANN-Schiedsverfahren – Königsweg bei Domainstreitigkeiten
in: K&R 2000, 587ff.

Tanenbaum, Andrew S. — Computer Networks
3rd edition, Upper Saddle River (New Jersey) 1996

Teplitzky, Otto — Verwechslungsgefahr und Warenähnlichkeit im neuen Markenrecht
in: GRUR 1996, 1ff.

Thomas, Heinz/ Putzo, Hans — Zivilprozeßordnung
23. Auflage, München 2001

Tilmann, Winfried — Das neue Markenrecht und die Herkunftsfunktion
in: ZHR 158 (1994), 371ff.

Ubber, Thomas — Rechtsschutz bei Mißbrauch von Internet-Domains
in: WRP 1997, 497ff.

Verkade, D. W. Feer/ Bruining, Leonore D. — Zur Frage der markenmäßigen Benutzung im Benelux- und im Europäischen Markenrecht
in: MarkenR 2000, 41ff.

Viefhues, Martin — Reputationsschutz bei Domain Names und Kennzeichenrecht
in: MMR 1999, 123ff.

ders. — Folgt die Rechtsprechung zu den Domain Names wirklich den Grundsätzen des Kennzeichenrechts?
in: NJW 2000, 3239ff.

Völker, Stefan/ Weidert, Stefan — Domain-Namen im Internet
in: WRP 1997, 652ff.

Wagner, Gerhard — Zeichenkollisionen im Internet
in: ZHR 162 (1998), 701ff.

ders. — Ehrschutz und Pressefreiheit im europäischen Zivilverfahrens- und Internationalen Privatrecht
in: RabelsZ 62 (1998), 243ff.

Wieczorek, Bernhard — Zivilprozessordnung und Nebengesetze
2. Auflage, Berlin, New York 1976

Wieczorek, Bernhard/ Schütze, Rolf A. — Zivilprozessordnung und Nebengesetze
3. Auflage, Berlin, New York 1994

Wegner, Ralf — Rechtlicher Schutz von Internetdomains – Kollisionsrecht
in: CR 1998, 676ff.

ders. — Der rechtliche Schutz von Internetdomains – Kennzeichenrechtliche und deliktische Anspruchsgrundlagen
in: CR 1999, 250ff.

Wiebe, Andreas | Zur Kennzeichnungsfunktion von Domain Names
in: CR 1998, 157ff.

Will, Stefanie | Der Markenschutz nach § 14 Markengesetz: Eine Untersuchung zum neuen Markenrecht nach der Umsetzung der ersten Richtlinie des Rates vom 21. Dezember 1989 zur Angleichung der Rechtsvorschriften der Mitgliedstaaten über die Marken (89/104/EWG)
Baden-Baden 1996

Wilmer, Thomas | Offene Fragen der rechtlichen Einordnung von Internetdomains – Domainhandel, Suchmaschinen und neue Top-Level-Domains
in: CR 1997, 562ff

Zöller, Richard | Zivilprozeßordnung
22. Auflage Köln 2001
zit: *Zöller-Bearbeiter*

WWW-Dokumente:

WWW-Dokumente weisen – auch wenn sie sehr umfangreich sind – in der Regel keine Unterteilung nach Seitenzahlen auf. Insofern habe ich beim Verweis auf eine konkrete Textstelle innerhalb eines WWW-Dokuments nach der Angabe „unter:“ die Bezeichnung des Abschnitts, in dem sich diese Textstelle befindet, angeführt.

Bei den RFC´s (Requests for Comments) handelt es sich um Dokumente einer fortlaufenden Dokumentensammlung, die 1969 gestartet wurde, und die die technische Entwicklung des Internet festhält. Die RFC´s dienen dem informellen Austausch von Vorschlägen und Ideen bei der Entwicklung des Internet.

Agmon, Jonathan/ Halpern, Stacey/ Pauker, David | What`s in a name?, 1996
URL: http://www.law.georgetown.edu/piet/internic/domain1.html

Baran, Paul	On Distributed Communications: I. Introduction to Distributed Communications Network, August 1964 URL: http://www.rand.org/publications/RM/RM3420
Barry, Mikki	Is the InterNIC`s Dispute Policy unconstituional?, 01.08.1997 URL: http://www4.mids.org/legal/dispute.html
Burk, Dan L.	Trademarks along the Infobahn, 10.04.1995 URL: http://www.urich.edu/~jolt/v1i1/burk.html
Cailliau, Robert	A Little History of the World Wide Web, 03.10.1995 URL: http://www.w3.org/History.html
Cerf, Vinton	How the Internet came to be, 1993 URL: http://info.isoc.org/guest/zakon/Internet/History/How_the_Internet_came_to_Be
Crocker, Stephen D.	RFC 1000: The Origins of RFCs, August 1987 URL: http://www.internic.net/rfc/rfc1000.txt
Hauben, Ronda	The Birth and Development of the ARPANET, 15.10.1995 URL: http://www.columbia.edu/~rh120/ch106.x08
Kristula, Dave	The History of the Internet, März 1997 URL: http://www.davesite.com/webstation/net-history.shtml
Kahn, Robert E.	The Role of Government in the Evolution of the Internet, 08.08.1996 URL: http://www.nap.edu/readingroom/books/newpath/ chap2.html
Krol, Ed	RFC 1118: The Hitchhikers Guide to the Internet, September 1989 URL: http://www.internic.net/rfc/rfc118.txt

Leiner, Barry M./ Cerf, Vinton G./ Clark, David D./ Kahn, Robert E./ Kleinrock, Leonard/ Lynch, Daniel C./ Postel, Jon/ Roberts, Larry G./ Wolff, Stephen
A Brief History of the Internet, 20.02.1997
URL: http://www.isoc.org/internet-history
zit.: *Leiner/ Cerf/ Clark/ Kahn*

Maher, David W.
Trademarks on the Internet: Who`s in charge?, 1996
URL: http://www.aldea.com/cix/maher.html

MCI Telecommunications Corporation
vBNS from MCI and NSF, FAQs
URL: http://www.vbns.net/press/press_faqs.html

Mockapetris, P.
RFC 1034: Domain Names – Concepts and Facilities, November 1987
URL: http://www.internic.net/rfc/rfc1034.txt

Oppendahl, Carl/ Larson, Marina
NSI flawed Domain Name Policy information page, 04.03.1998
URL: http://www.patents.com/nsi.sht

Postel, J.
RFC 1591: Domain Name System Structure and Delegation, März 1994
URL: http://www.internic.net/rfc/rfc1591.txt

Postel, J./ Reynolds, J.
RFC 920: Domain Requirements, Oktober 1984
URL: http://www.internic.net/rfc/rfc920.txt

Recke, Martin
Identität zu verkaufen – Probleme und Entwicklungsoptionen des Internet Domain Name Service (DNS), 09.05.1997
URL: http://userpage.fu-berlin.de/~mr94/dns

Shaw, Robert
Internet Domain Names: Whose Domain is this?, 10.09.1996
URL: http://www.itu.int/intreg/dns.html

Tappendorf, Sean ARPANET and Beyond, 30.07.1995 URL: http://clavin.music.uiuc.edu/sean/internet_history. html

Zadeik, Philip J. Domain Name Disputes: The United States Experience, 1996 URL: http://www.bakerinfo.com/publicat/s_namer/dnd/t-dnd. html

Zakon, Robert H. Hobbes` Internet Timeline v3.1, 25.08.1997 URL: http://www.isoc.org/guest/zakon/Internet/History/HIT.html

Abkürzungen

Bezüglich der allgemein üblichen sowie der juristischen Abkürzungen wird verwiesen auf *Kirchner*, Abkürzungen für Juristen, Alphabetisches Verzeichnis der Abkürzungen, 2. Auflage, Berlin, New York 1993.

Guido Hobert

Datenschutz und Datensicherheit im Internet

Interdependenz und Korrelation von rechtlichen Grundlagen und technischen Möglichkeiten
2., durchgesehene Auflage

Frankfurt/M., Berlin, Bern, Bruxelles, New York, Oxford, Wien, 2000. 302 S.
Europäische Hochschulschriften: Reihe 2, Rechtswissenschaft. Bd. 2501
ISBN 3-631-36130-0 · br. DM 98.–*

Unsere Zeit ist geprägt durch den alles beherrschenden Einfluß der digitalen Medien. Kommunikationsforscher sprechen vom Beginn einer neuen technischen Ära: dem Zeitalter der totalen Informations- und Kommunikationsgesellschaft. Diese wird jedoch in Zukunft nicht nur höchste Anforderungen an die multimedialen Technologien stellen, sondern auch neue Fragen im Bereich der Gesetzgebung und Rechtsprechung aufwerfen. In den Mittelpunkt des Interesses rücken in diesem Zusammenhang Schutz und Sicherheit der Datenübertragung. Die Arbeit beschäftigt sich mit dem Spannungsverhältnis von technischer Entwicklung (Datensicherheit) und normativen rechtlichen Vorgaben (Datenschutz). Ziel der Arbeit ist eine Gesamtdarstellung der aktuellen Problematik des Datenschutzes und der Datensicherheit im Internet. Eine Bewertung des vorhandenen Datenschutzes und der bestehenden Datensicherheit sowie ein Ausblick auf deren künftige Entwicklung bilden den Abschluß des Buches.

Aus dem Inhalt: Entstehung, Funktionsweise und Dienste des Internets · Daten und Risiken der Internet-Kommunikation · Technische und rechtliche Möglichkeiten der Gefahrenabwehr · Kryptographie, Digitale Signaturen, Electronic Commerce, Home Banking · Gesamtsituation und Bewertung von Datenschutz und Datensicherheit im Internet